留学本无忧

青少年实用心理手册

[加] 林家羽 著

上海社会科学院出版社

良好的抗压能力,能够轻松自如应对来自外部的学习与生活压力。

健全的人格发展,保证孩子们自如应对留学的挑战

插图(林家羽)

心理创作画：如何渡过焦虑之河？(林家羽)

心理创作画：生气图解动物园（林家羽）

心理绘画作品（林家羽）

前　言

某天早晨醒来,你突然发现,这个世界变了！周围的人似乎都在热衷讨论或者准备出国留学这件事情：家里的侄子去了美国留学；邻居家的美女考上了英国私立高中；几个同学全家移民加拿大；犀利的女上司辞职去了欧洲某国陪女儿读书；那个你看不上眼的朋友家的儿子竟然收到了美国名牌大学的录取申请书！你忽然产生了一种莫名的恐慌感与焦虑感,"这是怎么回事？人人都出国了,难道我落伍了吗？我的孩子落后了吗？"于是,一个坚定的念头迅速在你的心里形成：我也要把自己的孩子送出国深造,不管去哪个国家。于是,马上行动！

近年前,社会正兴起一股留学潮,而且呈现低龄化趋势。目前,到国外接受高中以及高中以下教育的学生比例达到近30%,家庭每年的私立住宿学费以及其他开支高达50万人民币以上。留学中介机构的服务费用从十几万到几十万。你是否已经感受到了低龄留学潮的暗流涌动？或者你已经是这股潮流中一个勤勉的家长,你的孩子终于要离开父母的庇护去闯荡一个新的天地。作为一名尽职的好家长,你是否可以终于长舒一口气了？你的心情是兴奋紧张,激动还是忧虑？孩子的未来会怎样？你是否有点担心孩子该如何面对国外陌生的环境,陌生的朋友,他/她会遇到哪些人？哪些事？外面的世界究竟会是如何？你不断地搜索着网上关于留学的只字片语,您也许夜晚会焦虑难以入眠；耳中又飘来电视机里的留学的新闻报道,你的心总会咯噔一下,掠过几丝不安与担忧……

在写《留学本无忧》的日子里,我一路努力并仔细并地寻找着过去的记忆,整夜做着奇特的梦。梦里重又回到在加拿大学习与生活的十几年岁月里：碧绿的草地上露珠晶莹透亮,白鸽子挥动着翅膀落下几片羽毛；彩色的房屋映着红色的余辉,金黄灿烂的树叶随风飘舞；雪地上脚印深深浅浅,教室里回荡着年轻爽朗的笑声；曾经熟悉的脸庞再现，湖边野鸭低颈不语；冬夜里一个温暖的拥抱，教堂玻璃上透过的晨曦……

无数夹杂着感伤与快乐的感觉，迟疑间梦境突变，仿佛电影蒙太奇上演人间悲喜剧，却又被打乱了次序和节奏。情绪的色彩跨越了时空与思维的局限，在脑海中跳跃翻滚。醒来时，碎片纷纷落地，一眨眼散开去了。

"外面的世界很精彩，外面的世界很无奈。"这是一首男女老少都耳熟能详的老歌，但却在我们这个飞速发展的新时代被赋予了新的涵义。中国最近一次出国潮的兴起应该始于20世纪80年代，出现了留学史上最大的一次留学浪潮。1998年中国出国留学生是17 000人，到2002年达到117 000人，其中国家公派近3 000人，单位公派5 000多人，自费留学生将近110 000人，5年之内出国留学生是五年前的7倍多。随着留学从精英向民众扩散，留学生的分布也发生变化，足迹遍布五大洲100多个国家和地区。与留学潮并驾齐驱的是三次移民潮。中国1949年后被公认的移民潮有两次，一次是20世纪70年代末期，这就是第一波"移民热"。第二波"移民热潮"是在20世纪90年代，这是以赴海外留学为主要形式，主力以年轻人。其中相当一部分学成后定居海外。这两次移民多是以"穷人"身份，到发达国家去"淘金""镀金"。《中国国际移民报告(2012)》称，第三次移民潮为20世纪初十年，显著的特点是投资移民和技术移民比重增加，主要以中青年为主，受教育程度和职业层次高，经济实力、融入意识和参政意识较强。移民客户年龄层主要集中在出生于1965年到1980年之间，大部分为企业高管和私人企业主，为社会中坚力量。移民的人群中80%都是为了子女的教育，他们希望自己的孩子能够接受世界一流的教育，在开放、学业压力不大的环境中成长。另外，则是因为事业发展的需求以及改善生活环境。

那么，最近几年的留学报告又是怎样情况呢？根据最新留学数据统计，中国青少年出国留学定居生活的比例日益增大，并在最近十年呈现留学低龄化的现象。2016年3月，中国教育部发布了留学统计数据，从1978年到2015年年底，我国累计出国留学人数达到了404.21万人，年平均增长率为19%。2015年，我国有52万学生出国留学，比2014年增长了14%，其中自费48万。留学国家中，美国是首选国家占约37.5%，英国20.11%，澳大利亚占14.19%。2015年在美留学生达到32万人，其中研究生从80%下降到42%，本科及以下已经大幅超过研究生。中国占美国国际留学生的31%。

根据新东方《2017中国留学白皮书》报告,中小学留学人群从2016年的25%,增长到2017年的30%。2017年留学生年龄分布为12～14岁年龄段占4%;15～17岁年龄段占18%;18～21岁年龄段占48%;22～24岁年龄段占21%,25岁以上占8%。低龄化已经成为不可阻挡的留学趋势。留学生因为低龄化,被称为"小留学生"。电视剧《小别离》的热播更是把小留学生的问题推到了大众的面前。剧中的三个孩子都是在初三十五六岁出国留学,面临中考的压力,家长们是否选择将十四五岁的孩子送出国读高中成为了影视剧中一个重要的矛盾冲突点。在现实中,事实也是如此。根据调查结果,出国留学的年龄和家庭收入相关,30%收入较高的家庭选择在初中毕业后就送子女出国留学。中学生占留学总人数的45%,甚至已经提前到小学阶段。低龄留学势不可挡,已经成为目前留学的主要趋势。家长表示,"再晚点送出去就来不及了!""我不想我的孩子去高考,压力大太苦受不了!"而出国是否就可以逃避这一切呢?有位教育家感言:"当今我们的留学,好像把中国高考的压力无情地推向了世界!"

那么,到底是怎样的心理魔咒把巨大的焦虑带给了中国千千万万的家长?是中国的教育制度,还是残酷的职场竞争?是物质财富的增加,还是社会贫富差距形成无形的阶层?是跟风攀比还是影响于"不要输在起跑线上"这样的教育理念上吗?"为了孩子的未来",似乎被中国家长当作最重要的移民或者留学原因之一。有的父母说,"我不能甘于落后!我不送孩子出国,自然有其他人也会这么做的!"仿佛穿上了红舞鞋,我们无法停下竞争的脚步:为了报考一个国外名校,家长们关注的焦点牢牢锁在孩子的学习成绩、技能特长、社会实践和各种成功经历分享。国外的求学之路漫长,申请过程繁琐耗资巨大,也是无数盈利机构关注的重点。最近的教育部数据显示,2016年出国留学54.45万人,留学回国有43.25万人,较2012年增幅为58.48%。回国的留学生从15年前的15%到了如今的80%。

值得父母骄傲的是,在世界的每一个角落,我们当代年轻无畏智慧勤奋的中国留学生们正在以自己的奋斗抒写着一个个精彩纷呈的人生故事。有人分析研究发现,中国留学生似乎总有高度的相似性:良好的本科或研究生教育,优秀的英语成绩,大机构的实习经验,以及进入世界500强大公司工作的强烈愿望。然而,中国留学生的另一个普遍特征就是,情商似乎不太高,生活宽度比较狭窄,容易变得比较自卑或者自负;工作或者学习的目的性过强,而兴趣不高。在名校的光环下,心理的阴影只能躲避在角落里。孩子们心理健康的重要性,往往是被家长与社会所忽略或者说,"故意"遗忘的内容。当心智与年龄尚不成熟的孩子们踏上路途的那一刻,需要独自面临承担无数的困难与挑战。有些困难来自生活,有些来自学习,有些来自家庭,有些来自交往与沟通。事实上,他们在国外的岁月中承受父母无法想象的负担与压力,情绪的波动是巨大的:陌生的环境,学习的压力,生活的独立与艰苦,朋友的缺失,语言的局限,孩子们往往感到孤独无助,悲伤失落,应接不暇。我们来看看一组新闻:在马德里理工大学读研的"90后"中国留学生李某,患抑郁症服毒自杀;加州州立大学的一名中国留学生因抑郁跳楼身亡;美国约翰普金斯大学的一名中国留学生,抑郁跳楼自杀……这些留学生在国外患上了抑郁症,并且最终选择用极端的方式告别了世界。留学生的心理问题已经威胁到其生命的安全,必须引起社会的足够重视。

　　在过去的二十几年里,我陆续接触咨询了许多留学生,已经记不清具体人数了。他们有的已经长大成人,有的回了国,创业风投或者在世界五百强企业里担任高管;有的留在了国外,找到了稳定的工作,成为大众眼里融入"主流社会"的精英人士;而有的保持着单身,坚持自己独特的信仰与价值观;有的在留学生涯中,找到了真爱结婚生子,过上了平静幸福的生活……在回忆留学生活中,他们的眼里却不一而同地泪光点点,浅笑中带着与年龄不相符合的一份成熟与沧桑。

　　有的说,"留学好啊,我从此更加热爱中国了。只有到了外国,才会拥有一颗真正的中国心!"

　　有的说,"遇到困难从来不会告诉父母,他们会担心发愁睡不着觉,何必呢!所以我宁愿选择去没有人的海边或山上大喊几下……"

　　有的说,"感到孤独吗?呵呵,那是一定的,几乎每天每周都有这种绝望的感觉。在北美冬天漫长的雪夜里,周围都是寂静,窗外就是一片灰白的世界,你可以听到下雪的声音。这种声音让你有点难受,甚至绝望。"

　　有的说:"当时的感觉非常糟糕,但是我能做什么呢?心情糟糕时,我只有大口地吃东西,或者蒙上被子睡觉,才能止住无尽的悲伤与孤独。"

　　还有的说"有时候要融入一个异乡环境,需要做出很多努力,努力融合、喜欢别人,去试着让自己被别人理解和包容。"

　　谈话结束时,他们低垂下头,目光失落在咖啡杯口,指尖上慢慢点起一支烟,星火跳跃着弹落了几缕灰,空气中仿佛在表示深深的怀疑:"我们留学生的生活,每一天所经历的事情,我们内心的真实感受,能够表达些什么呢……"一位留学生写出自己的留学感受:

"十七岁到十八岁这一年,发生了许多不太好的事。日子过得像一个世纪一样漫长,瞬间就老了十岁。"

还有的留学生在网上写出自己对留学的感受,"不聪明又没抱负的孩子,去国外烧钱,其实他们并没有多大的真正的痛苦。或许会有社交上的苦难,会生活得浑浑噩噩。"

"聪明却没有抱负的孩子,会像上一代留学的那群人一样。拿到绿卡,在美国有个中等的收入,却活在社会阶层的偏底层,生活的圈子极小,幸福指数并不高。"

"聪明又有抱负的孩子,会活得痛苦,却在痛苦中想明白美国。这样的孩子,去一段时间是会磨砺的,磨砺完就尽早回国来吧,多作贡献。"

"出国这么些年,我发现自己变了。痛苦的是,我永远成不了一个真正意义上的美国人,也不再是一个传统意义上的中国人。我不知道我是谁。"

我沉默了。他们年龄虽小,思考的深度与广度却因为出国的经历而加速;他们情感上痛苦(Emotional pain)的感觉是如此之深切,以至于难以用语言或文字来贴切表达,各种情绪的波动在陌生的环境中被加倍放大,甚至扭曲变异。而移民与留学生人群,虽然同样来自祖国,却也要竭力区分开彼此的身份,唯恐被划入同一个类型。而留学生则是被贴了"负面标签"的人群,甚至被称为"垃圾留学生""花天酒地的富二代"。在旁人的眼中,他们不好好学习与工作,每天不求上进,花着父母的钱,开着豪车,住着豪宅,在国外谈情说爱吃喝玩乐。在大众的偏见,媒体的误导和贫富差距造成的妒忌心理驱使下,没有人能够了解他们的内心感受与真实世界。他们的情感伤口一被打开,常常就有无情的势力在上面撒盐。网络世界的隐秘性,让人性的丑陋面放大从而去攻击他人。因此,在孤立无援的情况下,留学生们不得不做出无数个选择并接受人生的严峻考验。这些情况,在国内的父母甚至陪伴在旁的父母也并不完全知晓。残酷的事实就是如此无情,家长们往往从一些负面的新闻中才会惊醒过来,震惊、痛苦、悲伤、谴责、不满与无法理解。家长们感叹:"我为你付出这么多心血,还有昂贵的学费,为何你还是不开心? 如此想不开?"两代人的鸿沟随着孩子们在异地时间的加长而更加疏远恶化,世界观人生观价值观的差距日益加大。极端的例子就是,家庭成员彼此关系的破裂,由于死亡悲剧的发生而永远没有弥补的机会了。

我想对孩子说:这本书是为你而写。它不是空洞的说教,而是温暖的陪伴与帮助。它像你的好朋友,静静地躺在那里等待。快乐的时候,你也许不需要它。在你感到悲伤孤独的时候,请千万记得翻开这本书,一页一页地仔细阅读。它提供了一些实际解决问题的方法和建议,也许能够帮助你克服人生一个又一个难关,帮助你慢慢适应渡过那些艰难的日子。不管你在纽约伦敦,巴黎罗马,还是在不知道名字的寂静小镇,请你找一个温馨的角落,泡一杯咖啡或者一壶茶,拿起书来读一段吧。就像一个好朋友,温暖贴心的挚友,与你聊一聊那些不能说的事吧。

我更想对家长们说,这本书是为你们而准备的:它是一本"未雨绸缪"的书,一本"以不变应万变"的书,一本"解释原因和提供行动步骤"的书。它能够帮助家长拓宽思路,为孩子的未来做更好的规划与准备。家长们也许即迷茫又焦虑:既然留学已经成为一种不可逆转的潮流,我到底该如何选择呢?是顺流还是逆流?如果选择留学,到底如何才能帮助孩子们更好更快地适应国外生活?如何培养孩子的心理承受能力的培养,情商能力,逆商能力等?如何与国际的文化知识接轨,并保持中国传统文化的底蕴已经成为一个重要的课题。

从比较客观的角度来讲,世界上并不存在绝对完美的教育制度。虽然说,许多人批评中国的教育制度存在许多弊病。但是,与外国的教育制度相比,很难说哪种教育更好更适合自己的孩子。近年来,中国的领导力、影响力以及经济能力在世界地位中越来越突出,中国之声绝不能小觑。那么,我们的孩子应该以怎样的素质去迎接迅速发展变化的未来?这将成为一个变数。但我们需要有优秀的资源和留学心理适应培训内容,在孩子们出国前进行系统地辅导教育和危机心理预防干预。做到以不变应万变。

本书是一本为中国留学生和家长编写的留学心理实用指南,是根据我二十年来在国内外学校、社区与诊所实际心理咨询和教育经验编写。书中提供了大量实用的自我评估测试量表,并综合运用包括认知行为疗法、辩证行为疗法、表达性艺术疗法、游戏疗法、焦点解决疗法、自我催眠疗法等等当代最新心理治疗方法。精选青少年面临的实际心理问题,针对性实用性与问题的解决性都比较强,是适合孩子们自我心理调节与家长们进行一些家庭心理辅导,学校或教育机构进行出国前的辅导和培训用书,是可以伴随孩子们走出国门携带在身边的实用心理手册。

想起某位作家曾说过:"人生的得失是守恒的。"我祝愿你,在回顾国外留学与生活的历程时,没有留下任何遗憾。

更多咨询讲座与课程,持续更新中,敬请期待

目 录

前言 ··· 1

第一章　你适合出国留学吗？··· 1
　　一、留学适应度心理问卷 ··· 2
　　二、留学心理问题分析 ·· 3
　　三、留学心理适应能力 ·· 5

第二章　如何从容应对国外生活？ ·································· 8
　　一、安全至上原则··· 9
　　二、实用生活能力··· 18
　　三、和谐的寄宿家庭·· 20

第三章　怎样培养好习惯？ ··· 24
　　一、培养好习惯··· 25
　　二、制订计划与规划·· 26
　　三、时间管理与分配·· 29
　　四、自我财务管理··· 30

第四章　什么是战胜学习压力的法宝？·························· 36
　　一、突破传统模式··· 38
　　二、学习无忧 ··· 41
　　三、心理压力自评表·· 49
　　四、校园心理援助··· 50

第五章　如何建立良好的人际关系？······························ 52
　　一、如何让别人喜欢你？ ······································· 53
　　二、建立亲密关系··· 61

　　　　三、安抚他人情绪的黄金法则 ……………………………… 65
　　　　四、提高情商综合能力 …………………………………… 66
　　　　五、反校园欺凌 …………………………………………… 67

第六章　友谊能够地久天长吗？……………………………………… 71
　　　　一、友谊特质 ……………………………………………… 72
　　　　二、友谊基本原则 ………………………………………… 73
　　　　三、什么是"伪友谊"？…………………………………… 75
　　　　四、如何解决朋友间的矛盾？…………………………… 75
　　　　五、解决冲突准则 ………………………………………… 77

第七章　如何浇灌爱情之花？………………………………………… 78
　　　　一、爱情与激素的碰撞 …………………………………… 78
　　　　二、初恋能否成功？……………………………………… 81
　　　　三、爱情催化剂 …………………………………………… 84
　　　　四、寻找合适伴侣 ………………………………………… 85
　　　　五、如何终结一段关系？………………………………… 88

第八章　如何对待"性"的那点事？………………………………… 90
　　　　一、安全的性爱 …………………………………………… 91
　　　　二、远离性侵犯 …………………………………………… 94
　　　　三、关注性取向 …………………………………………… 99

第九章　家庭关系，距离能够产生"美"吗？……………………… 101
　　　　一、父母之"爱" ………………………………………… 103
　　　　二、家庭关系评估 ………………………………………… 106
　　　　三、特殊家庭的有效沟通 ………………………………… 107
　　　　四、儿童保护法 …………………………………………… 108
　　　　五、如何改善原生家庭关系？…………………………… 109

第十章　如何适应文化冲突？………………………………………… 115
　　　　一、什么是第三类文化？………………………………… 117
　　　　二、文化休克 ……………………………………………… 118
　　　　三、适应性心理问题 ……………………………………… 120
　　　　四、适应性心理治疗 ……………………………………… 122

　　　　五、向"种族歧视"宣战 ………………………………… 123

第十一章　如何战胜情绪困扰？ ………………………………… 127
　　　　一、提高自我意识 ………………………………………… 128
　　　　二、战胜焦虑 ……………………………………………… 130
　　　　三、孤独是一种病吗？ …………………………………… 134
　　　　四、情绪中的行为 ………………………………………… 137
　　　　五、治疗痛苦 ……………………………………………… 142

第十二章　如何摆脱失眠的困扰？ ……………………………… 145
　　　　一、失眠自评表 …………………………………………… 146
　　　　二、失眠主因分析 ………………………………………… 147
　　　　三、失眠的心理治疗 ……………………………………… 148
　　　　四、提高睡眠质量 ………………………………………… 149
　　　　五、战胜"担忧"情绪 …………………………………… 151

第十三章　如何进行自我心理急救？ …………………………… 153
　　　　一、走出抑郁 ……………………………………………… 154
　　　　二、当压力转化成为危机 ………………………………… 160
　　　　三、自杀——如何面对这个终极"杀手"？ …………… 162
　　　　四、毒品之害 ……………………………………………… 165
　　　　五、如何帮助危机中的他人？ …………………………… 169

第十四章　美食能带来快乐感吗？ ……………………………… 172
　　　　一、健康饮食标准 ………………………………………… 173
　　　　二、快乐心情的食材 ……………………………………… 174
　　　　三、食物的自我疗法 ……………………………………… 175
　　　　四、热量与体重的平衡 …………………………………… 178
　　　　五、食谱与行动至上 ……………………………………… 179

第十五章　如何打赢面试心理战？ ……………………………… 181
　　　　一、成功简历要素 ………………………………………… 181
　　　　二、面试速胜要点 ………………………………………… 185
　　　　三、面试心理点评 ………………………………………… 190

第十六章　幸福在哪里？ ……………………………………………… 200
　　一、幸福的定义 ……………………………………………… 200
　　二、行为的心理特点 ………………………………………… 201
　　三、幸福行动清单 …………………………………………… 202
　　四、冥想的力量 ……………………………………………… 204
　　五、迈向幸福之路 …………………………………………… 205

附录1　出国准备清单 …………………………………………… 209
附录2　国外就医流程与注意事项 ……………………………… 217
附录3　家长篇——高中留学指导 ……………………………… 224
附录4　留学费用参考 …………………………………………… 233
附件5　房屋买卖和租赁合同 …………………………………… 238
附录6　有效的心理自评表 ……………………………………… 242

后记 ………………………………………………………………… 246

第一章

你适合出国留学吗？

心理咨询诊室的故事分享

咨询室里，托尼（化名）与母亲沉默地对坐着，空气中显得有点尴尬沉闷。托尼是个17岁的男孩，已经转去国外的高中上了一年学。这次回国探亲，母亲感觉儿子的心情似乎总是不太好，因此想来咨询一下。

托尼的脸很苍白但努力挤出一丝礼貌的笑意，表示愿意与我单独谈一谈。然而半小时过去了，他的语言表达总显得有点迟疑和躲闪，因此我转变咨询方法，给他一套48色的水彩笔，让他画一画他在国外的生活。于是，他不假思索地掏出黑色水笔，随手在纸上勾出一只长着满满尖牙的大水母，粗壮的身体扭来扭去，狰狞地大口吞吃着周围几条可怜的鱼，牙尖渗着血。他举起纸，浓浓的黑色墨汁竟然戳破了90克厚的白纸，印染在桌子上。托尼没有察觉，继续指着黑色的水母冷笑着说："这就是我，周围的鱼是我的同学，特别是那几个，他们总欺负我，嘲笑我，孤立我。我没有一个朋友。总有一天我要像那只水母一样吃了他们！哈哈，他们死了！他们死了！"他兴奋地描述着，眼里却闪着泪光。我没有打断他。但他突然停顿了下来，转过脸用黑色阴沉的眼睛盯住我："请您千万不要告诉妈妈我的想法。其实我不太想去留学，只是为了让妈妈开心。她开心就好……"

在临走的时候，他指着我的书架上一本《青少年自杀干预与预防》的书，告诉妈妈，"在我走之前，一定要买这本书给我带在身边"。托尼的母亲顿时泪流满面，但似乎已经没有选择，人生不能走回头路了。

一、留学适应度心理问卷

作为家长,当您在考虑孩子出国留学这个决定的时候,首先考虑的第一个问题应该是:"您的孩子是否适合出国留学?"

有人说,"只要被学校录取,签证批下来了,都可以出国留学啊!外国学校也接受了,这表明没有适合不适合的问题"。其实,出国学习生活是一个重大的人生决定。如果你的孩子缺乏自身的主动积极性,那么,潜在的心理危险是一直存在的。事实上,并不是所有的孩子都适合出国。请您(父母)填写下面的自测表格。0为完全不符合,10为完全符合。

青少年出国留学预前心理情况调查问卷

第一部分(父母)

1. 您的孩子是否有比较强烈的留学意愿?(如果回答是,进入第2题)
2. 您是否有想把孩子送出国学习的具体计划与打算?(如果回答是,进入第3题)
3. 您是否对计划去留学的国家城市和学校做过比较深入的调研与考察?(如果回答是,进入第4题)
4. 您的家庭经济收入能否承担孩子从出国到大学的几年留学与生活费用?(如果回答是,进入第二部分)

第二部分

(由家长和教师填写:父母/监护人或者主要家庭成员填写3份以上,班主任或任课老师,建议5名相关人员进行评分)

请您给下面的测试题目打分,1为最弱,10为最强。

1. 请评估孩子英语综合能力,包括听说读写与口语交流能力　(　　)
2. 请评估孩子自我学习,时间管理能力　(　　)
3. 请评价孩子的生活自理能力　(　　)
4. 请评价孩子的情绪管理能力　(　　)
5. 请评估孩子的行为自控能力　(　　)
6. 请评估孩子的抗压力和抗挫折能力　(　　)
7. 请评估孩子在班级和集体中的受欢迎程度　(　　)
8. 请评估孩子与同学的交往能力　(　　)
9. 请评估孩子的特长和兴趣爱好　(　　)
10. 请评估孩子与家人的交往沟通能力　(　　)

提示:(测评5名相关人员的平均得分)

续 表

测试结果为92～100,孩子的综合能力比较高,能够比较快地适应出国留学的生活与学习压力;

测试结果82～91,孩子的综合能力高可以调控,经过自我调节能够适应出国留学的生活与学习压力;

测试结果72～81,孩子在某些方面的综合心理能力需要得到家长关注,应该对症下药地进行心理辅导;

测试结果60～71,孩子的综合心理能力需要提高,应该及时进行心理辅导。建议调整准备至少十二个月后再出国。

测试结果小于等于59,孩子目前的综合心理承受能力比较弱,近两三年内不适合出国留学。建议需要进行专业的心理辅导与干预。

第三部分

请思考并回答以下问题:

1. 当您的孩子有心事与烦恼的时候,您是否一般能够马上察觉或知道?(是/否)
2. 当您的孩子有问题时,一般他或者她向您寻求帮助与解决的方法吗?(是/否)
3. 您的孩子有做过未来职业的规划与评估吗?(是/否)
4. 您是否给孩子做过专业的心理测评?(是/否)
5. 您是否给孩子做过职业性格导向测试?(是/否)

这5个问题是拓展评估问题,评估您的孩子与您的亲密程度和是否对孩子的心理问题有专业的心理评估准备。

如果您的第三部分回答有超过3个"否",建议您要计划更长的时间来帮助孩子规划准备出国,做好充分心理准备工作。

二、留学心理问题分析

孩子们在国外的真实生活与内心又是如何呢?我们先来看一组数据:留学生交通事故死亡与违规问题严重;留学生与寄宿家庭主人频频闹出白热化冲突事件;一位在加拿大的留学生在自己的后花园烧烤捕捉来的野鸽子却被邻居举报并被遣送回国;留学生不满意就读学校绑架杀害校长或校长家人案件频频发生;而据美国新闻调查显示,四分之一的留学生案件与恋爱情感和"性"问题有关;留学生被强奸事件时有发生却不敢报案,而各地留学生的绑架勒索、杀人事件也是层出不穷。留学生在世界各地,处在一个似乎很尴尬的境地,残酷的生活没有给这些孩子们喘息的机会就被送去了活生生的拳击场。去年,一条有关麻省理工中国女留学生自杀身亡的新闻,更引起了国内外学生家长的莫大关注,也将留学安全和留学心理健康这个话题再提眼前。留学生遭袭击或缺乏维权保护意识被捕这类新闻消息也是非常频繁。年轻学生们离开了温暖的故土但又缺乏社会及生活经验,也没有什么风险意识和防范能力,特别是在异地学习远离家乡父母,留学生心理调控能力往往不强,所以导致了现在遭袭、失踪、自杀、违法等恶性事件时有发生,这也给留学生及其家庭带来莫大的伤害和损失。许多父母在痛失爱儿之后,失去了生活的信心。这些悲剧,不禁让所有人扼腕痛惜。我们似乎像一群团团转忙碌的蚂蚁,盲目跟从时代潮流,却在漩涡里迷失了方向,甚至丢失了孩子的生命。我们没有静下心来好好思考到底要什么,并给孩子们一个自由选择的空间。更为严重的是,没有人从心理健康方面,好好地给孩子们补一补心灵的渴望,因为,心理总是显得如此"神秘",是如此不可捉摸,看不清摸不着。常见留学生心理问题有以下几类特点:

1. 脱离应试的苦海,却不会世界生活的游泳

由于不少中介的误导,留学不用学习都可以轻松毕业等错误观念,一些学生在国内长期处于应试教育高压的环境,到了国外就彻底解放获得了所谓的"人生自由"。他们完全放弃学习,逃课、打工、恋爱、旅游……国外的学习并非高压式,老师也不会采用"盯人"策略,只是学习方式不同,国外高校的制度都是宽进严出,并有一定的淘汰率。这样也导致了这些彻底"自由"的学生到最后根本就拿不到学位,犹如钱钟书在《围城》中描写的一样,只能去"买"得一个毕业证回国交差而已。

2. 国外能人荟萃,丧失自身优势

国外的名校中往往是能人荟萃,而这类学生大抵是对自身要求颇高的,就如这次发生不幸的麻省理工女留学生一般,在优秀的同辈中感到了极大心理落差与打击。由于海外留学容纳了全球优秀的学生,特别是那些世界级名校选拔的学生都是出类拔萃,这也使得留学生到国外名校一下子丧失了原有名列前茅的优势,甚至不少学生由于一时环境改变无法习惯等原因进入倒数的排名。这种挫败的心理问题,会给学生带来莫大的精神压力,以至于产生消极、排斥等不良情绪,甚至心理崩溃。

3. 人生地不熟,沟通圈子小

根据心理学的研究,移民或留学心理问题属于适应性应激问题。留学生由于进入一个陌生的环境,人生地不熟,很容易就把自己封闭在一个狭小的世界中,无法充分地融入,甚至抵触当地生活,凡事都靠自己一人去解决,这也是留学生普遍会碰到的问题。学会沟通,是留学生面临的一大难关,要敢于善于与人沟通,学会彼此理解,这很重要。留学生应积极地加入学生社团,这是融入国外大学生活的最好方式,不仅可以通过社团活动交到朋友,也能在参与社团活动中理解他国的文化习俗与人文情怀,增加自己的留学经历。留学生完全无须因为文化的差异,给自己的心理设防,增加心理负担。相比取得一个较好的成绩,在国外学习积累周围的人脉,也是同等重要的,走出自己的圈子,学会与人沟通,也是让别人了解你的机会。

4. 优越危机,抗压能力差

心理的问题,往往就因为其他人看不出来,包括亲友都不了解,才会如此高危。当今时代许多出国的孩子,是各方面都比较出类拔萃的。然而,往往这些优秀的孩子心理上存在着严重的"优越危机性"。一帆风顺的过去与辉煌,往往变成一把剑悬在孩子的头上。父母与老师的期待,同龄人的羡慕与嫉妒,却成了"不能输"、"必须赢"的毒药,让孩子们在心理的悬崖上无法回头。骄傲与自尊,更像脱缰的野马,一去不返。更有一些现在已经被确诊为抑郁症并且在服药的年轻患者,还在拼命地考雅思准备出国,家长们必须要慎重考虑孩子的心理安全性。

三、留学心理适应能力

留学心理的适应从几方面解决,在之后的十几个章节内会详细描述如何进行相应的心理适应,具体的内容包括以下几个方面[*]:

1. 学习压力的心理适应能力

学习上的压力是学生面临的最直接的挑战。合理的时间安排与正确的学习方法是门学问。有些学生用作弊的方法希望蒙混过关,被学

---

[*] 请参考附录1:出国准备清单。

校开除,遣送回国的事屡屡发生。本书中,会提供一些实用的减压方法。

2. 日常生活的心理适应能力

照顾好自己的生活起居,是人类最基本的生存需要。而许多留学生,尤其是在中国生活条件比较优越的孩子缺乏这项技能。有一些家长有种错误的观点,认为孩子要把精力放在学习上,家务啊、手工啊、其他杂事全部包办。坏处就是孩子在国外的生活会面临巨大的考验,有些孩子的自理性太差。而据美国留学机构的调查显示,美国高中的申请激烈程度与日俱增,除了学业成绩优异以外,还必须是个有特点的人,并对自己感兴趣的人。有一位留学生被一家名校录取,他分享自己的经验,其实他没有体育运动的特长,被录取的原因是因为"爱做饭"。

3. 情绪变化心理适应能力

人类每天的情绪变化非常细微。通过我们的感官体验周围的世界和内心的感受是截然不同的。如何用恰当的心理方法来应对自己的负面情绪,也是在异地的学生需要学习和领会的内容。

4. 人际关系心理适应能力

青春期的孩子最注重什么?据研究表明,是朋友关系。身在国外的孩子们,离开了熟悉的圈子,去结交新的朋友。朋友,是每个人自由选择的家庭成员,稳固的友谊可以持续一辈子。好朋友相互扶持帮助,共同学习相互扶持,在国外的岁月中更能建立很深厚的感情。很多情况下甚至比自己的家庭成员更加亲近,能够有信任感分享各自的烦恼和秘密。有一个知己,也是一种幸福。如何建立起牢固的友谊和爱情?如何与不同族裔的人打交道?如何同来自中国各地区的同胞建立亲密的关系,也是留学适应一个重要的课题。

5. 家庭关系心理适应能力

由血缘关系建立起来的原生家庭,是我们每个人不能割舍的关系。温馨良好的家庭关系让你总有回家团聚的感觉。相反,僵硬冲突频发的家庭关系可能迫使许多孩子远离。这种远离,不仅是身体距离上的远行,更有心灵上的逃离。我在咨询的个案中,经常会遇到子女离开家十几年,其实与父母在一起的时间不多。父母与子女从小时候积压下来的创伤和痛苦,包括那些负面的情绪,并不会随着时间的推移而消失,反而更加剧烈强烈。有的到了四五十岁,事业成功家庭幸福。然而,却因为年幼时的被骂被打的痛苦经历,无法自拔,更无法与年迈的父母亲密接触。心有千千结。要解开那一个个结,却并不算一件太容易做到的事。维系并改善家庭关系,是留学生必须要尽早治疗并解决的心理问题。

第二章

如何从容应对国外生活？*

心理咨询诊室的故事分享

圣诞节前的一天，咨询诊室里播放着欢快的圣诞歌曲，洋溢着浓浓的节日气氛。圣诞树上的彩灯一闪一闪地眨着眼，各种五颜六色的礼物散落在树下。墙上的时钟在滴答地移动，然而空气好像随着当事人的心情从节日的快乐中转为浓重的忧伤。丽塔（化名）的脸色苍白，长长卷曲的睫毛盖住了棕色的眼睛投下两道阴影。"我……才27岁，但上帝似乎过早把我的幸福带走了。我走不出来……"

丽塔极力压抑的声音忍不住在颤抖，思绪显然又飞回到过去。

丽塔是个美丽的女孩，已经在加拿大学习工作了近6年。毕业以后，丽塔很幸运找到了专业对口的好工作，并有了一位感情很深的男友。他们原来计划在当年的圣诞节举行婚礼，看来她要转移民的身份也是很快的事情，一切都非常顺利完美。然而，意想不到的事情发生了。那是一个美丽的深秋，她的男友开车带着她与一个朋友一起去吃午饭。大家说笑着非常愉快。过红灯时，突然撞上一辆闯红灯的轿车，朋友当场丧生，男友身负重伤在医院去世，而丽塔是唯一的幸存者。

说到这里，丽塔歇斯底里大声地"啊啊"尖叫起来，声音是那么的凄厉悲伤，显然还没有从男友死亡的阴影中走出来。

---

* 参考附录2—5。

> 2014年7月24日凌晨，当时就读于美国某学院的纪某在回家途中被疑犯袭击。次日清晨，警方接到报警，在受害人公寓发现尸体。受害人年仅24岁，生前攻读硕士学位。案发后4天，警方确认了4名疑犯的身份，并将他们逮捕。纪欣然的父母向检察长表示，这一命案让他们失去了唯一的孩子：儿子是他们一生的依托、骄傲与依靠。他们付出了24年的辛苦，把孩子培养成人，该是回报社会的时候了，可却白发人送走了黑发人。他们表示，丧子给他们后半生带来的痛苦是无法用语言表达的。纪欣然的祖父母、外祖父母原本身体很好，但这个打击，让他们患病在床。纪欣然的父母在视讯会议上数度情绪失控，痛哭不止。

近几年留学生发生意外的报道屡见不鲜。安全的保证是留学生活中最为基本和重要的原则，孩子的安全问题牵挂着千千万万家长们的心。安全感是对可能出现的身体或心理的危险或风险的预感，以及个体在应对处事时的有力/无力感，主要表现为确定感和可控感。安全性包括身体的安全感和心理上的安全感。身体的安全感包括保证自己人身安全不受外界包括环境与人的伤害。如果说外在的安全感由环境造成，那么内在的心理安全感的获得就是一场漫长的心理战争。对一些有过创伤经历的人来说，内心的不安全感就像一场不会赢的战争把人最终拖垮。人类只有在情感上获得了爱，尊重与关怀，才能体验到心理上的安全感。对于留学生来说，安全感的暂时缺失是他们遇到的首要挑战。

一、安全至上原则

一般来说，未成年的孩子们安全意识相对比较薄弱，而许多父母也认为国外的生活环境都是比较安全的，实际情况并非如此。如果你刚去异地生活与学习，有一些重要的安全注意事项，可以提高你生活学习的安全感系数，做到心理上的未雨绸缪。

1. 综合安全因子

(1) 建立紧急联系人(Emergency Contact)

首先最重要的事情是建立好你的紧急联系人。你需要寻找当地可以信赖与帮助的认识人士。如果你的年龄小于18岁,那么你的监护人就是首位紧急联系人。除了你的监护人,你还需要寻找一位紧急联系人。一位负责任的紧急联系人需要精通当地语言,并表现出关心、有爱心的优良品质。在你或者父母把他/她列为紧急联系人(emergency contact person)之前,请礼貌询问他/她的同意,并随后保留好她/他最新的地址和电话。我建议你经常保持联系,让他/她熟悉你的作息时间和日程安排。父母注意事项:要经常与紧急联系人保持联系,侧面了解孩子情况。

紧急联系方式汇总表(Summary of Emergency Contact)	
姓名(Name):	
家庭电话号码(Home/Cell Number):	
家庭住址(Address):	
最近的十字路口(Major Intersection):	
紧急联系人关系和电话(Relationship with Emergency Contact Person and Number):	
突发公共紧急情况联系方式(Public Emergency Contact Info):	
911紧急服务:	
中毒控制(Poison Control):	
救护车(Ambulance):	
消防(Fire):	
警察(Police):	
医院/诊所急诊(Hospital/Clinic Emergency Number):	
家庭医生姓名与电话(Family Doctor's Name and Telephone):	
牙医(Dentist):	
药房(Pharmacy):	

续 表

紧急联系方式汇总表(Summary of Emergency Contact)	
医疗保险(Medical Insurance)：	
信息(Info)：	
其他医疗保险(Other Insurance)：	
被保险人的名字(Name)：	
保险单号码(Insurance Number)：	

你应该在家中和车里备有急救设备,包括下列药品:
- 抗菌药(antiseptic,消毒擦巾或者消毒液,例如双氧水,hydrogen peroxide)
- 抗生素软膏(antibiotic ointment)
- 抗组胺剂(antihistamine)
- 止泻药(anti-diarrhea medicine)
- 皮肤收敛剂和保护剂(calamine lotion)
- 解热镇痛药(布洛芬尼,ibuprofen或者扑热息痛,acetaminophen)

(2) 可靠监护人

一般根据国外法律规定,如果孩子的年龄未满18岁,必须有一个法定的已成年的监护人(guardian)。例如在加拿大,如果家长无法陪读也没有亲戚可以托付,那么就需要给孩子找一个委托监护人。所谓委托监护人,就是孩子在读书期间,父母授权其履行父母的监护职责的人。学校报到、注册、选课以及开家长会,紧急情况处理等事务,均由其负责。当学生碰到法律相关事务或需要帮助时,也需要与监护人联系寻求帮助。由此可见,选择监护人非常重要,直接关系到孩子在加拿大能否很快适应全新的环境,顺利完成学业,并考进理想的大学或学院。可以委托可靠的留学中介机构承担这个任务,他们可以帮助处理孩子在国外的具体事物,其中包括:组织高中生学业规划活动,带领学生参加校友会拓展眼界与知识面;作为学生的学业监护人参加教师见面会,实时了解学生学习各方面的情况。与老师进行交流的见面会,对了解学生的学习情况非常重要;当学生生病或有突发事情时,为学生向学校请假;与学校老师经常性的沟通,及时了解学生成绩、出勤、校方评定的情况;帮助学生与学校老师及寄宿家庭之间进行沟通等。提供学生学习成绩报告的中文翻译件;提供学生出勤记录文件及中文复印件;与家长沟通学生在学习、出勤、行为表现和情绪方面学校所反映的情况，并提醒学生注意存在的问题；与寄宿家庭保持经常性联系和沟通，以及为学生提供紧急情况时与寄宿家庭的沟通协调。监护人就是孩子在国外的"父母"和依靠，也是孩子父母的"眼睛、耳朵、嘴"，监护人要有很强的责任心和爱心，同时要善于去沟通交流，要熟悉孩子教育和管理，这样才能承担好孩子、学校、孩子父母和寄宿家庭之间沟通桥梁和纽带的作用。因此，选择好监护人的工作就显得非常重要，这样家长才能放心，孩子也能安心学习。

a. 监护的材料包括什么？

监护材料有两份，一份是监护人在当地律师事务所公证的监护信；一份是家长在中国公证处公证的父母授权监护人的公证。这两份材料签证的时候都需要有。

b. 找监护人需要注意什么？

强制性必须的条件是：监护人必须是本地公民或永居人员并且年龄必须在25周岁以上。监护人不能在当地有不良的记录，最好有固定的职业；监护人必须履行相应的义务，移民局会进行抽查。如果抽查到，监护人对学生完全不了解，这是非常严重的。所以一定要找专业的机构，确定非常负责任的监护人。例如，根据加拿大各省的法规，留学生年龄低于该省的成年人年龄标准，必须在所在城市委托一位监护人（custodian）。如果留学生没有一个达到政府规定标准的监护人，这个学生的学习签证就无法审批。通常来讲，选择监护人在满足加拿大政府规定的两个标准基础上，家长还需要对监护人三个方面把关：

① 责任心、爱心、耐心。

② 专业度和经验。

③ 有丰富的当地人人际关系，可以在各方面给学生实际的帮助。

如果在确定监护人以前能够和监护人通话、交流，就能够基本判断出来监护人的水平。

（3）寄宿安全性

为了更快融入当地的社会，选择寄宿家庭是最好最快捷的方式了。如果你选择与寄宿家庭一起居住，首先要询问房东的作息安排与对租客的住宿要求。例如归家时间，洗衣做饭时间等。让房东了解你的作息时间与大体日程安排。如果与室友一起居住，要让他也了解你每天大致的安排。同时每天花一些时间来培养与寄宿家庭的关系，也是非常必要的。像家人一样的关系，相互照应关心，是人身最有安全性的保障。

(4) 学校安全性

熟悉并观察学校周围的特点与情况，学校设施，如图书馆、体育馆、健身房的开放与关闭时间等。更多了解学校的环境，能够合理安排自己的学习和娱乐时间，也是保证自身安全的一个重要因子。根据学校相关政策，很多学校都会给学生以及家长提供新生辅导服务。这也是一个特别重要的新同学熟悉校园的渠道。如果能力允许范围以内的话，建议家长们可以带你的孩子一起去参加新生辅导，这将帮助你更好地确认校园以及宿舍的安全性。

(5) 社区安全性

在西方许多发达国家，居住地的区域划分是非常清晰的。区域划分，根据特定的区域居住不同家庭收入的人群，学校与社区都划分界限分明。比较安全的街区就是安全性相对比较高。有一次去某个著名北美城市的市中心，当地的路人非常善意地提醒不要跨入某个街区，因为吸毒卖淫的聚集人群比较多。当我们的车子一驶入该街区时，看见整区的房子都是破旧不堪，街边躺着一排排流浪者。街景与前一街区的繁华竟然如此不同。如果孩子不住在学校，那么花一点时间与精力来研究自己居住地周边的地理环境，就显得更为重要了。要积极沟通了解并熟悉自己居住的社区环境周围的特点，如地理位置、人文历史、族裔习惯等。

(6) 习惯安全性

作为一名留学生，保证自身的安全性从良好的习惯做起。例如，养成定时联系家人或者朋友的好习惯。这样的优点是，让父母和好朋友来监督并保护你的安全性，养成固定的联系时间与方式并且经常联系沟通，告诉家人或朋友自己每天的学习活动安排。例如，留学期间，定期在某一个时间点打电话回家或者与家人视频聊天。不要觉得麻烦，这也是确保自己安全的一种稳妥方式。一旦有危险或者失踪情况发生，自己的亲友可以在比较短的时间内发现并寻求及时的帮助。

(7) 观察安全性

① 提高观察深度与广度。

② 家里设备的安全性与操作安全性，如烤箱、洗衣机、微波炉等电器的使用安全性和操作性。

③ 人际交往观察：

在一至六个月时间里，你可以学习慢慢观察周围认识人（学校、社区和家里人物）的一些行为特点与交往特征。注意隐藏的危险因子。

(8) 出行安全性

运动对于身心健康是有益的，当然也是在运动安全有保证的基础上。提醒喜欢夜间锻炼的学生，尽量不要选择在天黑人静的时候外出锻炼，尤其是单身女性。如需外出，务必结伴而行；同时外出锻炼一定要选择熟悉的路线，或者每天修改锻炼路线，尤其不要在僻静的小路或湖边等危险地带逗留；远离机动车道甚至非机动车道；一定穿戴反光的衣服、夜跑鞋、反光带等用品；千万不要戴耳机锻炼；时刻注意锻炼周边的环境；远离狗、酗酒或有不良用意的人或人群。为了确保安全性，尽量避免早上7点以前和晚上8点以后独自在户外运动。咨询当地人士比较安全的运动路线；寻找乐意共同运动的可以信任的伙伴。

自行车安全性

自行车必须安装白光前车灯和红光尾车灯，以及车铃或喇叭。车灯，反光片和亮色衣物，有助于司机在夜间看到自行车手。一定要带好反光头盔，穿有反光的衣服。目的是"**让自己能被看到，保持安全**"。

注意行人：有行人在人行道上时，请停车等候。有乘客上下公共汽车或者校车时，自行车手必须在距离车门较合理的位置上停车。

直行骑车：如果你以可预见的方式直线骑行，并与停泊不动的车辆保持距离，司机比较容易明白你的意图。不要在车流中突然转向。变道之前先回头查看。

遵守交通法规：遇到红灯以及停车标志时必须停车，并始终与车流同方向行进。根据规定，行驶速度最慢的车辆应该占用最靠路边的车道。

(9) 金钱安全性

很多家长希望孩子能出国带现金，最好是多带一点，怕孩子到国外后还要到银行取款比较麻烦。其实出国携带现金是有严格规定的，如果违反了规定多带的现金可能被没收。少量现金用于零花急用；汇票用于支付学费和校方住宿费；旅行支票可以用于应急；国际信用卡可以用于日常花销，也方便家长监控。建议学生出国带现金不要太多，可以选择多种方式相结合的方法比如现金、汇票、旅游支票或者信用卡。不要随身携带数量过多的现金,也不要不带任何现金。当遇到特殊紧急情况例如遇到有武器枪支的歹徒时,以保护自己的生命为第一要素,不要试图捍卫钱财而与歹徒搏斗,更不要因为保护一些钱而丧失了宝贵的生命。

对于本科以上的学生来说,由于不同国外学校根据一次性交纳金额的数量会有优惠,具体金额不能确定,建议多带旅行支票,出国后学生签字即可使用。有的孩子可能年龄太小不擅长理财,每天开支控制不平衡容易变成"月光族"。家长如果将一年的生活费打到孩子账户,孩子可能一下子就花完了。办理国际信用卡,给孩子设定好每月消费上限。此外,还可以考虑以每月电汇的方式来控制小孩的适当开销。银行的私人信息、取款密码和网上登录密码要注意保密,不要随便分享或透露给他人。建议密码定期更新。

（10）驾驶安全性

开车是一项重要的生存技能。在美国,孩子 16 岁就可以去考驾照了。在实际上路驾驶之前,建议找专业的开车教练反复练习并熟悉当地的路况与规则。国外的驾驶习惯与规则与国内还是有许多差异。

① 驾照

海外旅客所持有的原居地所签发的国内或国际驾驶执照,可在许多国家包括美国、加拿大等地境内通用,其通用期限视乎各省及地区而定。持有国际驾驶执照人士,必须同时携带其原居地签发的驾驶执照。

② 驾驶须知

— 每个国家合法驾驶年龄各不相同。17 岁以下可以驾驶的包括加拿大、澳大利亚、冰岛、新西兰、挪威等国家,请根据自己所在的国家地区具体查询。

— 酒后不得驾驶。

— 车牌必须及时换领,无牌或过期牌不得驾驶。

— 司机和乘客均需系好安全带。

— 体重 18 千克以下婴儿均须使用配备带有安全带的婴儿椅。

③ 注意行人的道路使用权

— 司机违规驾驶会被扣分或受处罚,由书面警告到吊销执照。

— 获交通告票,须交纳罚款或提出上诉。

④ 汽车保险

驾驶汽车均需购有第三者意外伤亡及财物损失保险。最低保险赔偿额为 50 000 美元至 200 000 美元不等,依据各地区的规定第一年取得驾驶执照者,保险费较高,如首年未收告票或有意外,下年可获保险折减。如可获原居地保险公司开具的驾车良好记录证明,可获首年保险折减。

在居住地以外北美地区驾车旅行,仍需购买临时保险。

⑤ 汽车环保测试

除首年新车,所有车辆每年均需进行环保测试,检验合格可获当地合格证书,购置保险前须提交此证书。检验不合格之车辆,需送维修。

⑥ 汽车意外处理

— 熄灭汽车引擎。

— 如有伤亡,立即报警。

— 当事人(除伤者)应留在现场,助警调查。

— 24 小时内电话报告保险公司。

— 记录有关资料:日期、时间、地点、对方的详细资料,目击证人的资料,能的话,拍照现场,留下证据。

⑦ 冬季安全驾车须知

冬天严寒,所以在冬天驾驶,汽车性能的可靠程度及你的安全驾驶至为重要。轻微的机械故障或驾驶错误都可以造成紧急状况。足够的知识和事先的计划可以避免性命或受伤的危险。离家之前,可查电话簿蓝页列载的公路资讯(Road Condition Information)号码,打电话查询你要往该区的道路情况。油站有防冻剂出售(一种可以抵御极低温度的液体),能令你汽车引擎的水箱不致结冰。在极严寒的时候,汽油喉管和水拨亦需用防冻剂。根据你所用轮胎类型,决定你是否有必要换上雪地专用轮胎。

⑧ 雨天安全须知

✓ 打开车灯。让你的车前后都有亮,别人可以看清楚你的位置。

✓ 保持与前车的距离。雨天距前车的安全距离应该是三秒。

✓ 保持与后车的距离。如果后车离你太近,可以轻踩刹车提醒他,也可以换线躲开他。

✓ 如果车窗有雾,加大通风。如果雾太重,就通热风。也可以把窗户开一条小缝。如果只是后窗有雾,可以打开后窗除霜开关,记得除雾后关上。

- ✓ 尽量保持左右两边车道有足够空当。当前方出现紧急情况时,可以用换线躲避灾害(注意:紧急换线和急刹车都是应急措施,但不可同时使用,只能采取一种方法,否则会打滑。)
- ✓ 如果发现雨刷器刷窗的效果不好,尽快更换。
- ✓ 转弯时要做到先减速,后转弯。一定要有意识地把速度减到很安全的程度后才开始转方向盘。否则,容易发生打滑。
- ✓ 无论下雨与否,都要注意:眼睛不要盯在前面的车上,而要观察所有方位的情况。

(11) 交往安全性

新的环境,新的朋友,这可以带来许多新鲜感,兴奋感。你也许会欣喜若狂,交到了一两个知心的好朋友或是收获了一份爱情。在深入了解对方实际情况以前,你还是需要注意交往的安全性,把交往的速度放慢放缓。尤其是社交新媒体的兴起,让陌生人变得"熟悉"起来。这种有刺激感的网上交往(blind dating)让许多青少年非常痴迷,不能自拔。然而,这种网络神秘感却隐藏着巨大的危险性,甚至人身安全。真正的爱情和友情是需要经得起时间考验的。提防身边有可能对自己造成威胁的"熟人"。对于同学、学长/学姐和室友,我们需要完全了解对方身份背景后再进行交往。面对他们的要求时,仔细考虑后再做出答复。尽量避免和不熟的人及可疑的人在封闭空间中单独相处。防人之心不可无,需要时刻警惕。另外,要学会识别危险信号。如果有人突然做出过分亲昵的越界举动,提议单独跟他去某个僻静地方,那么就要引起高度重视了。找借口离开或是果断拒绝,都是最好的方法。要相信你的直觉,如果感觉不安全,马上就离开。如果不幸遭遇到事件,要冷静,尽量拖延时间,尽一切可能发出噪音,引起注意并留下尽可能多的线索和证据。

(12) 生活安全性

每天要检查自己居住的房间和房子周围的安全性,是否上锁;不要随便把钥匙交给他人保管。结伴去购买食品或其他日用品,并注意时间的合理安排。

2. 安全性自测表

我们往往说人的直觉非常准。根据上面的建议,你来自我评估一下对于新的环境,自我的安全感有多少?

我感觉的安全程度	非常安全 0	中度安全 1	有一点安全 2	有点不安全 3	中度不安全 4	非常不安全 5
独自在家里						
与寄宿家庭在一起						
在学校里						
开车						
与某人单独相处时						
独自在室外						
有陌生人在场时						
总分						

综合以上的安全因子来进行自我安全测评和调整,每一个评分在3~5之间的因子需要找出具体隐藏的原因并加以调整与改变。这对于刚开始的留学适应起着非常重要的积极心理作用。

二、实用生活能力

1. 生活能力概述

走出国门之前,很多留学生从未做过繁琐的家务,或者做的比较少,生活自理能力相对较弱。出国后不仅要面对学业压力,生活上也需要完全自理。在留学的最初岁月里,能否从容地照顾好自己,就是非常关键的课题了。衣食住行,这些基本上的生活需要,一下子迎面而来,成为每天的必修任务。面对巨大的中西文化差异、思维方式的差异,如何融入当地社会……让很多留学的孩子面临前所未有的挑战。因此,首先把自己的生活照顾好,也是让自己充满信心投入学习的重要保证。

2. 家务综合能力

有不少留学生分享体验,说去了国外生活更像是去了"××技校",什么事都需要自己动手。虽然是个比喻,但是反映出在国外生活,需要有很强的DIY动手能力和家务能力。国外的人工小时费都比较高,许多家具装配都需要自己根据说明书来安装;装修的材料也非常齐全,还有说明书指导用户自己油漆和维修房屋。就算是花园中的花草种植,都可以自己来。相对而言,比较富裕的中国家庭往往有阿姨打扫,厨师做饭,有司机开车,有园丁种花……优越的生活条件是把双刃剑:脏活累活几乎不需要我们的孩子亲自动手,这样的短处就是孩子们的动手力相对比较薄弱。这也是中国孩子被认为"娇生惯养"的一个原因,不得不引起我们家长的重视。原来,让孩子"苦一点""累一点""脏一点"并没有什么害处呢。看看下面的列表作为参考:

基本类生活能力

- ✓ 会定期保持个人卫生(理发、剪趾甲、护肤美容程序等)
- ✓ 会独立换被单和装被套
- ✓ 会基本的针线缝补
- ✓ 能够熟练使用电炉与烤箱
- ✓ 会独自去买菜,熟悉配菜的方法
- ✓ 会做基本菜肴(例如煮饭煮面条,会烧至少 2~3 个荤菜)
- ✓ 会洗碗和收拾厨房
- ✓ 会用不同的工具进行吸地擦地
- ✓ 会熟练清理洗手间、马桶卫生
- ✓ 会熟练使用洗衣机和烘干机
- ✓ 熟悉垃圾分类
- ✓ 能自己换灯泡
- ✓ 会开车洗车
- ✓ 会擦玻璃
- ✓ 会清理冰箱、除霜
- ✓ 会洗衣服(全过程,包括洗衣、烘干衣物、叠衣以及放回衣柜)
- ✓ 了解基础的电器使用知识

插画(Edward Liu　11岁)

高级类生活能力

- ✓ 会烹饪比较复杂的菜肴(例如炖菜、海鲜、烘烤面包、做甜品、熬肉汤等)

- ✓ 会修理草坪与树枝
- ✓ 会铲雪
- ✓ 会换胎
- ✓ 会种花草
- ✓ 会换锁
- ✓ 会基本烧烤技能
- ✓ 会自己油漆房间
- ✓ 维修简单家具
- ✓ 机械修理技能

家务能力和动手能力的培养，需要从小慢慢养成。其中，会烧菜是个重要的生活技能。

三、和谐的寄宿家庭

关于寄宿家庭问题，各方讨论比较多，负面的新闻也是屡见不鲜。在这一章节里，先分享一个真实的咨询故事：

> **心理咨询诊室的故事分享**
>
> 咨询室里，王女士显得非常焦虑：她的女儿Tina（化名）是个16岁的小留学生，通过中介找到了在美国的一个寄宿家庭。寄宿家庭的女主人温迪是个离婚的单亲妈妈，儿子已经上大学，有个8岁的女儿，他们的房子在本地一个比较富裕的社区。温迪是个善良的妈妈对中国文化也很感兴趣，但是对Tina有许多要求，包括作息时间、洗衣时间、不得晚归，还要她相应承担不少家务。这些要求对于从小娇生惯养的Tina来说无比厌烦，认为是一种"虐待"。而初来异地在语言上的沟通不畅更让她们的关系越来越僵化。她经常电话向妈妈抱怨例如吃的东西只有香肠和面包，总是饥肠辘辘，而且不能大声听音乐，与温蒂的女儿关系也很差被经常捉弄等。而母亲只能通过中介转达不满。温迪也因为Tina总是通过这样的方式沟通非常生气。

> 终于有一天爆发了。Tina 参加一个同学聚会没有按照规定的时间回来（晚上 10 点），被温迪严厉批评。Tina 非常委屈,第二天拿了行李就擅自离开了。温迪找不到 Tina 非常担心,后来发现 Tina 住到同学家去后非常生气,觉得无法理解与接受,坚持她是为了孩子的安全考虑。结果就是,Tina 后来又换了两家寄宿家庭,关系也并不十分和谐,最后终于结束了寄宿家庭的生活,搬去学校住宿；而温迪也终止了与中国寄宿学生的合同,拒绝接受以后来自中国留学生。
>
> **思考**：在这个真实案例中,你认为谁的责任更大？是留学生 Tina 还是寄宿房东温迪？你从中可以学习借鉴到什么？

从 2004 年到 2015 年,中国留学生入读美国高中的学生由 433 人增长到了超过 43 000 人,这些学生因为都未满 18 周岁,在美国读书上高中需要监护人,而寄宿家庭就是他们的首要选择,中国小留学生人数的急剧增加也导致了寄宿家庭的需求量的上升。然而,小留学生在国外遇到的第一类生活和文化冲击与挑战,恐怕最早就是来自寄宿家庭了。除了语言上的沟通局限,最大的差异应该是习惯与生活上的差异。许多留学生发现,自己在寄宿家庭的生活史,是一部励志史、悲剧史,自己在生活方式还有文化方面都与寄宿家庭拥有太多的不同与矛盾。中国留学生抱怨在国外寄宿家庭遭受了不公正的待遇,例如被无缘赶出家门,饭吃不饱等。而寄宿家庭似乎总对来自中国的"独生子女"标签非常敏感,认为这些孩子娇生惯养,生活习惯差,"太难伺候",是"王子症候群""公主病严重",缺乏礼貌,沟通性弱,总是锁在房间等。

寄宿家庭是小留学生们接触当地社会与家庭一个最直接也是最具挑战性的适应。选择一家好的寄宿家庭,可以比较快地融入本地的生活和文化,建立一个交际圈；相反,如果选择一家错误的寄宿家庭对孩子造成的心理伤害是无法估量的,并在长时间形成负面的心理创伤。

留学生父母在寻找合适的寄宿家庭时,需要从安全性的角度来综合评估了解寄宿家庭的教育背景与家庭情况,也可以花上一点时间去当地与寄宿的主人开展一些交流,培养相互的理解。外国家庭的生活习惯与育儿方式与中国的区别比较大,例如,承担家务是孩子们学习自理能力的一部分；

洗衣时间为每周一次，不是每天随时都能够洗；衣服一般都用烘干机而不能在户外晾晒等。建议家长在决定寄宿家庭前，仔细询问有关寄宿家庭的一些具体日常习惯与作息情况。如有必要，把需要的特殊内容协商并制定在租赁合同中，以确保孩子的日常饮食与起居。一般来说，通过预先了解情况和沟通，会降低共同生活时发生的矛盾几率，有利于孩子们度过国外生活的关键期。留学生们去国外的第一年，是最关键的心理适应期，做好与寄宿家庭的衔接工作，对孩子们的心理健康起到非常积极的作用。当然，孩子自身的安全性是需要放在第一位考虑的因素。分享几点建议：

1. 关注合同细节

合同是维权的重要法律文件。在与寄宿家庭签署合同之前，要详细读懂看清每一条英语条款。读懂每一条的含义，看是否有不合理的约束。如果有任何疑问或者某些地方需要修改，可以通过中介进行提前沟通。

2. 遵循英语为先

即使自己的英语不完美，也要每天坚持用英语与寄宿家庭的成员交流。要抓住每个学习和提高英语综合能力的机会。不要总是把自己一个人封闭在房间里，这样比较难以融入寄宿家庭。

3. 注意个人卫生

勤洗澡洗头，勤剪指甲，勤理发。注重仪表，注重穿衣的整洁和着装的场合适宜度。

4. 养成优良习惯

培养良好的个人生活习惯，注重自身修养。同时了解住宿家庭对于吸烟、烹饪、访友等方面的规则。例如不在房间吸烟，不乱扔垃圾，做好垃圾分类（厨房垃圾、回收垃圾和一般废品）。

5. 尊重文化差异

学习东西方文化与习俗的差异，关注自己日常细节的礼貌与礼节性。例如，要学会自由并正确用英语进行日常沟通与交流。与寄宿家庭从文化细节上入手，培养感情：求同存异，沟通第一。

6. 主动分担家务

在住宿的家庭中多询问，主动分担日常的家务，例如洗碗、打扫、割草、除雪等事务，不要有"我付钱了，就可以享受你的服务不用干活"的观念。寄宿家庭的概念，是为了让留学生快速体验当地家庭生活的一种方式，就是为了融入这个家庭的日常生活中。

7. 注意中文使用频率

这是个比较敏感的事情,虽然按道理讲,"我与自己的中国家人与朋友聊天,当然用中文"合情合理。但由于留学生住在寄宿家庭,经常大声用"别人听不懂的语言来讲话",是对主人的一种不尊重,甚至可以说,是一种蔑视。许多寄宿家庭的主人就向我抱怨说,某中国留学生每天几乎花费许多时间用中文大声地打电话回国。要知道,国外的房子的隔音设施都比较差。与中国的亲友或当地的中国朋友用中文交谈,要注意控制音量与时间。

8. 关注节日礼仪

注重所在国家的各个节日。国外的节日非常多,圣诞节、万圣节、感恩节等。要了解寄宿主人的宗教与其他习惯,在节日或者主人的生日准备一些小礼物,"礼轻情意重",却能够帮助留学生融入家庭的和谐气氛中。

9. 显示特长才艺

显示自己的某方面才能,例如秀一把你的厨艺。如果你的寄宿家庭对中国的美食感兴趣,那么要大大恭喜你:你会做春卷,包饺子或者馄饨的技能,一定能够真正惊艳到他们,并赢得他们的尊敬。

10. 尊重隐私

你要保持自己的独立性,同时也尊重寄宿家庭和自己的隐私。因为居住在一起,可能会在日常生活中不小心介入到他人的一些隐私。一般来说,我们每个人都对陌生人有一些防御心理。这是正常的。信任感是在时间里慢慢培养起来的。给双方一个适度的空间,理智地在关键时刻回避,不打听,甚至"装傻",都是一种成熟的行为。

11. 主动联络关系

即使你离开了寄宿家庭,也建议你经常保持联系。例如发个问候的邮件,在新媒体上的互动与关注。如果关系比较融洽,可以邀请他们一起吃饭聊聊近况。让寄宿家庭感到你对他们的一份感谢与关心,也就足够了。

12. 寄宿家庭投诉

一般的寄宿家庭都与学校有合作关系。如果在积极沟通条件下,与寄宿家庭的矛盾仍然比较尖锐,建议你向学校相关负责人投诉,同时提供可以参考的有效依据来佐证保护自己的权利。例如没有尽责履行合同义务等方面。

第三章

怎样培养好习惯？*

心理咨询诊室的故事分享

"我该怎么做，才能超越爸爸？"

问我这个问题的是一个浓眉大眼，长得非常帅气的男生。杰森（化名）他坐在我的对面，前额头发烫成一个个小花卷，穿着一件很酷的潮服。杰森185厘米高高的个子，今年已经22岁了。从外人的眼里，他是一个真正的高富帅。或者说，是一个标准的无忧无虑的富二代。给人的第一印象有点"玩世不恭"，但此时，他的眼睛一直盯着自己的鞋尖，显得心事重重。显然，他有自己的秘密：事业成功的爸爸是他的偶像，也是他无法超越的心理障碍。

这是他的问题，也是他的烦恼。原来，杰森对自己的信心非常不足，总认为自己"不如别人"，成绩不是太理想，而父母责怪自己"不爱学习"，花钱太大手大脚。他抱怨从小就被老师与家长批评，认为他就是调皮不努力学习。于是他整天沉浸在各种"玩乐"游戏与泡妞中，成为公认的"花花公子"。游艇赛车拍拖游戏，天天与朋友们去酒吧。现实世界中，没有人能给他一点鼓励与安慰。他想改变，但是从小养成的坏习惯很难改掉，例如懒惰、被动、自我约束力差。杰森非常苦恼。他努力想摆脱富二代的标签，非常渴望开始自力更生。

---

* 参考附录1、4。

一、培养好习惯

　　一个人的优秀品质不是天生的,好习惯是个体性格培养的重要基石。著名的作家肖恩·科维(Sean Covey)的畅销书系列之一:《高效能青少年的7个好习惯》一书中,就推荐了主动性、制定长远目标、事情分类、双赢性、同理心、合作性以及灵活性等7个重要的好习惯特点。如何才能磨练出影响一生的好习惯? 美国建国期间的伟人富兰克林有一个习惯,每天晚上都把一天的情形重新回想一遍。他发现他有不少很严重的错误,下面是其中的三项:浪费时间、为小事烦恼、和别人争论冲突。聪明的富兰克林发现,除非他能够减少这一类的错误,否则不可能有什么成就。所以他一个礼拜选出一项缺点来搏斗,然后把每一天的输赢做成记录。在下个礼拜,他另外挑出一个坏习惯,准备齐全,再接下去做另一场战斗。富兰克林每个礼拜改掉一个坏习惯的战斗持续了两年多。以下是他要养成的好习惯清单,我们来参考一下:

- ✓ 节制。食不过饱,饮酒不醉。
- ✓ 沉默。说话必须对别人或自己有益处;要避免无益的聊天。
- ✓ 生活秩序。将每一样东西放在它们应该放的地方;每件日常事务应当有一定的时间。
- ✓ 决心。做应该做的事情;决心要做的事情应坚持不懈。
- ✓ 俭朴。花钱必须于己于人有益;换言之,切忌浪费。
- ✓ 勤勉。不浪费时间,只做那些有用的事情,戒掉一切不必要的行动。
- ✓ 诚恳。不欺骗人;思想纯洁公正;说话也是如此。
- ✓ 公正。不做害人的事情,不要忘记履行对人有益而且又是你应尽的义务。
- ✓ 中庸适度。避免极端;要容忍别人对你做应得的处罚。
- ✓ 清洁。身体、衣服和住所力求清洁。
- ✓ 镇静。不要因为小事或普通的、不可避免的事故而惊慌失措。
- ✓ 谦虚。仿效耶稣和苏格拉底。

　　培养一个好习惯和改掉一个坏习惯的时间一样,都需要至少 21 天才能养成。根据专家的研究发现，21天以上的重复会形成习惯，85天的重复会形成稳定的习惯。所以一个观念如果被别人或者是自己验证了21次以上，它一定会变成你的信念。一般来说，习惯的形成大致分成三个阶段：

第一个阶段是前1~7天，这个阶段的特征是"刻意，不自然"。这是最困难的阶段，你需要十分刻意地提醒自己去积极改变，而你也会觉得有些不自然，不舒服。

第二个阶段是7~21天，这一阶段的特征是"刻意，自然"，你已经觉得比较自然舒服了，但是一不留意，你还会恢复到从前的坏习惯。因此，你还需要刻意地提醒自己改变。

第三阶段是21~85天，这个阶段的特征是"不经意，自然"，其实这就是好习惯，这一阶段被称为"习惯性的稳定期"。一旦跨入这个阶段，你就已经完成了自我改造，这个习惯一旦成为你生命中的一个有机组成部分之后，它会自然而然地不停为你"效劳"。

二、制订计划与规划

制订并执行计划，这是培养好习惯最基本最重要的第一步。可能忙于学习与生活的压力，你对自己的未来没有时间考虑与设计。你更有可能没有耐心，认为计划是浪费时间。有一位成功的企业家曾经透露，他会花费80%的时间去计划，而只有20%的时间去执行。因为在计划中已经比较周密地想到了各种可能性与不可能性，所以他在具体的执行中会绕过那些弯路，为完成计划节省了大量时间、精力和财力。下面，你就自己动手来计划一下自己紧张的学习和生活吧：

1. 规划表

一年学习和生活规划（　　年—　　年）		
学业		
生活		
其他		

三年学习和生活规划 （　　年—　　年）		
	1.	2.
	3.	4.
五年学习和生活规划 （　　年—　　年）		
	1.	2.
	3.	4.

续　表

我们的计划，常常由于环境的变化需要做出时刻的调整，这都是正常的现象。因为有了具体的计划，我们才有了努力奋斗的方向和动力。不断根据实际情况来调整自己的计划，以不变应万变。

2. 蔡戈尼心理效应

我们首先来看这几个问题是否存在于我们的生活当中，影响或干扰我们达成目标：

— 有人能看完一部50集的爱情电视剧，却背不出100个单词。

— 有的人彻夜玩游戏想要角色升级却使学习无法进展。

— 有的患有严重拖延症，把工作任务置之不理，一拖再拖。

心理学家在对网瘾的研究中发现，具有网瘾的人实际上有很强的意志力。但是因为其目标选择出现问题，所以导致这种狂热用在了不该用的地方。世界上有这样两种人，一种是目标坚定，有始有终；另一种是漫无目的，半途而废。两种不同的选择却能让人过上两种截然不同的人生，然而，这两种人的区别是在于天生的意志力还是有方法有策略的行事方式呢？心理学家蔡戈尼通过一系列的心理学实验说明了每个人其实都具备坚定完成某件事情的意志力。只是，我们每个人都将这种意志力用在了不同的任务上最终造就了不同的结果。对于大部分人而言，如果我们总是半途而废，说明我们并没有选择好一个明确的目标和支撑我们有始有终的行为动机。蔡戈尼效应实际说明了人天生是具备完成某件事情的意志力的，从小时候得不到玩具誓不罢休，到上学时为解不出的题目而苦心思考，到成人时期为完成工作任务而奋发图强，这些都是我们意志力的表现。

(1) 确定目标,合理安排目标完成计划

随着年龄的增长,每个人都拥有了更多的人生目标,然而也是在这种突然激增的目标数量下,大部分人无法正确地选择适合自己的目标而产生了迷茫的心理状态,而目标较为明确的人,往往能够脱颖而出。蔡戈尼心理学效应说明了一个问题,一个人能够坚持完成某个目标的驱动力很大一部分来源于未完成那部分给心理造成的压迫性,所以,轻易得到的便会忘记和不珍惜,得不到的才会永远在骚动。这种心理学效应在我们生活中的应用很广,比如:辛苦追求到的伴侣却失去了以往的珍惜;轻易完成的任务让人无法充分得到满足感;一件中途被迫停止的任务让我们耿耿于怀等。如果你被困在迷宫里,10分钟之内不走出去生命便会结束,你会锲而不舍还是直接放弃呢?反之,如果你不完成工作目标、学习目标,你的职业生涯便会布满荆棘,最终导致碌碌无为,生活坎坷,你会选择一步步完成目标还是直接认命呢?无论你的选择是什么,你都会因为生活所迫而拥有一个目标,只不过有的人的目标是成为更优秀的人而有的人是拼命地解决基本生活问题。这也是为何人会在不同的生活目标中逐渐拉开距离的原因。

(2) 目标选择和分配

一个留学生,他有许多人生目标,例如需要更多经验和知识的吸收。也有很多个人目标包括恋爱等方面。"我要完成繁重的学业,去交友恋爱,计划学会烹饪和游泳,进修心理学、哲学,去健身,要学习画画等。每天都有12个小时的活动时间,除去吃饭、休闲、生活杂事,我可能还剩下8个小时,我需要对目标进行更精细化的安排和选择。"

对于学生来说,如果学习与交友是首要目标,那么,要达到这个目标我需要做什么事情呢?这就需要一个精细化的计划安排,如:每天花费多少时间在学业上,包括去图书馆的时间,与他人见面、和朋友吃饭。详细安排可控时间,留下来一些不可控的时间。例如,"健身是我想要达到的一个目标,但其实并不占用太多时间,每天早起和晚上各安排半个小时时间,我想要穿衣显瘦、脱衣有肉,我想要健康和迷人,这就是我的目标。英语和心理学进修并不是主要目标,因为对我现阶段没有直接地帮助和实际体现,但这是一种长远的规划,因为一定会有帮助。那么,我会将这两个目标穿插到每天的时间当中,如早读五个英语句子,每晚睡前看半个小时的心理学书籍。"

生活与学习看似杂乱无章,每天都有不得不完成的事情。有些项目,看似无法完成。但是，如果你根据自己的时间以及个人能力定下来一个日、周、月、年的目标，例如"我要体脂率降低到 18％左右""我要让英语口语水平达到一个程度""我要看完 30 本书"等。这些目标细化到每天之后，你会发现目标会变得相对容易，但是做不到时会因为总体目标没有达到而感觉到想要去完成。最终发现，一旦你安排好自己的目标和时间，每天并不会将自己逼的很紧还能将目标一步步达到。当然，你的第一步是寻找目标和详细、合理地安排你的目标。

三、时间管理与分配

关于有效时间管理，我要推荐肖恩·科维先生在《高效孩子的 7 个好习惯》一书中介绍的方法：时间分布区域图。这可能是最直接有效可以把自己的时间归类的管理方法。把你目前的学习与生活任务按照以下区域来划分。看看你大部分时间都花在哪个区域中？

	紧急事件（需要立刻马上完成）	非紧急事件
重要任务（你目前最重要的事，需要集中注意力完成）	1. 拖延者区域 — 明天的考试 — 朋友受伤 — 自己生病 — 作业上交 — 汽车爆胎 — 家中亲人的突然事件	2. 时间管理优胜者区域 — 计划和目标设定 — 一周后要交的作文 — 健身 — 维持或者建立亲密关系的活动（例如打长途给父母） — 减压与放松活动
非重要任务	3. 无法拒绝者区域 — 比较漫长的手机聊天 — 被分散注意力 — 其他人的小问题 — 同伴压力	4. 过度休息逃避者区域 — 在各种新媒体上花费太多时间 — 看韩剧或其他拖沓的电视剧 — 玩网络游戏 — 过度逛街购物 — 说闲话，八卦 — 聊天过度，浪费时间 — 休息过度，包括睡觉过度

如果你发现大部分时间都花在了第1、第3或者第4个区域中,那么你每天的时间将是永远不够的。你的学习压力和生活压力都会由于时间安排的失衡变得非常大,这对于留学生的考验也是最头痛的。因为一旦坏习惯养成,那么改变是需要付出努力的。第2个区域才是要建议大家合理安排自己时间最好的态度:生活中不仅需要完成紧张的学业,也要兼顾放松、友谊、健身、规划和其他一些看似不重要,却非常关键的任务。例如,保持与父母家人的联系。当你能够合理地安排好时间,你会感到一切事情都变得非常轻松与高效。

建议做到以下几点也许就能改变:

① 把区域1中拖延的时间缩短。区域1中的任务是你必须完成的,但你可以加快完成的速度。

② 对区域3中的活动大胆说"NO!"这些被你定义为不太重要的事情,别人的事情,让你的精力分散并不时被打扰。如果你总想要去讨好所有人,那么结果就是你会永远在别人的身后跟随行动。所以,当你对其中的活动说出"不"的时候,你就为自己完成重要的任务争取到了更多的时间。

③ 减少区域4中关于逃避者的一些行为,例如浪费时间去八卦某人的恋爱史,有几个暗恋等。把你的时间集中在区域2,去完成更重要有意义的事情。

④ 为了更有效集中时间与精力在区域2,你需要准备一本每日记事本,把所有的作业、预约、目标和任务都写下来。

⑤ 制定一个每周计划表。每周计划表比每日计划表更具有灵活性。你可以把某些项目和任务根据实际情况进行调整。

四、自我财务管理

1. 收支记录

自我的财务管理其实是一个很重要的内容。目前的中小学教育系统里,没有教育孩子如何去做到收支平衡的内容,或者学习一点基本的财务知识。而生活在外国的每一个人都知道,如果不工作,每天的支出比较大,生活还是比较艰难的。处于这样一种状态下,许多学生为了补贴自己的经济来源，而在课余去打各种工，甚至是做比较不合法而又赚钱快的兼职，最后荒废了学业。建议是做一个每日收支记录表，对自己的开销有个大致的估算。

项　　目	日用品	餐　饮	交通费	服装首饰鞋帽	娱乐费	其他杂费
周一						
周二						
周三						
周四						
周五						
周六						
周日						
合计						
总计						

2. 建立信用

即使拥有多年使用世界级信用卡公司信用卡，如维萨卡（VISA）和万事达卡（MasterCard）的信用记录，你也未必一定能够取得在国外的信用卡。这使许多人感到吃惊。如可能，在去国外之前不要注销信用卡。你在此可能无法立即取得信用卡。如发生此类情况，你可能希望继续使用你现有的信用卡。要在国外建立信用，请申请信用卡。请向你当地银行的工作人员咨询。你的银行或许愿意向你提供消费限额较小的信用卡或担保信用卡（Secured Credit Card）。

要取得担保信用卡，你需要向信用卡的发行商提供一定金额的押金。担保信用卡的担保押金取决于你所请求的信用限额的高低。如果你还清你的月度信贷费并建立了良好的信用记录，那么你可收回你的押金及利息。然后，你便可取得正常的信用卡。许多商店提供限在其商店内使用的信用卡。此类卡通常附带很高的利息，因此请确保按月付清全部欠款。

3. 退税以及减免

许多国家对留学生或者游客都有购物的退税项目。例如在加拿大，有

BUDGET WORKSHEET

Current Monthly Expense Tracking Report – Page 1

Spending Category	Yearly Fees Divided by 12	Month One	Month Two	Month Three	Month Four	Average Mo. Amt.
CURRENT HOUSING EXPENSES						
Rent (or Mortgage Pmt.)						
Utilities (gas, electric, water, sewer)						
Apartment Fees						
Property Taxes						
Homeowner's Ins.						
HOUSING TOTALS						
CURRENT NON-HOUSING EXPENSES						
PAYROLL DEDUCTIONS						
FOOD						
Groceries						
Eating out, delivery, carry out, etc.						
FOOD TOTALS						
TELEPHONE						
Basic Home Service						
Long Distance						
Cell Phone						
TELEPHONE TOTALS						
INTERNET EXPENSE						
CHILDREN						
Day Care						
Tuition, activities & allowance						
Clothing, haircuts, etc.						
Child Support						
CHILDREN TOTALS						
ELDER CARE						
AUTO #1						
Car Payment						
Gas, Maintenance & Repairs						
Car insurance						
Registration/Tags						
Drivers License Renewal						
AUTO #1 TOTALS						
AUTO #2						
Car Payment						
Gas, Maintenance & Repairs						
Car insurance						
Registration/Tags						
Drivers License Renewal						
AUTO #2 TOTALS						
TRANSPORTATION (bus, taxi, etc.)						
Budget Worksheet Page One Totals						

商品与服务税[goods and services tax（GST）credit]减免，商品与服务税（GST）是对在加拿大所购买的所有商品与服务而缴纳的税金。商品与服务税（GST）/统一销售税（HST）减免是每隔 3 个月向中低收入个人和家庭提供的税收优惠。此项优惠退还他们已缴纳的全部或部分商品与服务税（GST）或统一销售税（HST）。要享受这一减免优惠，必须是年龄为 19 周岁

或以上的加拿大居民。一旦取得社会保险号码(Social Insurance Number)，请立即申请这一优惠。要享受商品与服务税(GST)/统一销售税(HST)减免，你必须每年对所得税与福利退款单(Income Tax and Benefit Returns)进行备案。

4. 规划理财

在财务规划和自我管理方面，我要推荐"穷爸爸富爸爸"丛书。有一句俗语："你不理财，财不理你"。合理地去规划，管理你的钱财是一门技能。一位资深的财务经理Christina这么与我分享她的经验："学生还是要节约，没钱的时候就不要花钱，花钱要有计划性和规划。拿有限的钱做最重要的事情，单记账没用，要学会资金规划和理财。"

"可以从小学生就开始做起。我在读大学时候，发现会理财的同学已经开始买基金，5 000元买起，那时我都不懂理财规划，比有的同学差了一大截。毕业时候他们自己有一笔盈利资金可以买点东西，我却没有，然后我才知道原来她们在毕业前就买了基金，几年下来也有20%～30%的收益。然后我才学起来，后来一边赚钱一边理财，为自己准备了出国留学的钱。要先学会有限的资金规划，然后是理财。简单地说，用自己有限的资金去生钱"。

5. 合法打工

留学生是否可以打工挣钱或者积累工作经验？每个国家对于留学生合法打工的法律规定都不同，所以要特别注意当地允许的具体工作时间和内容，超时违反法律可能被勒令退学甚至遣返。例如在英国打工是需要交税的。按照法律规定，留学生每周只允许打工20个小时，假期里，每周打工超过20小时，需交税。留学生在找到兼职工作后，需要及时向当地的福利机构(benefits agency)申请英国国家社会保险号(national insurance number)，这个号码主要用于统计打工者的收入总额，以作为纳税的依据。英国法律规定，必须在开始工作6周内加入社会保险。另外，留学生拿着学生签证从事全职工作是不合法的，学生必须在保证出勤率及成绩合格下才可打工，如果成绩不达标或者旷课，学校很可能会勒令学生退学，如果学生违反了学生签证关于海外工作的规定，严重者会被遣返不得再入境。

澳大利亚政府规定，留学生在到澳大利亚留学后，需要向澳大利亚的管理部门提出校外打工申请，并交纳50澳元的申请费，获得外出打工的批准后，才能够合法到校外打工，否则在校外打工将是违法行为，并会受到澳大利亚管理部门的严厉惩罚。澳大利亚留学生的打工时间规定为：在每学期上课期间，留学生只能选择兼职打工，而在校外打工的时间为每周20小时。

加拿大留学生持有效学习签证，注册入读加拿大合资格的教育机构(大学、学院)，课程为6个月或以上的证书、文凭或学位课程，不包括预备课程及语言课程，无需申请校外工作许可证明，无需等待6个月学习时间，即可在加拿大进行兼职工作。加拿大留学生每周允许工作时间没有变化，仍然是上课期间每周允许打工20小时，假期没有时间限制。留学生完成学业后等待"毕业工作签证"期间也可全职工作(原本在等候审批期间是不准工作)，直至申请有结果，但学生签证在完成学业的90天后便会无效，除非他们持有效的工作签证或其他获准逗留的文件。另外，现时任何需完成实习才能毕业的学生，都可申请实习工作签证，6月起，只有在中学或获认可学院就读的国际生才可申请。

（1）校内打工

打工的地方包括大学食堂、书店、图书馆、健康俱乐部或大学的行政办公室等处。根据美国公民和移民服务局(the United States Citizenship and Immigration Service，USCIS)的规定，持F1学生签证的留学生可在校内自由合法的打工，不需申办特别许可，但是必须持有有效的F1签证；在学期中的每周工作时间一般限制在20小时；在节假日和假期时可全职工作(可达40小时/周)。需要注意的是，这份工作不能作为经济来源或者与学业有关。同时在第一个学年不允许打工。(打工规定请参照最新当地规定)

（2）校外打工

1) 课程实习(Curricular Practical Training，CPT)

课程实习是整个课程或学术项目的重要组成部分并被看作是一种选择性工作或学习，例如医师实习，合作教育实习等，是对于完成学位(课程目录中有相关规定)或授予学分来说必需的工作经历。课程实习是有工资的，前提是得到国际学生办公室的同意和USCIS的批准才能工作。

2) 任选实习(Optional Practical Training，OPT)

申请OPT前要先申请工作许可证(Employment Authorization Document，EAD)，国际事务办公室能够帮助和指引学生申请工作许可证(EAD)，申请EAD前，不要求已经找到工作，但是必须准备好相关的文件、表格、照片和费用。

申请 EAD 大概需要 12 周以上，得到工作许可证后学生才能开始工作。美国公民与移民局处理学生的申请大概要 90 多天。在美国工作都是基于合法的 F-1 签证，国际学生办公室能够帮助学生保留 F-1 的学生签证。

取得学位后可以全职工作(每周 40 个小时)，但所有的任选实习必须在 14 个月完成、在取得学位前必须让 USCIS 收到相关的任选实习申请。

申请要求及注意事项：

（1）获得由指定校方官员开具的同意工作的推荐信。

（2）完成整整一学年的学习(九个月)，且学习成绩良好。

第四章

什么是战胜学习压力的法宝？[*]

心理咨询诊室的故事分享

这里的沙盘室很特别。十几平方米的木地板铺满了柔软的细沙，整面墙是阳光沙滩和蓝色的大海，海鸥在飞翔，海螺在聆听，一切显得美好又宁静。斯黛拉（化名）端坐在沙子里却显然陷入了沉思，她的父母在房间门口不安地探头张望。缓缓地，她用手捧起一撮沙子从指尖流过，厚厚的镜片下眼神有点迷离，弯曲的背显得很瘦弱。斯黛拉曾经是"中国琅琊榜杯赛冠军"。琅琊榜，指的是各种综合杯赛的总冠军。她一直是老师与同学眼里的优秀生，父母嘴中的骄傲。去年，她光荣地被几所美国名牌大学录取。

斯黛拉挑选了众人瞩目的一所知名"藤校"。然而，仅隔一年时间，斯黛拉似乎就从"胜利的天堂"跌入了"失败的地狱"：她发现周围的每一个同学都很优秀，她如何努力也赶不上他们。她有点惊慌了："不是传闻说外国的孩子都很贪玩学习很差吗？为什么有的人可以每日参加那么多活动和派对，而考试依然全是 A+？"

她慢慢变得沉默了，越来越不自信了。在大洋彼岸，国内大学读书的高中好友们已经顺利地考上研究生。巨大的挫败感让斯黛拉非常焦虑。她一直生活在学霸的光环中，从来没想到自己也能陷入平庸。斯黛拉消瘦下去了，只想把自己隐藏封闭起来，也不与父母保持联系。同学们反映，她经常一个人坐着发呆。回到咨询室里，斯黛拉

---

[*] 参考附录4。

把一座自由女神像倾斜地深埋在沙子里,口中喃喃地说:"地震了,女神倒了,女神倒了……"。

20岁的大二学生李阳凯(Yangkai Li 音译)就读于美国的一流私立名校约翰霍普金斯大学。该学生曾在美国读寄宿高中,然而却由于失眠焦虑压力过大跳楼自杀身亡。根据该大学提供的信息,就是这样令人羡慕的天之骄子,在自己的社交网页上承认,由于长期失眠和焦虑,他不得不服药,在单调的日常生活里感受不到快乐。学生自述:我只想做一个普通人。"经历了一段时间的失眠和焦虑之后,我终于感觉我的大脑属于我自己了,当然了,是依靠药物的力量。而且,我现在也不怎么与外界接触。说实话,我就是想做一个普普通通的人,但是也许这其实很难?现在我能做到的就是每天去上课、做作业、在校园里转转。发现生活的乐趣已经不像从前那么容易,但是我相信一切正在回归应该的样子"。

一件件悲剧事件的发生,让许多人惊醒:原来留学生的学习压力其实非常重,而不像传闻中去国外"混混日子"罢了。许多留学生抱怨,来自学习的压力和竞争是他们国外留学遇到的最大的困难。国外的学生就那么不擅长学习了吗？中国学生是否能够雄霸天下呢？美国著名的记者爱德华·休姆斯,花了一学年时间在加州一所公立高中"蹲点实习",写出了《梦想的学校》一书。在书中第一章节,他用了这样的长标题:"4是有魔力的数字:4小时睡眠,4杯拿铁,4.0分"。他描述的是美国高中学生的群像:为了得到最高的平均成绩4.0,他们一天往往只能睡4个小时,灌下4大杯咖啡,为的就是能够熬过一整夜,尤其是考试期间。如果你稍微熟悉一点美国的学分制,就会了解要达到总分4.0是多么的困难。原来不只中国的高中生读书辛苦,美国的高中生也很辛苦。国外注重教育的家庭与家长们,原来也很拼,为了考名牌大学,为了培养他们的孩子。

而对于大多数中国学生来说,留学的最初两年,理想照进现实,并不如想象中的那么美好,而是一段"心酸只能往心里咽",非常"难熬"的日子。对于某些孩子来说,这种学业上的压力,无疑是致命的。本想逃离了中国"残酷"的考试制度想去"西方极乐世界",却发现现实是如此残酷。中外教育体制和教学方法上的截然不同以及初期语言上的隔阂均在学习上带来巨大的差异压力。要想尽快进入角色,必须先对国外的课堂文化有所了解,然后相应调节自己的心理承受和期望值。以下提供一些学习建议,供大家参考:

一、突破传统模式

根据最新的一些外国学校反馈,不少名校对中国学生的开除率逐年上升。大学之门好进,毕业却难。国外的学校归纳总结了"中国式留学"的一些弊端:被动回答问题、极少参与讨论、很少与其他国家的同学互动、回复老师的电子邮件不积极、缺乏社团活动的热情,这些是哈佛大学总结出来的一些问题。我个人觉得不仅仅在美国,在英国、澳大利亚、新西兰、加拿大、日本或者新加坡等留学地,中国留学生都有类似的问题。归纳如下:

"中国式"学习问题:
- ✓ 上课较少参与互动与讨论
- ✓ 上课较少主动回答问题
- ✓ 很少与其他国家同学交流或者交流受限
- ✓ 缺乏社团活动的兴趣和热情
- ✓ 不回复老师的邮件
- ✓ 学习模式差异,批判性思维能力比较弱

哥伦比亚大学教育学院的一位教授也曾做过一项调查,他请35位美国大学教授来谈谈他们教过的中国学生常会遇到哪些问题、建议他们提高哪些技能。这些教授执教于美国各地不同类型的大学,所教授的课程涉及科学、人文、商科和工程等,他们的回答可以比较全面地代表美国教授的普遍看法。

第一个问题:在你们的课堂上,中国学生经常遇到哪些困难?

第二个问题:你会建议中国学生提高自己的哪些技能,从而让他们在学术上获得成功?

这些教授们归纳了三种重要技能:

① 良好的写作能力。

② 提出问题并批判性思考问题的能力。

③ 良好的表达和沟通能力。

1. 良好的写作能力

英语写作对每个学生来说都是一件很不容易的事情。但是，为什么中国学生觉得写学术文章尤其难呢？西北大学经济系的沃利（Voli）教授的回答给我们很大启发："大多数中国学生学习都很勤奋刻苦，他们也很听话。我布置的任何作业他们都会尽全力完成。然而，他们只是把我告诉他们的或者书上说的写下来，他们太习惯于复述别人的观点，却不能说出自己的故事、形成自己的观点。这是最大的问题——没有自己的观点。"

是不是英语的能力限制了他们的写作水平？英文水平确实会有所影响，但是还有更重要的两个因素：大量阅读和批判性思考的能力。在美国读书的中国学生常常抱怨教授们布置的阅读材料太多了。确实，在美国读大学或者研究生，每周的阅读量动辄就上百页。一个历史系的教授解释，每两周读一本厚厚的大部头著作对她的学生来说是家常便饭。范德比尔特大学工程学院的乔纳森（Jonason）教授说："要想写得好，首先要多读。一个读过 50 本书的人肯定比只读过 2 本的人写得好。"此外，不少美国教授指出，工作经验和社会经历的不足也导致了中国学生在写文章的时候很难把理论和实践结合起来。其实，必要的社会实践和经历不仅是文学创作者不可或缺的条件，对学术写作同样也有很大的帮助。

2. 提出问题并批判性思考问题的能力

多位教授在问卷回答中指出，中国学生在课上需要更主动更积极地参与，而不是被动地坐在那里听。他们需要有质疑能力，需要问问自己哪些证据可以证明或者证伪前人或者其他人提出的观点。对于中国学生习惯以考试成绩高低论优劣的思维模式，这些教授们颇有微词也颇为担心。他们认为考试分数绝不是唯一尺度，学生思考能力的提高是评判学习效果的重要指标。斯坦福大学心理系的约翰逊（Johnson）教授说："如果你的目标是创新，你的美国教授肯定愿意跟你一起合作或者协助你。但是，这需要你有尖锐的看问题的眼光去质疑已有的知识，而不是重复那些别人已经发现的理论。"一位纽约大学的教授说："中国学生很善于总结，但不善于批评、分析和提出自己的观点。"为什么提出问题、分析问题的能力对我们如此重要？这是因为提问让我们可以把阅读从静态的、单向的看变为动态的、双向的交流,是一个深度理解的过程。提出问题的过程,让我们可以思考所读内容的表达是否清楚明白,是否符合逻辑,是否还有其他更为恰当的传递信息的方法。这就是为什么简单的记录和抄写只能是肤浅的理解,而提问或者批评指摘才能带来深入的思考。提问除了对理解学术文章大有裨益,对于有效的社会性交流也起着很重要的作用。首先,提问可以帮助交谈双方发现共识所在,这在协作或者团队性合作中尤其重要。其次,提问有利于控制话题的走向。还是以课堂讨论为例,通过提问可以帮助你把话题转移到自己擅长的方向上来,实现了成功的话题转移还担心自己无话可说吗?事实说明,许多中国学生觉得参与课堂讨论难也跟他们不会问问题有关。第三,提问可以让交流的目标更加明确,让交流的过程更加有效,可以避免鸡同鸭讲的状况。

3. 良好的表达和沟通能力

美国课堂比较活跃,除了老师讲课(lecture)的形式之外,还会有研讨(seminar)等其他形式。学生需要先预习资料后再到课堂上分组和老师讨论。参加此类互动不仅可以锻炼自己的表达沟通与理解能力,也带来与同伴一起创意的新思维。但是亚利桑那大学的莱温(Levin)教授在答卷中抱怨:"不论我怎么鼓励我的中国学生,他们就是不肯开口说话!在我的课上,最安静的一群人肯定是中国学生。他们的沉默,我无法确定他们是否听懂了我讲的内容。"伯克利大学教育学院的教授戈麦斯(Gomez)反馈说:"我的中国学生只有在得了低分后才找我沟通。其实,他们应该早点来跟我讨论一下怎样才能得高分。我真的不太理解,他们似乎很少在课外与教授们接触,他们完全可以利用这些机会更好地进行沟通啊。"

我问过一些中国学生为什么他们在课堂上这么安静。他们比较委屈,基本的观点不外乎以下几种:

(1) 英语口语表达能力比较弱。

(2) 没想清楚就说出自己的看法是非常浅薄的表现。

(3) 我一直认为:找到了正确的答案才能讲出来。

(4) 当我发现我的答案跟别人不一样的时候,我不好意思表达异议。

说出自己的看法,可以帮助你理清自己的思路、加深自己的理解、并帮助你迸发新的想法。我曾经这样鼓励我咨询的学生表达他们的想法:发言的时候,没有人指望你说出一个尽善尽美、毫无瑕疵的观点和看法,何必担心呢？每个人都说出自己的想法，不就是最好的头脑风暴吗？来自不同背景的人说出自己的看法，那会极大地丰富每个人的视野和头脑，这不是最好的多元文化交流的机会吗？我建议那些不善于参与课堂讨论的中国学生先尝试跟自己的教授或助教多交流，告诉他们自己有什么困惑，或者把在课堂上没有机会说的话都说出来。这样的一对一交流会大大增加你的自信，并转化成参与课堂讨论的动力。

二、学习无忧

那么针对中国留学生的这些学习问题，有什么比较好的具体解决方法呢？我们从以下几方面来展开一些方法：

1. 选课的窍门

对于留学生来说，要特别注意根据自己的实际能力来选课。欧美的大学实行的是学分制，不同专业、课程的学分也都不尽相同。一般而言，学期伊始的前两周是选课试听周，如果学生对大学的课程、专业还不太熟悉，那他们在这两周里尽可能多地挑选自己感兴趣的课程试听，待充分地接触和体验后再来决定自己接下来要修哪些课程。通常的建议是第一个学期的课不要选取得太多、太重。一般来说，选4～5门课已经是非常繁重的了。例如，美国学校规定修满12个学分的学生才被承认为全日制学生(Full-Time Student)身份。可和指导教授协商少修功课，并请他在有关文件上签名，再向注册处申报备案，就可保住全日制学生的身份。有关课程内容的资料，要提前准备，可以参考学校各系目录上的课程简介，也可通过课程时间表来了解。但由于这些信息比较简略，要想知道更详细的课程内容，不妨主动到各系办公室直接询问开课的教授或助教。同时也可索取该课程整个学期的课程表，上面列有详尽的课程介绍，每次上课的进度、评分标准以及书单等项目，是选课时最实用的参考材料。一般情况下，学生可以先通过试听来选择适合自己的课程，如果上课时发现某课程并不符合自己需要、太难或者旁听时对另一课程产生了兴趣，都应当尽快办理加、退手续。

2. 泛读增量

一般来说，高中和大学的课程进度相当快，要在短时间内读完不少本教科书。中国来的学生,英语为非母语,普遍英语的阅读和理解能力较弱,必须要提高自己的英语阅读速度和阅读量。例如英国人的阅读量是平均每人一年37本书,而中国人是0.7本。中国学生在阅读的过程中肯定会遇到不认识的生字,建议尝试理解上下文的背景来猜它的含义,而不要使用字典。即使使用字典,要用英英字典,抛弃中英字典。总之,用英语的思维方式来思考问题,这也许是最直接的方法,能训练自己使用英文来概括大意。阅读英文时也应以掌握全文大意为目的。预习、复习时,也可用中文相关材料来辅助阅读。在平时学习中,要充分利用机会练习自己的英文阅读能力,这样才能吸收更广阔的专业领域知识。最后一页是参考书目(bibliography)部分,这一页对于论文来说很重要,是必备的一页。西方的学习思维,是要从各个角度审视一件事情,要通过大量阅读来得出结论。所以老师给的一次参考书单差不多要有20本,量很大。所以为什么说(去英国留学)要"泡图书馆",有的时候一"泡"就是一天。许多学校在这方面的要求比较严,"宽进严出"的学业设置对刚去留学的同学来说,压力还是蛮大的。

3. 课程纲要

课程纲要(syllabus)至关重要:每一学期的第一堂课里,除了师生互相认识一下外,剩下的时间里就是一起研究熟悉任课老师编写的课程纲要。其中包括教科书和参考书目、课程内容、进度安排、作业要求、考试日期、成绩结构、评分标准、学科政策(包含考勤、迟交功课等)和学术政策(处理作弊抄袭的政策等)等。对学生来说只要遵守课程纲要的要求,通过这门功课的问题就不大。而对教师来说,课程纲要是指导也是一种约束,教师在教学过程中一般不得随意更改纲要所列出的教学内容和教学时间安排,考试也只能测验其中包括的内容。所以一定要保管好并熟悉每门课程的课程纲要。

4. 课堂艺术

也许英语不是母语而语言表达有限,中国留学生在课堂上的综合反馈是比较沉默的,不发言也不太愿意参与课堂讨论。或者说不好意思开口,有时还在组织语言,老师已经开始下一个内容的讨论了。课堂发言占期末成绩的30%,在课外生活中也会容易被边缘化。有以下几点:

(1) 发言的心理艺术

课堂上能够用英语自如地表达想法,已经是学生综合能力的一种展现。上课时发言,不但能与教授及其他同学增进交流,也能充分表现自己,进而在教授心中留下印象。对于很多中国学生来说,首先要克服自己语言上的障碍所带来的心理问题。事实上,只要口语能够达到自如交流的目的,留学生活将会有质的突破。如果觉得自己的综合英语能力不强而且不够自信,有必要在出国前进行英语口语能力的强化训练。课堂发言的有效性除了发言的长度和次数之外,发言的质量也很重要。最关键的一点,是建立自信。可以先与教授、助教或者同学慢慢建立感情,你的良好教养、礼貌待人,幽默风趣的性格,一定会给教授与同学们留下良好的印象。在国外的课堂上,有时候讨论的节奏快需要迅速出击。但你的表现要强势但不突兀或者嚣张。以下是一些有用的承上启下的英语表达或者插话时的技巧:

— I think that ...(直接表明自己的观点)

— It seems to me that ...(客气礼貌地陈述自己的观点)

— I would argue that ...(这里表达反对的意见,但用比较礼貌的 would)

— I totally agree with you. In addition ...(这里表示赞同对方观点后的补充)

— I am with you, but ...(这里不一定表示同意对方的意见或者反对,主要意思为你说的我听懂了)

— I see what you are trying to say, but I am not sure I will agree that ...

— With all due respect, I think ...

— Correct me if I am wrong, but isn't it ...(这里是一种谦虚的反对表达方式)

— I might be wrong, but ...(这里也是一种谦虚的反对表达方式)

— I agree that this is one way to look at it. Another way to look at it might be ...

— May I ask a follow-up question?(一种疑惑的追问法)

— Could you elaborate on this please?(有礼貌地追问对方)

— I was wondering if I could talk to you about ...(书面向老师有礼貌地请求)

— Thank you for your time.(对老师的帮助表示感谢)

— Thank you in advance for your assistance.(书面向老师的帮助表示感谢)

（2）好笔记胜过好记性

正所谓"好记性不如烂笔头"，上课所记的笔记常常是课程的精华，考试时的宝典。笔记要做得好，也是要花费一番功夫的。许多学生会随身带笔记本电脑，但如果你从小就有注意力不集中的缺点，那么上课很有可能就在网络上浏览许多非课程内容，有害无益。在听课时，如果笔记没有完成，应该想办法向其他同学借来参考。通常教授会指派助教或同学协助。有了上课完整的笔记，考试时就可轻松多了。比较流行的笔记法如康奈尔笔记法，还有思维导图等，可以帮助你的笔记效率和速度。

（3）"裂脑人"辅助记忆法

裂脑人的概念来自20世纪40年代，科学家对药物治疗无效的癫痫病人采取切断胼胝体的办法。胼胝体就像一座桥，桥梁被切断，等于人体内存在两个不同意识，互不相干。这是美国心理生物学家斯佩里博士著名的割裂脑实验，证明了"左右脑分工理论"的存在。不过这并非全面的论点，后来的研究发现，人脑的所有功能活动，左右脑均有参与，只是记忆方式有所侧重。有趣的是，理性（文字）思维发达与感性（图像）思维发达的人对待同一事物的见解确实截然不同。而假设你的右脑高度发达，而左脑只停留在小学毕业水平，或反之，那么你有可能是接近思维割裂的伪"裂脑人"。

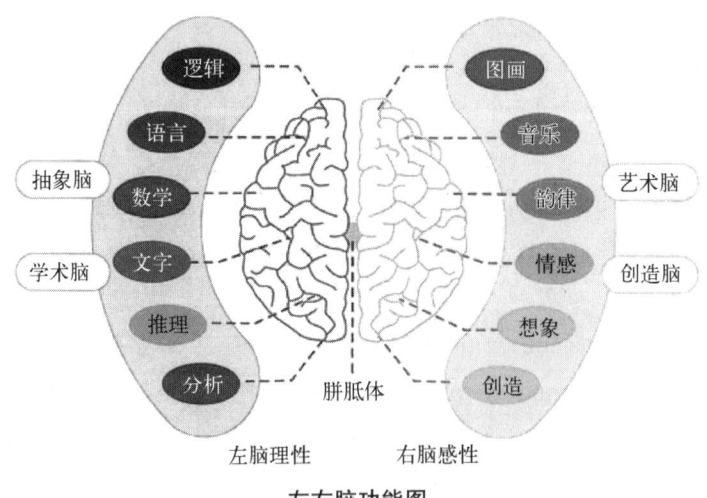

左右脑功能图

"一边读，一边写，一边画"就是"裂脑人"的辅助记忆大法。

我们都知道，为了增快电脑运行速度，需要给电脑清空间。同样，人脑记忆太多东西"内存空间"会满,也需要清理与整理。翻页式的读过房屋的描述,跟自己动手画出房子的结构是截然不同的。画的时候,房子的细节会更清晰地跑进脑袋里,甚至作一些有趣的联想:例如厨房在哪里?是否要在花园里建一个喷泉?开个看星星的天窗如何……想象发生在这些屋子里的远古故事,生活细节,本身就是件比学习更好玩的事情。这大概就是插画师特有的记忆方式。那些图像思维,或文字思维单一高度发达的人或许可以称得上"裂脑人"。像我们这种靠文字难以记忆的插画师可算得上其中一种。阅读时,习惯语言记忆的人群能很快记住文字信息,而习惯图像记忆的人,则将看过的年份、人名、地名等信息一一略过。(所以为什么历年艺术生的文科成绩整体偏差大概就是如此)。然而有所长便有所短,图像记忆的人群能通过文字,迅速模拟出事件的发生过程,并调动生活经验来弥补文字未提及的细节片段,产生"影视"模拟。人们常常说右脑是"创造"脑。所以,也不要随意撒谎,很容易被发现的。像那些天才级的人物,基本上是左右脑高度配合协调的!一边调用逻辑推理,一边模拟创造。而要锻炼这两种思维,不妨试试:"裂脑人"辅助记忆大法。

另外,合理规整你的脑容量——也就是进行"头脑风暴"。大脑的潜能是巨大的。要迅速的调用讯息配合模拟创造,则有必要合理地规整你的大脑。我们将大脑比喻成一排排拥有无数小抽屉的收纳柜。"读写画"的时候,不凡试着将这个要记忆的事物放入不同的柜子。一个柜子是一种记忆方式,多种记忆方式叠加在一起则起到强化记忆的作用。一个记忆柜子也可以分出不同的记忆格子。因此,你可以采用"一边读,一边写,一边画"的方法运用到学习的记忆与整理中,可以起到事倍功半的效果。

5. 考试、习题与报告

(1) 考试

考试大概可以分为两种,一种便是所谓的大考,如期中期末考试,这种考试的成绩约占全学期 60% 以上,所以准备这种考试不能掉以轻心,考试前最好问清楚各种细节,如考试的形式、内容、范围等。此外,对留学生来说,更应问明是否能携带汉英或英汉字典进场作答。另外一种是拿回家作答的考试(Take-Home Exam)这种考试由于没有时间等方面的严格限制,但要得到高分也是需要花费许多精力的。

(2) 指定作业

不同的科系有不同的作业,对于理科学生来说,作业的类型主要是计算、应用题,文科学生主要以指定阅读和书面报告为主。口头报告可能是压力较大的一种作业形态。由于必须在教授及其他同学面前用英文报告,所以准备时文稿的拟定必须特别清楚流畅,而且报告人要熟记自己所拟的文稿内容,最好事先请其他同学试听一下。了解不同课程计分方式:除了传统的考试评定成绩之外,美国课程常采用累计加权作业、小测验、考试等的评分制度。在学期末,很多美国老师加权平均的时候会去掉一个最低分。

(3) 论文

美国学生一般从高中开始就会接触规范的论文写作,而国内很多大学生的论文,更多都还像是读后感。由于语言的差异,你可能需要在如何开题、建立论点、旁博引证以及资料的引用方面,花费一点精力与时间。在写论文的时候,国内学生常会犯的一个错误就是,喜欢用别人的观点作为论据,来印证自己的论点。然而真正意义上的论据是研究方法上的相似,而非有人和你说出了相似的话。尤其在文科方面,没有批判性思维,更没有基本的学术素养。传统的死记硬背方法不能适应国外学校崇尚的批判性思维能力(critical thinking)。

(4) 演讲技能

演讲是在国外学习中一种重要的技能。例如期末考试内容,在规定的15分钟时间内完成一个演讲。如何在演讲中牢牢抓住老师与其他同学的注意力和生动表达自己的观点,是需要长期锻炼的。如果你发现自己的演讲才能是一个弱项,也许你需要尽早弥补自己这一点。去参加一些辩论训练班或者公开演讲(public speaking)的课程。

6. 学习中的人际交往

一般来说,老师会在每周安排固定时间接受学生的来访,在这个时间帮助学生答疑解惑(基本都是与学术相关的内容,如课程大纲解析、学习内容解答等),也就是通常指的面谈时间(office hour)。在这个时间,学生可以跟老师增进彼此之间的了解,保持良好关系。给教授留一个深刻的印象还是非常重要的。不要等到考试后再去央求教授的帮助或者补分。助教的任务就是帮助学生了解课程的设置,作业等情况。可以经常寻求他们的帮助。

经常准时参加团队协作(team work)的讨论,与同学慢慢建立信任与友谊。如果在学习上遇到问题，或者成绩出现挂科或者 C 等比较低的分数，我建议一定需要与教授尽早约时间见面，详细了解自己的学习问题。在外国找老师也不是一件很容易的事情，往往需要先电话或者邮件预约。在这个时候，千万不要抱着"老师不喜欢我，有点看不起我，好像对我有偏见"等比较狭隘的固定思维模式，比较容易走上极端，陷入孤立无援的境地。另外一个重要的交往，就是在开学初就积极主动来组建小组或者去寻找成为某个学习小组成员。学习中经常要完成团队协作作业，老师是没有义务来指派分组工作的。只能靠自己主动去找同学组队。如果觉得自己学习技能需要帮助，学校设有"学生学习中心"(student learning center)会帮助诊断释疑。还可以免费或付款从中心里请"家教"。

7. 淘汰（dropouts）指标

这是个残酷的事实：国外大学采取"宽进严出"的准则，每年都会有一定的淘汰率，以确保毕业生的质量。尤其越是优秀的院校和热门的专业，淘汰率越高，学生通过三到四年的磨练顺利拿到毕业证并不是想象中那么简单。这些考量依据涉及科目分数、课外活动、社交活跃度、演讲能力、专业素养、论文水平等多个指标，而评核这些指标的方式也不是简单的应试，而是通过多种直接或间接的考评手段，比如同学的口碑印象也能成为综合分波动的要素。

8. 避免抄袭与作弊

由于各方面的身体与心理压力，留学生的学术作弊现象比较严重。多数的国外大学都设有荣誉行为守则（honor codes），即"在作业、报告和考试等中不给予别人帮助，也不接受任何未经允许的帮助"，考试时老师常不监考。但在校期间，学生若被发现有违反荣誉守则的行为，会依照其中的规则进行惩罚，轻则留校察看，重则开除。

除了考试作弊，论文抄袭是留学生学术作弊的又一大普遍现象。英国《每日电讯报》曾做过调查，英国互联网论文买卖交易额超过 2 亿英镑。学生花 150 英镑或者更多钱可以"定制"论文，比如可"保证"论文能获评优秀；提供的论文"新颖、独特、原创、可靠"等等。在美国大学里，英语作为第二语言（ESL）的国际留学生经常被老师认为是抄袭、剽窃者（plagiarizer）。这一看法的依据是，这些学生的文章中有一系列没有注明来源、直接引自他人文章的词语；有一些只稍作修改、整个结构与原文非常相似的句子；还有许多分不清是学生作者原创还是源于他人文献的模糊篇章(Deckert 1993：131)。许多知名的大学对于学生的抄袭现象深恶痛绝,毫不手软。一经发现,取消考试成绩,可能取消学位,严重的情况甚至被开除。

抄袭(plagiarism)的定义翻译过来就是说,你用了别人的想法、作品,而并没有注明作者。抄袭包括以下几种情况：用了别人的文字或观点,但没有注明出处；当你注明了出处,但是直接引用了他的话而没有用引号或使用大段引文格式,这也是一种抄袭。你写的文字要是与原文非常接近,这也是一种抄袭。可以参考由 Wayne C. Booth、Gregory G. Colomb 和 Joseph M. Williams 编写的《研究是一门艺术》(The Craft of Research)。这本书是美国大学本科生课程普遍使用的参考书,教学生怎么做研究写论文,其中也包括教学生什么是抄袭。你可以用 Plagiarism Checker 等网站或者应用软件来协助学习和避免抄袭的嫌疑。

9. 合理引用

引用格式(referencing style)也就是指你在文中要如何引用,论文结尾处要如何写参考文献。每个学校或者课程都可能会有不同的规定形式,例如：哈佛体例(Harvard Style)引用格式就是：Cottle, S. (1993) TV News, Urban Conflict, and the Inner City. New York：Leicester University Press. 还有美国和加拿大,采用 APA 标准格式(Amercian Psychology Association)、MLA 或者芝加哥体例(Chicago style)。

10. 使用检查软件

避免被抄袭最简单也是最有效的方式,就是在上交作业之前检查一遍；比较受欢迎的软件有：

Grammarly Plagiarism Checker；The Penster's Free Plagiarism Checker；WriteCheck 等。

11. 标记

最常见的无心之过造成抄袭剽窃的,就是不少小伙伴在做作业写论文时,跳着写,忘了自己在哪段引用了,引用了什么文章,哪个作者的。所以,当你一旦有想引用的,就一定先记下作者名字和页数,以及要引用的内容。

12. 公共资源

图书馆是国外社区和学校使用频率比较高的公共资源场所,它适合各个年龄段的人使用。需要办理一张借书卡借阅图书或在图书馆中使用计算机。要办理借书卡,您需要提供身份证件(如驾照、护照、签证等)和表明您的地址的信件(如电话账单)。图书馆需要核实您的身份证件和地址。此卡对于居住在自己社区的居民是免费的。

　　留学生应该有能力在图书馆、互联网上对一个题目进行调查研究,把找到的资料写出来,并提出自己的观点。然后把摘要写在研究报告里。老师安排的教学会帮助学生体会到,不同背景、不同文化的人,他们的经验和贡献都同样可贵。父母可以与子女讨论,留学的国家和中国的教学风格和方法有什么差异。跟他们解释:适应新环境是需要时间的。以下列出了您可在图书馆享受到的部分计划和服务:

- 辅导孩子完成学校作业的家庭作业俱乐部
- 儿童故事会和玩具馆
- 求职和职业规划班级与资源
- 成人扫盲计划,配备文化课或帮助提高识字能力的辅导教师
- 多文化学院:以多种语言出版的图书、磁带、报纸和杂志
- 英语作为第二语言(ESL)资源
- 当地作家读物和当地艺术家作品
- 以诸如健康和个人理财为主题的授课或班级

计算机是图书馆运作的主要工具。许多图书馆配备了供学生用来进行字处理、查阅求职广告和访问互联网的计算机和打印机。

三、心理压力自评表

　　繁忙的作业和各种考试必然会带来心理压力。请你根据以下题目来预测一下自己对压力承受力的大小:

心理压力承受度自评表

请在以下符合自己真实情况的题目后打钩:

1. 你经常会花费大量时间来思考以前犯过的错误,发生过的问题和经历的痛苦体验。　　　　　　　　　　　　　　　　　　　(　　)
2. 你对未来可能产生的错误、发生的问题和痛苦非常担心与焦虑。(　　)
3. 你把自己与周围人隔离开以避免发生令人烦恼的场景。(　　)

4. 你经常用酒精或者毒品来麻痹自己。（　　）

5. 你常把自己的负面情绪发泄到他人身上,例如用过激的愤怒语言和力图控制他人的行为。（　　）

6. 你无法控制自身危险性行为,例如自残行为,有打击、扇耳光、拉扯、抓头发或者自燃等动作。（　　）

7. 你进行许多危险的性游戏,例如与陌生人发生性关系,或者不采取安全性交的必要保护措施。（　　）

8. 你避免面对处理问题的原因,例如有暴力倾向的关系和陷入僵局的关系。（　　）

9. 你用食物来惩罚自己或者用不正常的饮食方式来控制自己,例如吃的过多,绝食或者吃完后用呕吐的方式把食物排出体外。（　　）

10. 你试图用自杀的方式或者其他高危险的活动,例如开快车,或者酗酒等。（　　）

11. 你避免有愉悦感的活动,例如社会交往和运动。也许你认为你应该沉浸在痛苦之中。（　　）

12. 你向你的痛苦感投降,并且认为自己就应该过着悲惨、不如意的生活。（　　）

如果你的回答有超过7～8个以上都打了钩,那么你目前的心理痛苦程度比较高,心理压力也相对比较大。建议及时寻找专业人员的帮助。

四、校园心理援助

如果还是觉得自己的学习压力比较大,可以寻求专业的帮助。大学里一般都有心理咨询服务(counseling service)、专业的咨询师(counselor)或者心理学家可以帮助你克服许多心理问题。你可以预约他们的服务,咨询的费用都是全免的;他们对于学习压力方面的问题和留学生的特殊问题往往比较熟悉,例如情感问题,失恋该如何过渡,都很有实战经验和中肯的建议。留学生们可以在学校的网上查询,找到具体的地点和预约方式等。一般情况下,学校咨询师的日程都排得满,非常难在短时间约到咨询,你需要提早预约。所以,一定要在自己感觉尚还可以的情况下,尽早寻求帮助。专业人员的帮助可以帮你度过心理困难期,在精神上给予比较专业的支持和指导。

另外,许多学校有辅导(sponsor)机制,就是年级高的学生与大一新生成为一个辅导小组(sponsor group),如同一个家庭一样。他们会带你认识校园,或者会帮助你解决一些问题。与这些帮助者建立最好的友谊和信任感,会协助你减轻压力。美国高校的"Orientation"意为"新生向导",相当于我国高校的新生入学教育,通常是在新生入校时进行。这些新生周既有学校组织的活动,也有学生会、院系组织的活动,旨在帮助留学生尽快熟悉并适应新的环境。一般而言,学校和学生会组织的活动比较偏重生活,院系组织的活动比较偏重学业方面。

第五章

如何建立良好的人际关系？

> **心理咨询诊室的故事分享**
>
> "为什么别人不喜欢我？我也想要有朋友……"
>
> 咨询室里，美美（化名）哭得梨花带雨。她是个长得非常漂亮的女孩，乌黑的头发，精致的五官，修长的身材，得体的衣装，优雅的体态，是个公认标准的女神。美美去了英国留学三年，大学学习成绩也非常优秀。但是，美美却总高兴不起来，她认识的老朋友不多，新朋友也少，觉得非常孤独，她抱怨许多人似乎都不愿意亲近她。
>
> 美美试图主动接近他人，但总被人冷眼拒绝。参加聚会，她会觉得非常焦虑，或者与其他同学在一起总会冷场不知道如何进行愉快的对话。同样来自中国的女生，似乎总嫉妒她又无数次背叛她，而在英国却融入不了本地英国同学交际的圈子。因此她更愿意与男生在一起玩。然而不少男生的接近，总带有想与美美"恋爱交往"的企图，达不到原来的目的就冷漠离去，让美美非常烦恼。
>
> 所以美美把自己孤单地封锁在自己的世界里，把自己包装成一个拒人千里之外的"冷美人"。每当看到其他人一起结伴出去旅游烧烤，自己孤身一人在房间里度过冷清的夜晚，美美非常难受，经常失眠感到孤独、痛苦和绝望……

曾经有人问，留学最大的困难是什么？大家都会以为是学习或情感问题。其实这种想法是错误的，这并不是留学生们最大的问题。经过长期跟踪调查发现，留学生遇到的最大困难竟然是人际关系问题。我们都是社会的人，人际关系就是社会关系。去国外留学，需要打破以前建立的舒适朋友关系,去建立一个崭新的朋友圈,的确困难重重。像美美的情况,就是由于人际关系困难而患上了忧郁症。如果你仔细观察周围,可以发现有的人外表看似和蔼可亲容易接近,但想亲近却总是无法靠近。有的人,似乎各方面都很优秀,但却总也无法得到大众的欢迎与接受,努力营造的关系往往显得很虚弱。还有些人,似乎在公众场合或平台非常活跃,与谁的关系都很好,但行为或语言却令人望而却步不想多见面。不少情侣的关系,"世间最近的人在身边,却是人间最远的距离"。总而言之,往往是由于各种人际关系处理不当,酿成一幕幕的人生悲剧,令人感到扼腕痛惜。

一、如何让别人喜欢你?

建立良好的人际关系,首先需要让别人喜欢你,至少说交往之后没有产生反感或者讨厌情绪。那么,如何让别人更喜欢你呢?根据心理学的研究,喜欢一个人的感觉往往就凭直觉。有时候,很难说清你为何喜欢或者不喜欢一个人。很关键的一点就是:"注重细节"。人类在相互交往的时候,从对方的言行举止、穿着打扮、微表情身体语言等各方面,接收到综合的信息,然后通过大脑的分析,迅速给出一个"喜欢"还是"不喜欢"的评价。因此我们要赢得更多人的喜欢,需要关注更多的细节。基本的建议的步骤如下:

1. 心理效应与第一印象

(1) 首因效应

你是否听说过一个心理词汇"首因效应"?它指的是人与人第一次交往中给人留下的印象,在对方的头脑中形成并占据着主导地位的效应。第一印象的影响力是非常大的,以至于很难改变。英语中"First impressions of most lasting"(第一印象最持久)表达的就是这个意思。根据科学家的研究发现,我们可以在 1/10 秒内迅速做出对一个陌生人的喜爱还是不喜欢。所以,要让别人喜欢你,首先第一步就是给他人留下良好的第一印象。美国总统林肯也曾因为相貌偏见拒绝了朋友推荐的一位才识过人的阁员。当朋友愤怒地责怪林肯以貌取人时,林肯说:"一个人过了四十岁,应该为自己的外貌负责。"这该如何理解? 的确,我们都知道不要以貌取人,但忽视第一印象的影响也是不明智的做法。如果上帝没有赋予每个人美貌,那么我们必须通过提高自身修养来整饰自己的形象,为将来的成功奠定基础,搭好台阶。在约会中,尽量展示自己优秀美好的一面会对后续交往奠定不错的基础。良好的第一印象,外貌打扮是首要因素。你可以在自己的仪表、服装和身体语言上多下一点功夫,在重要的场合以最佳的形象出现,也显示对自己和他人的一种尊重。以下为重要的几点:

- ✓ 保持头发的清洁整齐,常梳理没有异味。
- ✓ 衣服整洁得体,重要场合不穿奇装异服。
- ✓ 女孩画淡妆出门,避免浓妆艳抹。
- ✓ 牙齿清洁,口气清新。
- ✓ 手指甲、脚指甲干净不留污垢。
- ✓ 面带微笑,彬彬有礼。

(2) 近因效应

近因效应是时间越近记忆越清晰的心理学效应。近因效应是指当人们识记一系列事物时对末尾部分项目的记忆效果优于中间部分项目的现象。人们在接收信息时,前后间隔的时间越长,近因效应越明显,因为人们的记忆容量有限,前面的信息会在记忆中逐渐模糊,从而使近期的信息在短时记忆中更清晰。比如我们背书时,短期内能想起的也是后面的内容。比如在比赛或表演时最后出场的那一个节目在人们的记忆中往往更加清晰。比如开会或者视察时,大人物总是最后才出场,除了突出地位的作用,也是为了能给人们更深刻的印象。所以如果你想突出自己,让自己在别人的记忆中留下清晰而深刻的印象,那最好选择较晚的时候再出现。

(3) 曝光效应

它特指越常出现越熟悉的曝光效应。曝光效应,又称为多看效应、暴露效应、接触效应等,它是一种心理现象,指的是我们会偏好自己熟悉的事物,社会心理学又把这种效应叫作熟悉定律,说的是只要经常出现就能增加喜欢程度的现象。比如我们追求一个人的时候,也需要经常在TA面前刷存在感,时常找机会以各种方式出现在TA的周围,以增加TA对我们的熟悉感,这也是利用了曝光效应所起的强化印象作用。比如我们天天都能见到的各种广告,那些企业之所以花大价钱做广告,为的也是增加大众对商品的熟悉程度,在消费的时候人们也会倾向于选择那些熟悉的商品,这就是利用曝光效应强化了人们对商品的印象。当然,曝光作用也有以下三个前提:

✓ 最初就让人感到厌恶的事物,曝光作用无法产生,除非你真的想膈应谁。

✓ 如果两个人彼此之间已经有一些冲突,或是性格上本来就不合,常见面只会扩大彼此的冲突。

✓ 过多的曝光会引起厌烦,所以需要注意把曝光次数掌控在合理范围之内。

所以要想给别人熟悉的感觉,让别人对你的良好印象不消褪,需要时常出现在那个人的视线中,这样别人想忘记你都难。

（4）晕轮效应

晕轮效应又称"光环效应",是一种自带主角光环的心理学效应。它是指当认知者对一个人的某种特征形成好或坏的印象后,他还倾向于据此推论该人其他方面的特征。人们对人的认知和判断往往只从局部出发,扩散而得出整体印象,也即常常以偏概全。一个人如果给别人的印象是好的,他就会被一种积极肯定的光环笼罩,并被赋予一切好的品质；如果一个人给别人的印象非常不好,他就被一种消极否定的光环所笼罩,并被认为具有各种坏品质。在这个崇尚盛世美颜的时代,"颜值即正义"这种现象也是常见,颜丑的往往被谴责得很厉害,而颜美的似乎找一些理由就能原谅。以貌取人的现象自不必说,以穿着打扮来推测他人的身份地位,以初遇时的言行举止来评判他人的才华品格,也是常有的现象。在爱情中,情人眼里出西施,也是晕轮效应的一个例子。在对陌生人进行各种评价时,晕轮效应会表现得更加显著。所以要想给别人深刻而良好的印象,你最好把自己最好、最强的那一点突出的表现出来,务必要让那一点光芒万丈闪瞎别人的眼睛,这样就能把晕轮效应运用到极致。

（5）刻板效应

这是以偏概全的心理学效应:刻板效应,又称刻板印象,它是指对某个群体产生一种固定的看法和评价,并对属于该群体的个人也给予这一看法和评价。比如"龙生龙,凤生凤,老鼠的儿子会打洞"这句话就是刻板效应的典型。比如上学的时候,那些重点班的孩子总能给人一种乖巧听话的印象,普通班的孩子给外界的印象总是更贪玩一些。比如穿制服的人往往给人们值得信赖的印象,穿休闲装的人通常给人轻松自在的印象。我们所处的群体会直接影响到人们对我们的印象,如果可以选择,请选择对自己有利的群体,如果无法选择,那就请尽力突出个人的特质,通过强化个人特质的印象去弱化群体印象。

以上这些心理学效应,它们可以单独使用,也可以组合使用,不同的时间和场合适用不同的效应,如果能深刻理解并学以致用,将会对你的人际关系产生意想不到的促进作用,给他人留下美好积极又记忆深刻的第一印象。

2. 寻找共同话题

人人都对自己感兴趣,只要你能表达出你对别人的兴趣,主动引导对方说出自己感兴趣的话题,你就不仅仅是一位沟通的高手,更是一位操控人心的高手。美国著名的人际关系学大师卡耐基认为,寻找共同的话题,是很好地处理人际关系的重要法则。每一个拜访过美国罗斯福总统的人,都会对他那渊博的知识感到惊讶。"不论是牧童还是骑士,或纽约的政客和外交家,"研究罗斯福的权威作家伯莱特福这样写道,"罗斯福都知道该和他说什么话题。"罗斯福究竟如何具备的这种魅力呢?很简单!不论罗斯福要见什么人,他总是会在对方到来的前一个晚上稍晚些睡,翻阅一些对方特别感兴趣的知识。罗斯福和所有领袖人物一样,深知接触对方内心思想的妙方就是和对方谈论他最感兴趣的事情。

这就是这个方法的奇效,可以形成良好的沟通效果,打开你的人际关系。早在公元前 100 年,古罗马著名的诗人西拉斯就曾说过:"我们对别人产生兴趣的时候,恰好是别人对我们产生兴趣的时候。"与人相处的一条重要原则就是:真诚地关心他人,讨论对方感兴趣的话题。可以尝试这么说:"This is awesome! Could you tell me more?"(真是太棒了!你能再多说点吗?)

3. 积极倾听

积极倾听(active listening),不是被动倾听。在对话中,时刻让别人感到自己被需要,被关注。多鼓励别人谈他自己的事情,当你发现周围的朋友都愿意来找你倾诉时,你要意识到这是一个非常好的信号:你是一个对他或者她来说可以寻求依赖与帮助的人;你是一个关注倾听他人,对他人感兴趣,愿意提供帮助和支持的人。相反,心不在焉的倾听,打断别人或者突然转换话题,会让人感到一种冷漠与不关心。在交谈中,特别要注意如何引导他人把问题或事情讲清楚。

我们每个人都需要自己被关注,被倾听。如果你想成为一个受欢迎的人,必须要学会积极地倾听他人。学习从倾听中找到与对方的共同特点和谈话的重点。这样积极的倾听,能够大大提升你的被喜爱程度。有时候,你与某人在一起,他似乎非常心不在焉,这会让你的兴趣顿时冷却下来,没有了进一步交往的愿望了。

4. 有效沟通

有效沟通是相互正确,成功地传递和接收信息,并理解对方。沟通的方式有文字,身体语言和语音语调。其中文字表达占了7%,语音语调38%,而身体语言占了55%。有效沟通的关键是你的表达方式。

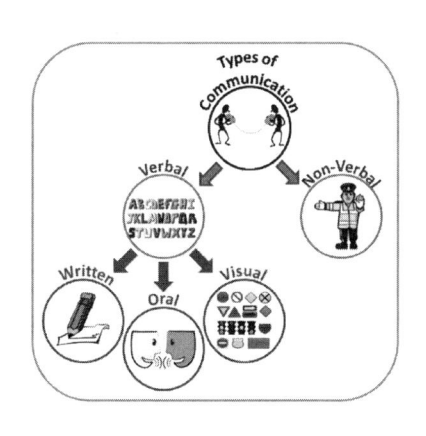

5. 提高谈话技巧

(1) 提问和回答:做到比别人提问的要求,回答更详细一点。这样,能够给他人更多的尊重和兴趣度。例如,可以这么问:"Could you be more specific?"(你可以说得更详细些吗?)

(2) 分享一些小秘密:"This is a secret, please don't tell others."(这是个秘密,不要告诉别人)与他人的一些悄悄话可以增加彼此的亲密感。当然,"悄悄话内容"也是需要慎重和分级别的,有一些涉及个人家庭隐私的内容需要在相处一段时间后,取得了彼此的信任才能分享。

(3) 自我暴露技巧:分享自己经历中的一些自我暴露的事情,观察一下是否能够引起他人的注意。例如,"我是学校游泳队成员""我喜欢跳拉丁舞""我的脚踢足球时曾经受过伤""我小时候与外婆住在一起过""我比较喜欢吃披萨""我妈妈是个老师"等。

（4）不要打断他人：不要在别人讲话前、讲话中突然插话,打断话题,或者突然转换话题。

（5）学习如何讨论事件：观察他人,增加自己的阅读量。加强自己的活动质量和体验。

（6）学会目光的注视：与他人交流的时候,要表现出积极的倾听和同理心。你可以给对方适当的目光接触,同时使用最少的言语鼓励引导,诸如"呃""嗯""请继续"。

6. 赞美是一门艺术

我们经常喜欢那些我们自认为喜欢自己的人,建议你自然表露对他人的喜爱。如何夸赞对方也是一门艺术,也要注意场合。例如,与某人相谈甚欢,你可以这么说:"I love talking with you./I really enjoy talking to you."（我很喜欢与你谈话/我很享受与你的交谈）。同时要找寻别人没有发现的闪光点来进行赞美。这该如何解释呢？例如你要赞美一个美丽的女孩子,但她平时听到对于她容貌的赞扬太多太多了,以至于比较心烦。所以当一个男生遇到她并夸赞她长得漂亮时,并不能引起她的特别好感和对你的注意,甚至可能还有点讨厌。如果男生在交谈的过程中,发现女孩很智慧很幽默,那么在合适的时间,称赞她难得的"幽默感"就是打动芳心的一个好办法。当然,在这里也建议不要赞美太多太频繁,显得很虚伪,同时也不要让他人觉得你的赞美是为了达到某个目的,急于求成。如何赞美,该说什么,在什么场合讲,都需要进行实地练习才能慢慢摸索出规律来。

7. 共同的兴趣爱好

想一想你儿时的朋友,是否因为某一项共同的爱好而感到彼此的亲近？例如,喜爱小动物,去郊游；爱好绘画,音乐；各类体育运动打篮球网球或者冰球橄榄球,你也许是个书法爱好者或是集邮爱好者。物以类聚,人以群分。如果你有不少的爱好和兴趣就应该大胆显露出来,别人可能因为你的特殊才能或者相同的爱好而慢慢成为你的好朋友。在留学的日子里,你会遇到来自世界各地包括中国各地的同学,你们的相遇就是一种缘分。经过了解后拥有相同的兴趣爱好更是一种幸运了。俗话说:"日久见人心",有一点必须要提醒,培养亲密关系是一件需要花费时间和精力的事情,不能过于心急和功利。为了让别人喜欢你而去刻意培养的兴趣爱好,往往是不能长久的。

8. 展现真正的自我

有时候,我们不愿向陌生人展现真正的自我。为了成为他人眼中一个很"酷"的人,强迫自己去做一些违反自己价值观、家庭观和人生观的事情是得不偿失的。你自己要静下心来想一想,"与这些朋友在一起,我是否感到很舒适愉悦?我为什么要展示给他们看一个虚假的自我?"也许,你会赢得暂时的接受,也可能误入一个危险的"朋友圈"。例如,为了所谓的"合群",而去尝试吸毒等行为。

9. 微笑外交

俗话说,伸手不打笑面人。这个看似简单却又极其重要的心理武器,是西方礼仪中重要的社交工具。然而,要练成上上的"秘诀武功"却并不是件容易的事情,尤其是对中国人来说。我们中国虽然是礼仪之邦,但从古到今,微笑似乎并不在文人墨客推荐之首。人与人之间,似乎更提倡保持一种适当的距离;甚至是朋友之间,保持君子之交淡如水的关系,似乎比痴痴的"笑"更为礼貌和得体。中国女性就更为推崇笑不露齿了。现在虽然到了高科技的21世纪,国人的生活水平也大大提高,但还有一些默认的习俗是比较难以改变的。例如女孩子在路上走,还是要避免与陌生人的眼神交流,更何况要对着他人微笑,恐怕会担心造成他人的误解,甚至一些非分之徒的想入非非。试想你坐在地铁上,看到一个面带微笑独自一人的妇女正看着你,你是否有勇气,主动热情地去坐在她的身边?还是会忍不住怀疑"她也许有什么病吧?"或者"她对我有什么意思吧?"

在西方国家与地区,微笑是非常普遍与自然的,也是非常受到大众欢迎的一种交往礼仪。在路上陌生的人互相微笑打个招呼;你也可以看到一个女孩保持微笑的状态从身边轻快地走过,她眼角弯弯形成两条笑纹,洁白的牙齿闪闪发亮,嘴角平衡对称也有着漂亮匀称的柳叶弯。你不得不钦佩她脸部肌肉的持久力,同时承认她显得非常和善,也是非常美丽动人的。即使在地铁上见到某位男士在看书,嘴角也会带着浅浅的笑意,这种长期习惯而成的姿势让他显得非常儒雅,而且显得比较年轻。这可能就是东西方文化差异的结果。首先要适应的就是在不勉强自己的情况下,学习一些入乡随俗的习惯,微笑可以帮助你,轻松自如地与他人交往而显得非常有教养。那么,到底该如何微笑呢?根据百度的介绍,人类的面部是由44块肌肉组成的,血管和神经缠绕着软骨和骨骼,光滑绷紧的皮肤贴在骨骼上,这些组织相互关联，相互作用，可以做出推、拉、扭曲各种动作，摆出足以让人吃惊的5 000个表情来。据人类学家说，人类至少有18种独特的微笑，每一种微笑都微妙地动用了不同的面部肌肉组合。还有不同的微笑，包括假笑、奸笑、冷笑等等。科学家研究表明，一个真正的微笑，需要带动眼部两根肌肉，两根带动鼻子，两根带动上嘴唇，两个下唇，两根保持嘴角的平衡，两根保持嘴角的度数。这样，总共需要12根肌肉。如果一个人的微笑不真诚，那么他的眼睛是不会笑的，甚至带着一丝冷酷，只是嘴角不得不在动而已。相比较而言，皱眉要用到更多的脸部肌肉，至少在两眉之间会形成一道皱纹。由此看来，不管什么笑，还是好的。同时，微笑也是需要持久练习的。我们可以借鉴一下空姐的训练法：

（1）第一步——放松肌肉

放松你的嘴唇周围肌肉，又名"哆来咪练习"嘴唇肌肉，从低音哆开始，到高音哆，每个音大声地清楚地说三次。

（2）第二步——增加嘴唇肌肉弹性

形成笑容时最重要的部位是嘴角。如果锻炼嘴唇周围的肌肉，能使嘴角的移动变得更干练好看，也可以有效地预防皱纹。如果嘴边自然，整体脸部表情就给人有弹性的感觉，同时显得更年轻。然后，你可以尝试用门牙轻轻地咬住木筷子。把嘴角对准木筷子，两边都要翘起，并观察连接嘴唇两端的线是否与木筷子在同一水平线上。保持这个状态10秒。

（3）第三阶段——形成微笑

这是在放松的状态下，根据练习笑容大小的过程，练习的关键是使嘴角上升的程度一致。如果嘴角歪斜，表情就不会太好看。练习各种笑容的过程中，就会发现最适合自己的微笑。

（4）第四阶段——保持微笑

一旦寻找到满意的微笑，就要进行至少维持那个表情30秒的训练。尤其是照相时不能敞开笑而伤心的人，如果重点进行这一阶段的练习，就可以获得很大的效果。

第一印象非常重要，而微笑的脸总是给人留下美好善意和真诚的印象。新的环境，新的朋友，新的老师，新的生活在等待年轻的孩子们。你的微笑就是你最好的防御武器，祝你早日练就一个美丽而坚强的微笑！

二、建立亲密关系

我们在这个世界上,孤独地来,注定孤独地离开。然而,在这当中的漫长岁月里,从小到大,却需要建立并维护多种亲密关系:与父母亲友,与同学朋友,与领导同事,与配偶子女等,而这些只是基本人际关系。有许多人还纠缠于更为复杂的关系中。这些人际关系,一旦处理不当便会引发矛盾与纷争,甚至是惨痛的悲剧。心理学研究表明,我们人类是社会性动物,需要与人交往沟通,才能健康快乐地生活。许多心理方面的问题与障碍,往往都是由不健全的人际关系和扭曲的亲密关系造成。

什么是亲密关系?

我们首先来探讨一下关系的定义。心理学家凯利(Kelly,1983)认为,关系是指二个人彼此能互相影响对方,并且互相依赖。也就是说,只有当两个人之间互相影响与依赖的时候,我们才能认定他们之间存在着关系。莱温格和斯诺克(Levinger & Snoek,1972)在这个解释的基础上提出了一个互赖模型(model of interdependence),并用它来说明随着互赖关系的增加,关系变化的特点。在共同关系中,当两个人的互赖性很大时,我们把这种关系称为亲密关系(close relationship)。所谓亲密关系,也属心理学流派当中的一个分支,被称作亲密关系心理学,本意是指不限性别年龄的两人之间和谐融洽的关系,狭义的指夫妻关系;广义上说,亲密关系指的就是有特殊亲近感的朋友家人或者爱人,有心灵上的高度和深度交流,有依赖,有信任。这是我比较赞同和支持的详细定义。同时,我们可以看到,亲密关系的特点有三个:一是两人有长时间频繁互动;二是在这种关系中包含着许多不同种类的活动或事件,共享很多共同的活动及兴趣;三是两个人相互影响力很大。亲密关系包括哪几个方面?

1. 人际气泡

当你坐在空无一人的地铁里,如果有一位陌生人紧挨着你旁边的空位坐下来,你会有什么感觉?是否会感觉到不舒服?那么接下来,你会怎么做?也许你会移开一两个座位,也许你会起身离开。这是什么道理呢?原因很简单,因为你的私人空间被他人侵犯了,让你感觉不舒适。同样的道理,如果你去一个都是陌生人的大礼堂上课时,总是自然地选择旁边没有人的位置。你不要认为这是自己不合群的关系,其实这是普遍存在的"人际气泡"。"人际气泡"简单来说就是,人们周围存在一个看不见的"私人气泡",它象征属于你的"个人领域",如果你的"气泡"范围内没有他人侵犯,就会感到安全,反之就会让人感到不安,甚至生气。人人都有保护自己空间的本能,尤其是在公众场所,尤为强烈,这也是人类长期进化的结果,具有生物保护意义。在日常的工作生活中,我们要格外注意这些细节,避免给别人造成不必要的不安和焦虑。"人际气泡"是因人而异的,对于不同关系的人,我们对此要求的区域范围是不一样的,对此美国心理学家爱德华·霍尔将人际距离分为四个区域:

亲密距离(15厘米之内),这是人际距离中最亲密的距离,只能存在于最亲密的人之间,常见的是亲人和恋人,这种距离彼此能感受到对方的体温和气息。

个人距离(46~76厘米),这是人际间稍有分寸感的距离,较少直接的身体接触,但能够友好交谈,让彼此感到亲密的气息。多用于熟人和好朋友的距离。

社交距离(1.2~2.1米),这是一种社交性或礼节上的人际距离,也是我们在工作中经常见到的。这种距离给人一种安全感,而又不会太疏远,商业交往多发生在这个距离上。

公众距离(3.7~7.6米),一般说来,演说者与听众之间的标准距离就是公众距离,此时的沟通往往是单向的。

2. 心理距离圈

要建立并维持良好的亲密关系,不得不提到的一个概念就是心理距离圈。与前面的人际气泡不同的地方是,这是一个比较主观,以自我感受程度为中心的"心理距离圈"。也就是说,你自己希望与他人保持一种和谐感觉的距离圈。我们每个人的心理距离圈大小都不一样,有的人喜欢并可以容忍与他人接近,有的人却偏好独立与坚持自己的私密空间。这同样适用于大人与孩子。孩子天性单纯,他们可能根本无法理解自己突如其来的情绪。例如,心理距离圈范围比较大的孩子,不太能容忍他人太过于靠近自己。这包括心理上和身体接触两方面。在学校这个环境里,每个人的心理距离圈大小不一,引起的情绪和行为也不一样。例如,有的人喜欢独自一个人坐在最后一排，有的喜欢凑热闹，有的很认真地坐在第一排。而在教室里，同学之间的物理距离非常短，尤其是同桌之间。有时候，发生些"战争"是无法避免的。

3. 家庭教育

原生家庭的教育也大大影响着每个人亲密关系的形成。父母对家人、朋友和陌生人的态度，在潜移默化中教育影响着下一代。如果父母本身带来的焦虑不安攻击防御等心理，对于他人特别设立的心理距离感超常，往往能拷贝不走样地遗传到下一代。在咨询中，发现有某种或多种症状的来访者，在其父母参与的家庭咨询中，往往会发现比较相似的心理问题与家庭根源。

4. 社会交往

尽管我们大多数人都生活在各种各样的人际关系之中，但是对于如何维护这种人生最富有意义的关系，我们却没有多少人真正系统学习。在学校或者工作中常常发生的情形是——无论我们的意愿是多么诚恳，行动多么努力，我们关系的现状和结果却还是愈发成问题，甚至令人不安。在学生阶段可能是不受欢迎，踢人打架出口伤人；在成人阶段就是不断被公司辞退，无法维持正常的人际关系；在生活中经历恋爱关系不断终止，离异以及亲子关系的剑拔弩张。

5. 亲密关系要点

✓ 观察性
- 对周围的人物保持高度的兴趣和好奇心
- 集中注意力到周围的人身上
- 关注当下
- 忘记"自我"的需要
- 积极接受新信息
- 关注脑中对他人产生有偏见的想法，并且立即抛弃这种想法
- 放弃固执坚持自己正确的想法

✓ 描述性
- 用描述性的词语来代替有判断性偏见的词语
- 避免在没有鉴定事实的基础上，就去推测和解析他人的想法
- 避免询问他人的动机

- 给他人怀疑的机会
✓ 参与性
- 全神贯注与他人的互动
- 随遇而安,而不是强加于控制
- 与群体活动中表现融洽融合

6. 亲密关系建立步骤

亲密关系的建立需要三个步骤:

(1) 关注自我内心成长

常听人说,这个世界与他人无关,只有自己。首要的一点就是爱自己。

(2) 学习平和的人生态度

平和的人生态度,看似容易做起来却很难。你是否为自己好朋友的好成绩,或者有个"高富帅"的男友而真心感到高兴呢?

(3) 学习关爱他人

其实人生所有的答案就是爱。你爱自己吗?你爱家人吗?你爱朋友吗?只有真正从他人的角度出发,来发自内心地爱护照顾他人,那么亲密关系就能慢慢建立并保持长久。

7. 人际关系问卷

- 你在学校或工作中是否普遍受欢迎?(是/否)
- 从小学到高中阶段,你最好的朋友维持并超过3个吗?(是/否)
- 你在一个陌生的聚会中能与他人很快融入话题讨论吗?(是/否)
- 你曾用不同方式向父母亲人或者朋友表达过爱吗?(是/否)
- 你的烦恼会向父母坦诚吗?(是/否)
- 你与邻居有愉快往来吗?(是/否)
- 你能较快(当日)就原谅别人的错误吗?(是/否)
- 如果你与朋友发生争吵,你总是首先道歉的那一个吗?(是/否)
- 你现在的人际圈中,有超过2个最亲密的好朋友吗?(是/否)

如果你的回答有7~8个"是",那么你的亲密关系非常优秀。如果你的回答有4~6个"是",那么你的亲密关系处理还不错,在某些方面需要提高。如果你的回答只有"0~3"个"是",那么你特别需要关注并学习如何建立与他人的"亲密关系"。

三、安抚他人情绪的黄金法则

留学生们经常需要与周围的同学与老师保持良好沟通。然而，事与愿违，有时观点不一致，甚至误会，对方却情绪失控，不愿妥协。如果你需要尽快与他沟通，必须先迅速安抚对方的情绪。分享一下安抚他人情绪的黄金法则供你参考：

第一步：

让对方坐下——请对方坐下。大量的心理学研究表明，人情绪的高低，与他重心的高低是成正比的，他的重心越高，他的脾气就越大。这就是为什么领导办公室里都配有比较软，一坐下去就陷很深的沙发的原因。情绪非常激动的人，可以尝试邀请鼓励他先坐下来，降低他的重心，他的情绪很快就稳定下来了，一般通过这个步骤，情绪都可以控制下来。

第二步：

倾听并不断反馈——他说话的时候你表现出用心在听，不断根据他讲的话，点头示意，并配合肢体语言，比如眼睛忽大忽小，语言积极配合，例如嗯，是吗？"really"（真的吗？）"tell me about it"（和我说说）等回应，总之一句话，你要对他的讲话有反应，说明你对他的重视，你对他重视，他就觉得你对他尊敬，这样他更容易平静下来。通过这一步基本上85%的人都能安静下来。

第三步：

重复确认对方说的话——就是把他的话像复读机一样复述一遍。比如，找到对方讲话的一个空点然后问："你刚才提到的事，我把它归纳一下，一共有五个要点。咱们来确认一下，看看我的理解是否有遗漏的地方：第一点……第二点……12345？你确认一遍？"这样的态度，会让对方针对你的满意度大大的提高，注意，这并不代表你同意或者是不同意他的观点，只是表示我对你非常重视，如果对方冷静了，就可以再谈事情，接着沟通了。通过这个步骤后，95%的人基本上能冷静下来。

第四步：

换个环境，转移地方——以种种的理由，转移你们沟通的地方，换一下你们沟通的环境，比如说你看，这个房间暗（热、冷、小等），我们找一个大点的地方；不管找什么理由，你要把场地转换一下，环境换一下，然后你陪着他慢慢的走，走呀走呀，走着走着，他的注意力就分散了，他就容易冷静下来了，他的情绪就基本上能稳定下来了，通过以上四个步骤，95％脾气大的人，情绪都能够冷静下来。

第五步：

夸张行为转移对方注意力——比如情侣吵架，这个时候你怎么能让对方的情绪稳定下来？如果你做一些让对方意想不到的事情，比如你突然转身跑进另一个房间，拿出一张纸来画一颗爱心，或者给她一个飞吻，然后微微鞠一个躬，老婆的注意力立刻就被吸引过去了，对方就去想这个没有答案的事情，于是把注意力就切换过去了。注意力转移了，然后情绪就稳定了，一般走到了转移注意力这一步，基本都能安抚对方的情绪，我们就进入到最后一步。

第六步： 正常沟通——我们就可以按照常规的方法沟通交流了。

四、提高情商综合能力

人际交往能力，是情商能力的一种。什么是情商（Intelligence Quotient）？情商的定义是：情绪商数，简称 EQ，主要是指人在情绪、意志、耐受挫折等方面的品质。主要由五种特征构成：自我意识、控制情绪、自我激励、认知他人情绪和处理相互关系。

通俗一点的解释，就是一个成熟的人知道何时何地得体地表达自己的情绪和感知他人的情绪，以及游刃有余地处理各种复杂的关系。我们所理解的情商高就是让人相处得舒服。而从情商的定义和特征来说，和人相处得愉快仅仅属于认知他人情绪以及处理相互关系的范畴里的很小的一部分。每个人都有委屈或者抓狂的时刻，情商是一个人的智力、阅历、格局等等经过长期的思考和沉淀下来的综合能力的体现。

情商共有十二项能力，包括自信心、人际交往、挫折抵抗、同理心、独立性、实际验证、自我激励、自律、问题解决、乐观精神、责任心和情绪管理。提高情商综合能力，需要把这十二项技能综合提升。

请给自己的情商十二项能力评估打分，0 为最低分，10 位最高分。同时

请自己的父母、兄弟姐妹,或者子女、老师、朋友给自己测评:

情商综合能力评估表

请为自己的各项能力打分,0 为最低分,10 为最高分,总分 120 分。

情商能力	自己	父亲	母亲	其他家庭成员	其他家庭成员	其他家庭成员	老师1	老师2	朋友1	朋友2	平均分
自信心											
人际交往											
挫折抵抗											
同理心											
独立性											
实际验证											
自我激励											
自律											
问题解决											
乐观精神											
责任心											
情绪管理											
综合评分											

五、反校园欺凌

1. 定义

什么是校园欺凌(School Bullying)?校园欺凌是指发生在学校校园内、教室里、学生上学或放学途中,蓄意滥用语言、躯体力量、网络、器械等方式,针对其他学生的生理、心理、名誉、权利、财产等实施达到某种程度的侵害行为,这些都算校园欺凌,或者称为校园暴力。它往往是一种权力或者权力的不平衡性的体现,分施暴者与受害者两类。在美国,大约有 60% 的孩子报告说他们在学生时期曾受到某种程度的欺凌,有20%的孩子被反复欺凌,形成一个恶性循环。这些被欺凌的孩子身心都受到严重伤害,他们的情绪、行为、学业、家庭和社会关系都受到欺凌的长期影响,危害严重。留学期间,可能也会遇到不友好的"校园欺凌"现象,所以要认真学习以下知识。

2. 形式

一般来说,欺凌有4种不同的形式:

(1) 肢体欺凌:就是在同学之间发生的严重肢体冲突,例如推人、踢人、打人。把食物或其他物品故意扔向他人身体面部造成羞辱他人的目的。肢体欺凌是两人或几人间的体型身材,或者力量比较悬殊,有很大的差别。

(2) 语言欺凌:就是一个或几个人用语言来攻击侮辱受害者。

(3) 关系欺凌:就是一个或者几个同学故意在集体活动中孤立某人,在背后传播关于此人的谣言。这种欺凌往往在女生中更为普遍。

(4) 网络欺凌:是指利用社交媒体,如微信、QQ、facebook、intergram、snapchat等方式来达到欺凌的目的。某些app的匿名性使得网络欺凌的危害性变得更大。人性就是有许多微妙的地方,在不署名的情况下可以变得非常丑陋,许多受害者不知道攻击从何而来,有时候觉得整个世界都不喜欢他们,以至非常伤心甚至绝望。

3. 欺凌特点

(1) 含有敌意的目的,例如故意伤害他人的目的;

(2) 权力的体现(尤其在施暴者和受害者之间展现权力的最大差异和不平衡性)。施暴者从持续的攻击行为中体验到"利益感"和"权力"性,并以此保持持久的愤怒攻击性;

(3) 欺凌行为持续一段时间,不止一次,并且将有重复发生的可能性;

(4) 受害者在社会交往、肢体和心理上遭受严重创伤。包括自卑、孤独、自暴自弃、对他人失去信任感、攻击感像个刺猬、无法控制的愤怒,以及与外界的隔离;

(5) 老师们或者家长们可以观察可能是由于校园欺凌造成的一些现象;

(6) 胃痛、呕吐以及头痛:被欺凌的同学会承受许多压力。压力会在孩子们的身体上首先显现出来。如果发现有的孩子无缘出现以上现象,可能是承受了压力;

（7）情绪或行为的改变：如果发现有同学经常哭泣，吃不下饭或者家长抱怨总是失眠，那么老师与家长们要仔细观察了解孩子是否在寄宿家庭或者学校中遇到了欺凌困难无法解决；

（8）厌学现象：欺凌也会造成情绪低落不想去读书。可能因为欺凌造成的悲伤与孤独感，有些学生不愿意面对某个人；

（9）反复丢失物品：如果你发现自己或者周围某个同学的个人物品总是丢失找不到，或者被无缘转移到其他地方。那么你可能需要警觉了，也许有欺凌现象发生；

（10）学业上的落后：中国留学生由于语言上的障碍，也许学习落后，拖他们小组的后腿。也许，这会让人很不满，欺凌也许会发生。

4. 应对方法

我们每个人的行为与习惯都是可以改变的，是容易被纠正的。我们提早了解并知道自己的缺点，遇到的问题与困难，才可以不断修正自己的性格与个性，成为一个优秀的有用之才。

（1）勿贴标签

首先要提醒大家的是注意不要给周围的同学贴标签，施暴者或是受害者。在目前的这个阶段，许多同学的行为并不是有意识或者故意的。只要我们都意识到了欺凌的危害性，就一定能够做到自我调节与干预。

（2）改变思维模式

我们要在平日的学习与相处中，学会与他人的和谐相处。我们总会遇到自己喜欢的人，还有自己不喜欢，甚至很讨厌，鄙视的人。例如，有的人反应比较慢，作业完成慢。那么，作业完成快的同学是否就会有些自傲，看不起他人呢？要知道，每个人学习与成长的阶段性不同，小中学阶段，女生往往要比男生快一些，而许多男生要到高中时期才会智力爆发。所以，要平等对待周围的每个人。今天的差生也许就是明天的马云。

（3）避免肢体冲突

身材比较高大的同学，要注意避免与身材比较瘦小的同学发生肢体冲突。如果在某些方面发生意见分歧，可以请学校的辅导员（counselor）协助处理，或者用语言或者文字的形式来与同学进行沟通。尽可能采取"非暴力"方式，千万不要误入"一语不和，拔拳相见"的沟通模式。这种模式一旦形成，那么周围同学只会见到你怕，而不愿真正得与你交朋友。

（4）合理使用新媒体

新媒体的流行，让每个人的言行时刻都暴露于大家的观察与监督之下。例如，在群里的言行，或者在朋友圈里狂晒自拍照、晒美食、晒旅游、晒家里的宠物等。我在这里要提醒大家，因为这些新媒体也是一个公共平台，是你所有加了好友的陌生人都能看到的。为了减少网络欺凌的扩散，我们要特别注意发帖的内容与频率要有一个度。你引以为傲的东西，可能就是别人的痛点和看不惯你的某些方面。

（5）及时反映

欺凌是交往关系的大敌，它会让你处于一种被孤立的状态，或者被迫扮演受害者的角色。如果你刚去一个新的学校认识新的朋友与同学，他们可能因为你的某些方面而嘲笑你，例如你的穿着打扮、你的口音、你的爱好等，你可能感觉自己总是被欺负被孤立。在这个时候，你一定要及时尽早寻求帮助。你可以向老师反映或者找寻其他同学的支持。我建议你一定要及时采取某种方式来保护自己：保护自己的身体，更要保护自己的情绪。

（6）团结就是力量

有朋友的支持与帮助可以帮助对抗"欺凌"。鼓励的积极作用要远远大于批评的力量。有时候，周围同学或者老师的一句鼓励的话可以改变你的一生。

第六章

友谊能够地久天长吗？

心理咨询诊室故事分享

莎拉（化名）来咨询的烦恼与她的闺蜜有关：她的好友莫娜（化名）总是与莎拉的前男友汉森（化名）保持密切的联系，而且经常与汉森私聊讨论许多敏感的感情话题，甚至关于"性生活"的讨论。莎拉后来察觉了这种状况，觉得心里不舒服但又不知道如何去劝说和干预：她不能忍受自己的前男友与好友的这种超常友谊。她认为好朋友多年感情不想伤害对方，然而她的心里却对这份友谊埋下了深深的疑问。她认为她的好友违反了"闺蜜协议"，以后与好友也慢慢疏远了。

莎拉很伤心，因为似乎她不仅失去了男友，也失去了女友。她甚至失去了对自我的认可度，不愿意再去找寻另一段关系。

本章节来重点谈谈友谊，也就是好朋友的事。朋友就是我们自己挑选的家庭成员，他们喜爱并支持我们，深厚的友谊可以持续一辈子，拥有一两个好友是真正的人生幸福。然而，也有这样的情况，你的朋友似乎很多，但没有一个可以称为真正"好朋友"。或者，只有酒肉朋友。也许，你正在努力寻找一个终生的知己。好朋友可能非常难觅，它的定义也是因人而异。得到一个好朋友，与你的本身无关，却可能就是在合适的地方遇到合适的人。如果你对朋友的要求不苛刻，不强加一个"好"字，也许能够帮助自己克服过高的期望值，反而不会变得失望和失落。

一、友 谊 特 质

每个人对于寻找友谊的侧重点与关注度都不一样。根据归纳总结,大多数人对于友谊的特点可以集中在以下几方面。请你拿出一张纸与笔,来看看你的心目中友谊的这些特点和他们的重要性排序是什么?

友谊特性	重要性排序	原因
信任(Trust)		
诚实(Honesty)		
忠诚度(Loyalty)		
可靠(Reliablility)		
幽默(Sense of Humor)		
坦率(Openness)		
实事求是(Practicality)		
真诚性(Authenticity)		
共同兴趣(Common Interests)		
其他特质		

朋友,相互之间能够支持与依靠,甚至可以比家人的感觉更加亲切。留学生长期在异地生活,与朋友一起度过的日子会很长。不容置疑,好朋友是让你感觉良好的人。而交上一个坏朋友,造成的负面影响也是很大的。我们具体来说明一下每一个友谊特质。

1. 信任感(Trust)

这是最主要的友谊特征。当你有了一个好朋友时,你有很轻松的感觉,可以完全信任他或者她,分享许多秘密。

2. 诚实(Honesty)

好朋友应该有责任和勇气告诉你真相,虽然可能比较难以开口。如果你有一个对你总是很诚实的人,你要留意他或者她,也许你们能成为一生真正的朋友。

3. 依赖感(Reliability)

人生的起起落落,总希望有个肩膀能够让自己来依靠。当你经历挫折或者需要分享快乐的时候,好朋友能够在你的身边。同时,有个可以信任的朋友倾听,也是一件幸福的事情。

4. 忠诚度(Loyalty)

友谊也需要忠诚。我不得不承认友谊有一定的排他性。一旦形成了一个比较固定成员的"圈子",会有大家默认的一些规则,包括对友谊的忠诚度。

5. 幽默感(Sense of Humor)

有幽默感也需要有人欣赏。有人总是对你的言语笑个不停,非常欣赏的样子,这也是一种幸福。

6. 坦诚(Openness)

如果你总是担心你的内心感受会让对方感到不安,那么就做不到坦诚。真正的友谊可以让双方都能敞开心扉。如果你的朋友不同意你的意见,你也能接受,因为你知道她会尊重你的意见并耐心听你的解释。

7. 共同的兴趣爱好(Common Interests)

这是好朋友最基础的出发点:拥有共同的爱好。在对爱好的共同追求中,例如踢球,你们的友谊会越来越深。

8. 角度换位(Different Perspectives)

有时候,你需要来自外界的一些观点和建议来面对任何一种情况。如果你不想咨询家里人,那么好朋友的意见就显得非常重要了。当然你会非常需要很中肯的建议,至少她可以帮助你从另一个角度来看待并解决问题。

9. 真诚(Authenticity)

真诚的友谊来之不易,也需要经过长时间的考验。

二、友谊基本原则

1. 拥有相同兴趣

我们还倾向于和自己兴趣爱好相似的人成为好朋友。人们往往由于比较接近的价值观、人生观、政治观走到一起。他们更愿意与自己持相同观点的人在一起见面，谈论大家感兴趣的话题。

2. 寻找周围的人

根据调查，在周围的人群中寻找好朋友的概率更高。我们说初中高中的同学友谊更牢靠，往往是由于我们经常在自己的同学或者社团小组中寻找自己的好友，可以每天花费不少时间在一起参加和分享心得；有相同之处能够让他人更加喜欢你。为了增加你的魅力，你可以经常参加某个社团、兴趣班或者一个"午饭小分队"的活动或者参加每日的小"聚会"。

3. 坚持自我

拥有友谊固然重要，但更重要的是，不能因此失去了自我。这个自我包括对自我的爱和尊重，自我价值的肯定，把友谊作为一个项目来进行。

4. 耐心

有人说，友谊是一颗生长缓慢的植物。中国更崇尚君子之交淡如水的理念。友谊的培养是在漫长的岁月中走到一起的好朋友，需要经历风雨和考验。所以，必须给自己一点耐心。如果你现在感到很孤独，也不要急于走入某个圈子去极力争取友谊。努力地做好你目前的事情，相信友谊的到来。

5. 杜绝"传话"

友谊，特别要把控背后的"八卦"与"谣言"的散布，这种行为，常常在女孩间发生。例如，你可能无意间听到了某人对于某人的看法，而这种看法似乎是比较有"爆炸性"的。你忍不住想告诉你的好朋友，然后结果是，一传十，十传百，变成了大家都知道的事情。我的建议是在没有确实证据的前提下，不要去传播任何会引起大家关注的特别事件。原因何在？因为我们人类的语言表达是有局限性的，是人类社会发展到一定阶段的产物。语言，受到不同家庭教育和表达背景的差异，存在着语境和语气的局限性。例如，某某人在背后评价了某人："她真是太傻了！"这句评论，在某些语境里是一种关心的无奈感。在另一个环境里，就是强烈的一种主观表达。所以，我们要学会不要"断章取义"，也就是说，不要去把某人的话语搬给其他人听，因为在很大比例上，你加入了自己的理解和主观意识判断，是对他人真正含义的一种曲解。当然，真正的友谊，是不会被别人的挑拨而动摇的。因为，真正的朋友，是对友谊的忠诚和完全的信任。

6. 保持积极思维

首先要承认所有的人都有他或者她的可爱之处。如果你绞尽脑汁，还是无法发现某人的长处,那往往是由于你的"偏见"和"固定思维"比较主观又根深蒂固,没有能力和方法看到他的全面性而做出比较中性客观的评估。同时,要意识到培养深厚的友谊需要花费时间与精力。

三、什么是"伪友谊"?

友谊的重要性是毋庸置疑的,但同时也造成了不少"伪友谊""伪朋友"问题,使人被伤害得很深。来看看什么是伪友谊?有个网友是这么解释的:"以前,我以为的友谊就是真实纯粹的存在。它是分享喜怒哀乐,是一起分零食的单纯,是伤心时的陪伴。然而,长大以后,渐渐发现,世界上还有一种东西叫"伪友谊"。"它是嫉妒,是自私,是虚伪,是背后的谣言与中伤。但是我啊,不管遇到多少伪友谊,只要还有你在,我最纯粹的你,我就永远不孤单。"我们来看看什么是被称为建立"伪友谊"的人?

- ✓ 在背后散播你的谣言的人
- ✓ 对你总是批评指责的人
- ✓ 对你不感兴趣的人
- ✓ 对你不尊重的人
- ✓ 给你许多无形压力的人

当你发现过了几年,你原来的好友是"伪友谊",那时该怎么办呢?交往下去造成的伤害会更深。最直接的方法就是坦诚终止双方的友谊。虽然跨出这一步,对于内敛而不善直接表达的中国人来说,有点困难。但是终止伤害和扩大负面情绪的最有效方法,你可以这么说:"抱歉,我俩也很努力了,但发现我们的差异比较大。我们暂时减少在一起的时间吧?让我好好想一下。"用这样的方式,暂停或中止"伪友谊"关系。

四、如何解决朋友间的矛盾?

朋友之间发生矛盾是平常的事,但如果处理不当,也许就是友谊终结的时候。在现实生活中,有的人因为爱情抛弃了友谊,有的人因为价值观发生

变化远离了友谊,而有的人因为交上了坏朋友,而远离了真正的好朋友。如何化解朋友间矛盾?请参考以下四步曲:

第一步:反思

如果与好朋友发生了矛盾,建议首先让自己先冷静下来。找一个安静的地方思考一下,先在纸上写出这次与好友争吵的主要矛盾是什么?原因是什么?我为什么会如此气愤?对方有哪些观点可能是正确的?

第二步:沟通

如果你反思冷静成熟了,找到了主要的原因,都可以尝试首先与朋友沟通。沟通方式是多样性的,但内容可以表达自己的一些真实想法包括情绪:

1. 上次的事,我感到非常_____。(具体的几种情绪描写)

2. 当你_____(好友的一些行为和语言),我感到_____。(具体的反应)

3. 因为_____。(这是矛盾的深层主要原因,需要深入思考)

组合:把1、2、3组合成一句长句子。这样的四步曲可以帮助你达到以下目的:

- ✓ 你对自己的情绪负责
- ✓ 你不责怪任何人,包括自己的好友
- ✓ 你清晰地陈述了自己的观点
- ✓ 表达的过程也是解决问题的过程

第三步:道歉

在友谊的矛盾中首先迈出第一步来道歉的人是了不起的。可以参考以下的道歉方法:

我非常抱歉上次我们_____。(解释矛盾)

我知道你感到很_____,为此我感到很抱歉。你能原谅我吗?

第四步:和好

和好也需要一个缓冲的过程。既然双方已经和好了,就要忘记过去,要彻底把不愉快的事件放在脑后。

五、解决冲突准则

1. 当你发觉自己很生气的时候,把你自己从现场隔离,并保留时间冷静一下。

2. 就事论事,不要进行人身攻击。表达自己观点的时候以表扬他人的某个方面开始。

3. 坚定地表达自己的情绪,不是攻击性的。不要去指责他人。

4. 不要从自己的角度来看待问题。

5. 尊重接受他人不同的观点,不要强迫他人与你的观点一致。有时候,我们的三观不同,要保持相同的观点看法是很难的。

6. 不要把竞争输赢看得太重。应该寻求一种双赢的结果。

7. 不要太快做出结论,而且也不要去猜测推断他人的情感意图。

8. 积极倾听,询问他人的反馈来确保自己理解事情的本质。

9. 在冲突发生的时候,只有当一个人的需要得到满足后,才能算真正解决问题。

10. 忘记过去,重视现在。

11. 建立"自己的威信",不要把权力和意志强加于他人。

12. 感谢他人的倾听。

重点:
一个真正的好友必会让你感觉舒适。(A true friend is someone who makes you feel GOOD about yourself.)

友谊对于每个人来讲,都是外界对于自身特质的一种认可与赞同。一个真正的朋友是让你对自己感觉良好的人,而不是让你感觉很糟糕的人。

第七章

如何浇灌爱情之花？

> **心理咨询诊室故事分享**
>
> "我又失恋了……"
>
> 坐在我对面的女孩倩倩（化名）哭得梨花带雨，纸巾洒落了一地。这是她最近两年的第四次分手。"我不明白，真搞不懂，他为何要与我分手？我哀求他，但他就是不回复我的短信！"
>
> "他把我在所有的 social media（社交媒体）上都 block（拉黑）了，包括 Intagram，Snapchat，Tinder，Facebook……"
>
> "他说是他觉得累了，不再爱我了。他为什么这样冷酷无情？可是我还是非常爱他！我该怎么办！"

什么是爱情？在留学时期，谈一场轰轰烈烈的爱情是许多人都曾经历过的。爱情的结局究竟如何？有一些最后分了手，也有的修成正果走入结婚殿堂；还有不少已近四十，仍然固守着单身苦等自己的心灵伴侣。在我们谈到爱情这个伟大的话题时，必须首先要谈到激素。什么是激素呢？

一、爱情与激素的碰撞

激素（Hormone）也称荷尔蒙，在希腊文原意为"兴奋活动"，是由内分泌腺或细胞产生的化学物质，随着血液输送到全身，通过调节各种组织细胞的代谢活动来影响人体的生理活动。激素在人体内的量虽然不多，但它对机体的新陈代谢、生长发育、繁殖、神经信号传导等起重要的调节和控制作用。

血清素(Serotonin,全称血清张力素)为单胺型神经递质,由色氨酸经色氨酸羟化酶转化为5-羟色氨酸,再经5-羟色氨酸脱羧酶在中枢神经元及动物(包含人类)消化道的肠嗜铬细胞中合成。5-羟色胺主要存在于动物(包括人类)的胃肠道、血小板和中枢神经系统中。它被普遍认为是幸福和快乐感觉的贡献者。

1. 放电期

当人们在经历爱情时,身体会分泌一种激素,叫作苯基乙胺(phenylethylamine),简称 PEA。无论是一见钟情,或者日久生情,只要让头脑中产生足够多的 PEA,那么爱情也就随之降临了,俗话说那种"来电"的感觉就是 PEA 的杰作。有趣的是,当人遇到危险或是情绪紧张也能够使 PEA 的分泌水平提高。恋人之间通过送巧克力来表达爱意,而巧克力确实也是最佳的爱情食物,它 PEA 含量是所有食物中最多的一种。所以,送爱人巧克力也是有科学道理的。

插画(Edward Liu 11岁)

2. 热恋期

当人们经历热恋期时,身体会分泌另外一种激素——多巴胺(dopamine),它给人甜蜜、幸福的感觉。多巴胺对我们的身心健康有着重要的作用,同时还跟愉悦和满足感有关,当我们经历新鲜、刺激或具有挑战性的事情时,大脑中就会分泌多巴胺。在多巴胺的作用下,我们会感觉到爱的幸福感。多巴胺为爱情带来的"激情",会给人们一种错觉,以为爱可以永久狂热。你头脑中充满着这种激素的时候,也正是你意乱情迷的时候。"爱情让人疯狂",原是多巴胺惹的事!爱情总是如此神奇,陷入恋爱的男女往往情深而不自知,热情而盲目。爱一个人没有理由,但其实很多时候有一些爱情的产生是由于激素多巴胺的影响。这种传导物质主要负责大脑的情欲、感觉,将兴奋及开心的信息传递。多巴胺传递开心、兴奋情绪的这功能,医学上被用来治疗抑郁症。

3. 恋爱期

研究还显示,恋爱中的人大脑中多巴胺处于较高水平,而血清素分泌减少。多巴胺是大脑分泌的"奖赏"化学物质。人在获得奖赏时,多巴胺水平快速升高,随后迅速回落。先前研究显示,毒品同样会让大脑释放多巴胺,传递出兴奋和开心的信号。血清素是人体产生的一种神经传递素,即神经之间传递信息的渠道,会影响人的食欲、内驱力和情绪。另一个因恋爱发生变化的激素是肾上腺素。也就是说,恋爱中的人盼望见到恋人的心情类似瘾君子对毒品的渴求。

4. 坠入爱河

心理学者则关注为何爱情有时会让人变得控制欲增强。英国临床心理学家、作家戴维·尼亚斯重点研究跟踪狂现象,认为这种行为虽然极端,但从某种程度上解释了人坠入爱河时为何会做出令人不可思议的事情。"对跟踪狂而言,爱情如同滚雪球般增大。它演变成一种精神紊乱,导致人妄想,"他说,"可悲的是,我们对引起这种情况的原因还知之甚少。"尼亚斯认为,如果这种人能够得到改变思维方式的训练,那么可以摆脱强迫症,并为自己的行为举止感到惊讶。但很不幸的是,在人体内多巴胺不可能永远处在这个较高的水平上,人体的自我调节能力很强,总是试图将人体的状态调整回正常状况。一旦多巴胺减少甚至消失,人也就从这样的迷醉状态中恢复过来,或者就像我们常说的那样,失去了爱的感觉。视个体和环境的差别,一般来说,多巴胺的浓度高峰可以持续 6 个月到 4 年左右的时间,平均不到 30 个月(约两年半)。随着多巴胺的减少和消失,激情也由此变为平静。

5. 失恋期

失恋几乎是人类所能忍受的痛苦极限。为什么当浪漫关系出现问题时,人们会感觉痛苦异常?人类学家海伦-费舍尔说,这可以在你大脑的神经网络和进化学方面找到依据。失恋者通常有"被你抛弃,我却更爱你"的痛苦。研究人员认为,随着爱慕对象的离去,大脑网络活动的增强和大脑分泌的化学物质的增加会使失恋者产生更强烈的感情。

精神病学家把失恋分为两个阶段:第一阶段"抗议",第二阶段"放弃/绝望"。在抗议阶段,被遗弃的恋人为了让对方回心转意,自己会变得痴痴迷迷,苦思冥想自己出了问题以及如何找办法来重燃爱火。这时不停地打电话、发电子邮件和写信,一再地拜访两人共同的朋友等行为就成了常事,而这些行为越激烈,被遗弃者有时对恋人的爱情反而越强烈。这种情况被研究人员称为"挫折吸引力"。

精神病学家认为,失恋的"挫折吸引力"与多巴胺(一种控制肌肉运动、并让人产生满足感的化学物质)有关。研究表明,在浪漫关系的早期,产生多巴胺的系统被激活。在抗议阶段,多巴胺的活动也增加,使得遭到拒绝的恋人感觉到更为强烈的激情。

6. 婚姻期

当人们步入婚姻的殿堂后,身体会分泌**内啡肽**(endorphin),给人温馨,安逸的感觉。在轰轰烈烈地爱过之后,随着多巴胺的浓度下降,我们需要另外一种爱情物质——内啡肽来填补激情,让人产生对稳定关系的依恋、温暖、安逸、平静感觉。如果说苯基乙胺的效果类似于摇头丸,则内啡肽的效果类似于吗啡。所以,多巴胺被称为"爱情物质",而内啡肽被称为"婚姻物质"。内啡肽亦称安多芬或脑内啡,是一种内成性(脑下垂体分泌)的类吗啡生物化学合成物激素。它是由脑下垂体和脊椎动物的丘脑下部所分泌的氨基化合物(肽)。它是由脊椎动物的脑下垂体和丘脑下部所分泌的氨基化合物(肽)。内啡肽也被称为"快感荷尔蒙"或者"年轻荷尔蒙",意味着这种荷尔蒙可以帮助人保持年轻快乐的状态。它能与吗啡受体结合,产生跟吗啡、鸦片剂一样的止痛和欣快感,等同天然的镇痛剂。利用药物可增加脑内啡的分泌效果。英文"endorphin"是"endomorphin"的简化写法,"endo"有内在之含意,而"morphin"则为吗啡的英文名称,故内啡肽有大脑自我制造的类吗啡物质之意。它是归于药理学的范畴,并不是化学公式化。内啡肽是体内自己产生的一类内源性的具有类似吗啡作用肽类物质。这些肽类除具有镇痛功能外,尚具有许多其他生理功能,如调节体温、心血管、呼吸功能。内啡肽具有吗啡样活性的神经肽的总称。

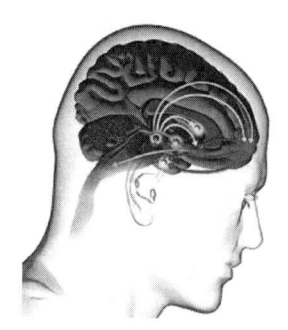

二、初恋能否成功?

关于这个问题,其实并没有特别固定的标准答案。爱情来临之时,想

要逃避也难。初恋是如此令人难以忘怀,我们先来理解以下的两个心理名词:

1. 吊桥效应——心动不一定是真爱

许多电影里描写如何让一个女孩子爱上男生,就是采用"英雄救美"的方法:一个女孩遇到了危险,男生挺身而出,救下美人,爱情故事开始……那么,这究竟是低俗的伎俩还是有科学依据呢?答案是肯定的。一个人提心吊胆地走过吊桥的一瞬间,抬头发现了一个异性,这是最容易产生感情的情形。因为吊桥上提心吊胆引起的心跳加速,会被人误以为是看见了命中注定的另一半而产生的反应。在美国曾经进行过这样一个实验,实验者让很多男性走过一座位于高处且看上去非常不安全的吊桥,然后让他们和同一位女性见面,结果约有八成男性表示见到的那位女性非常有魅力,知道这是为什么吗?这就是有名的**"吊桥效应"**,原因是大部分男性把横渡吊桥时因为紧张所致的口渴感,以及心跳加速等生理上的兴奋误认为性方面的冲动,自以为对那名女性产生了兴趣。

2. 契可尼效应——为什么初恋最难忘?

西方心理学家契可尼做了许多有趣的试验,发现一般人对已完成了的、已有结果的事情极易忘怀,而对中断了的、未完成的、未达目标的事情却总是记忆犹新。这种现象被称为"契可尼效应"。"契可尼效应"经常会跟初恋联系在一起。初恋是爱情交响曲中的第一乐章。我们总在不知不觉的好感和朦胧的不确定性中接触第一个所爱的人,希望能与对方长久地待在一起,这是大多数人初恋的心态。但是初恋,毕竟是恋爱的起步,有试验的性质,它来得容易去得也快。

尽管如此,初恋的感觉仍旧令人回味无穷甚至刻骨铭心。因为初恋的对象留给自己的印象是非常深刻的。这一最先的印象会直接影响到我们以后的一系列恋爱行为。由于我们把初恋看成是一种"未能完成的""不成功的"事件,它的未完成反而更使人难以忘怀,同样,在未获成果的初恋中,我们和初恋情人一起度过的美好时光,大多会深深地印入我们的脑海,使我们一生都难以忘却。初恋之所以令人刻骨铭心,正是源于初恋的未完成性。

关于初恋的研究,我想推荐大家去看看"夏洛特烦恼"这部电影,它在初恋这个难题上给出了最佳的答案。故事的情节大致是这样的:夏洛的初恋是班级的女神,经过时间机器他回到了过去。夏洛终于使女神与他在一起,抛弃了原来非常爱他的女友。结果一场富贵荣华之后,他才发现他真正爱的是那个女友,而不是初恋的女神。影片在眼泪和欢笑中达到了高潮,同时也让不少过来人感慨万千。脑中挥之不去的"初恋"形象,原来是自己想象中的虚像,爱上的是那个完美的人,在实际生活中往往并不存在。在现实生活中,不少初恋最终成功走入结婚殿堂建造儿女成双的幸福家庭,也有许多初恋劳燕分飞,或者在结婚若干年之后分手。尤其是异地恋的痛苦是令人煎熬的。理智地把握好青春时代的感情,相信如果有缘,就一定能够再相逢。

3. 男女之间有纯洁的友谊吗?

异性之间是否有纯洁的友谊,人们已经讨论了很多年仍然没有答案。许多年轻人以拥有男闺蜜和红颜知己而骄傲。事实真的如此美好吗?我们来看一看,拥有"男闺蜜"或者"红颜知己"的人际交往难度可能存在以下几方面:

(1) 模糊的界限

异性之间比较难把控好友谊与爱情的界限。异性的一方可能暗恋上另一方,另一方却丝毫没有感觉。更加尴尬的情况是你心甘情愿或者不知不觉中做了爱情的"备胎"。为了他或者她,你是否愿意做一只长期的备胎呢?

(2) 转型之难

异性的友谊很容易转变成爱情。但转成爱情之后,爱情的破裂会造成友谊难以继续。男女之间的友谊转成爱情后,由爱情转为友谊是否可能呢?也许可以,但是友谊的深度也许再也无法回到当初的那种纯洁的感觉了。也许,在人生的道路上,他或者她只能陪伴你走一段路。

(3) 他人干预

异性拥有自己交往的男友或者女友的妒忌或者干预。爱情相对于友情来说,更加具有自私性和排他性。如果看到异性友谊的深度超过爱情,那么友谊承受的力度是无法支撑的。

(4) 周围舆论

如果你拥有多个异性的好友,压力可能来自周围的同学,甚至是父母的干涉。会有一些谣言或者议论,那么你是否能够顶住压力呢?

三、爱情催化剂

1. 俄狄浦斯情结

俄狄浦斯情结又称恋母情结,是精神分析学的术语。精神分析学的创始人弗洛伊德认为,儿童在性发展的对象选择时期,开始向外界寻求性对象。对于幼儿,这个对象首先是双亲,男孩以母亲为选择对象而女孩则常以父亲为选择对象。小孩做出如此的选择,一方面是由于自身的"性本能",同时也是由于双亲的刺激加强了这种倾向,也即是由于母亲偏爱儿子和父亲偏爱女儿促成的。在此情形之下,男孩早就对他的母亲发生了一种特殊的柔情,视母亲为自己的所有物。

有些男人找老婆就是在找妈,只要一个女人给他温暖的感觉,让他放低戒备,觉得自己像小孩儿,那他就一定被收服了。女人渴望宽厚无私的爱和照料。无论是萝莉找大叔,还是通常婚恋标准中让女人放心的忠厚男人,都是俄狄浦斯情结。

2. 黑暗效应——光线昏暗的地方更易产生恋情

约会选择在晚上总能促进浪漫的气氛。这是什么道理呢?月光中,恋人的脸往往显得尤其朦胧美丽。同时,在光线比较暗的场所,约会双方彼此看不清对方表情,就很容易减少戒备感而产生安全感。在这种情况下,彼此产生亲近的可能性就会远远高于光线比较亮的场所。心理学家将这种现象称之为"**黑暗效应**"。

社会心理学家研究后的结论是,在正常情况下,一般的人都能根据对方和外界条件来决定自己应该掏出多少心里话,特别是对还不十分了解但又愿意继续交往的人,既有一种戒备感,又会自然而然地把自己好的方面尽量展示出来,把自己弱点和缺点尽量隐藏起来。因此,这时双方就相对难以沟通。而黑暗登场,对方感官失效后,自己便没了危险,不需要伪装,表情不需要安排,自然而然的可以自我流露;而自己的感官失效后,人就会变得脆弱而敏感,倾向于在黑暗中抓住同伴来获得安全感,这种吸附性非常强。所以说,黑暗效应就产生了。

四、寻找合适伴侣

在个案咨询中，经常有人问我："如何找到理想的伴侣并走入结婚殿堂？"纵然有千言万语慢慢涌上，却只能化为点点沉默，这真是一个千古难题。我是一个心理咨询师，却没有什么心理绝招可以包找理想伴侣。处于不同的职业角度思考的问题不同，也许问题的本身就是矛盾的。茫茫人海中，合适你的那一位到底在哪里呢？许多单身似乎被繁忙的工作或生活蒙住了眼，无法看到周围爱情的闪光。不少恋人虽然相处多年，到最后却黯然分手，没有承诺当年信誓旦旦的誓言，不禁唏嘘。爱情与婚姻，似乎从来就不曾愿意好好和平共处，总是擦肩而过。爱得死去活来的看到过，恨得你死我活的见到过。婚姻却总在那里，不紧不慢，不依不饶。钱钟书先生在《围城》里写道：城外的想进城，城里的想杀出去。一个陌生人，从不相识到相知相恋，然后走入婚姻的殿堂，并携手一路陪伴到老。这种结合本来就是一个奇迹。就像一首歌里唱的那样："相爱容易相处太难。"那么造成现在这种恋爱问题的原因有哪些呢？

1. 爱的感觉往往失落在小事上

恋人相处在一起总会有矛盾产生，例如哪里去吃饭，看电影。男生总是会轻易忘记一些承诺。争吵其实在所难免，要避免的是冷战。感情中冷战的坏处就是，这个矛盾的结打成了爱的死结，无法解开，并在未来的另一场争吵中痛苦地回忆起来并形成连结。

2. 金钱的考验不是万能的

女孩常抱怨说，过生日而男友买的礼物不够贵重，这就表明他的爱不够深。还有的女孩向男友借钱，认为这是在金钱上一种爱的考验，而许多男孩都没有过关。男生认为，我的爱有许多种不同表示法，物质只是其中一种而已，不能以偏概全。如果以这种方式来考验，只能让我心冷。

3. 批评与指责是杀手

感情中的批评与指责来自哪里？心理学研究表明，它们来自内心的牺牲感和付出感。你认为自己对一段感情的付出感和牺牲感超过对方，对方却没有努力和相应，就是辜负了自己会产生不满。当不平衡感产生，抱怨就跳将出来指责与批评，打散爱情的感觉。时间一长，感情就被无情扼杀了。

4. 逃避却总是伤害

有一些恋爱的例子，两人产生了激烈矛盾后开始冷战与疏远。关系匆匆划上感叹号、问号，却不是一个句号。有些人需要半年甚至更长时间才能慢慢走出创伤，在心理学上称为创伤性应激障碍，处理不好可能会恶化成严重抑郁和自卑心理。更糟糕的是，这种未经专业处理的心理创伤会在以后的新关系中复制拷贝以往的失败模式，形成一个感情上的恶性循环。

5. 不能接受对方的家庭

这是老生常谈的话题，现在的年轻人也会认为这种观念的陈旧。春节期间的城市落跑女就是最好的证明。理想照进残酷的现实，爱情被大雨浇淋。如果说恋人是两人之间的事，那么要继续婚姻的结合就是家庭的结合了。在恋爱阶段就无法忍受他的家人，那么感情的继续就会阻力重重。

那么到底该如何建立并保持一段恋爱关系呢？以下建议仅供单身贵族们参考：

（1）战胜内心恐惧感

与一个"陌生人"建立一种亲密的恋爱关系需要克服自己的恐惧感，任何一种感情都需要投入与付出自己。有人总是很害怕进入到一种亲密关系，或是在对方中断关系前先提出分手。这是内心的不安和恐惧心理，需要克服。成人由于性格上已经趋于固定模式，一般需要得到专业的帮助才能走出恐惧怪圈。

（2）建立有效沟通模式

冷战或者激烈争吵都不是有效的沟通方式。在交往过程中，如何觉察并妥善表达自己的情绪是需要认真学习的。也就是说，熟悉自己的情绪变化并调整。避免冷战，同时也要注意语言和行为的表达，需要得体和婉转。

（3）恋爱与婚姻是一种合作关系

"在一起"是两人世界的开始，同时意味着不能再以一个人的形式来生活。研究证明，爱情的热度可以维持两年左右，以后的感情会趋向平稳，更加走向相互扶持相互依靠的家庭成员关系。同在一个屋檐下生活，爱情会被柴米油盐折磨得不成样子。这时候，需要了解婚姻是一种合作的关系，共同前进，风雨同舟。

如何找到合适的那一个？也许，最合适的那一个并不存在，或者说，合适的人总没有在合适的时间出现。可是,我们总不能虚度时光,或在镜中哀叹容颜老去。我们总要在这不完美的世界上欣赏风景,疯狂爱上几个,最后与一人牵手相望,在炉火边慢慢老去。

6. 亲密关系自我评估表

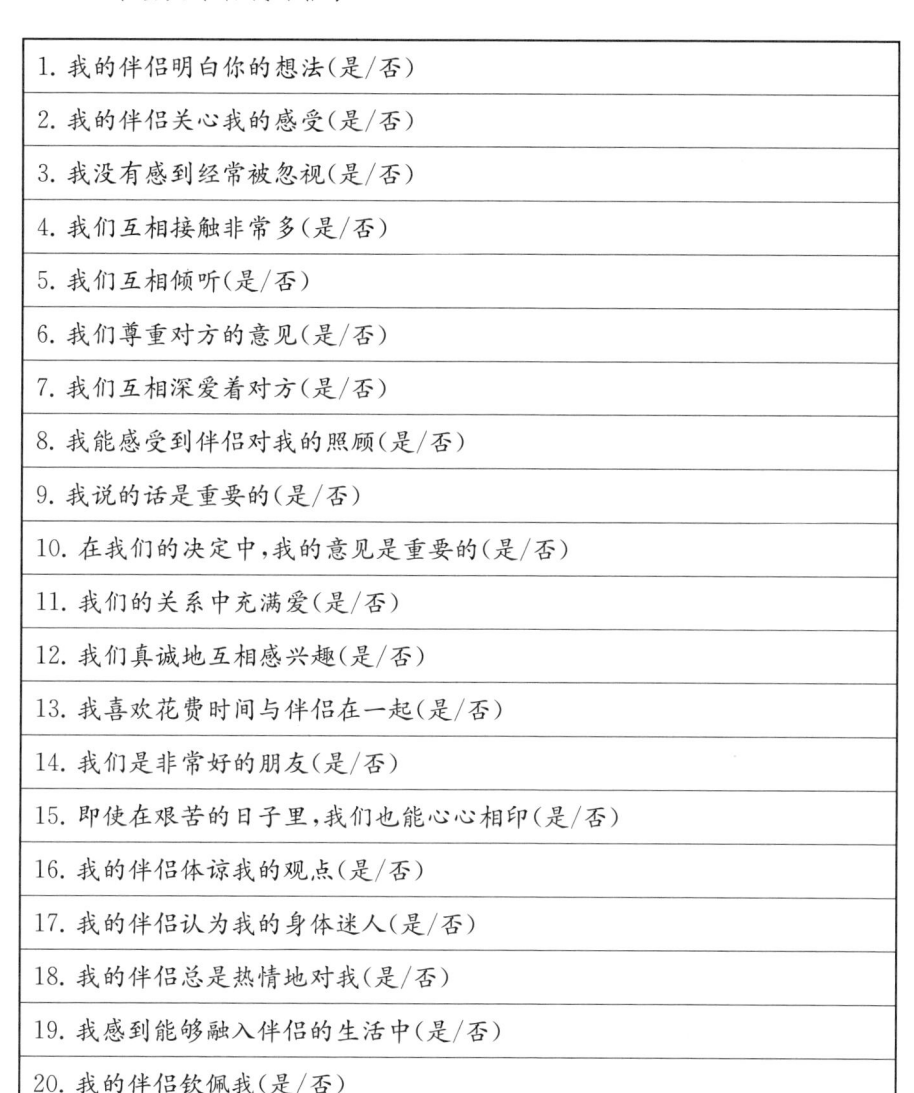

1. 我的伴侣明白你的想法(是/否)
2. 我的伴侣关心我的感受(是/否)
3. 我没有感到经常被忽视(是/否)
4. 我们互相接触非常多(是/否)
5. 我们互相倾听(是/否)
6. 我们尊重对方的意见(是/否)
7. 我们互相深爱着对方(是/否)
8. 我能感受到伴侣对我的照顾(是/否)
9. 我说的话是重要的(是/否)
10. 在我们的决定中,我的意见是重要的(是/否)
11. 我们的关系中充满爱(是/否)
12. 我们真诚地互相感兴趣(是/否)
13. 我喜欢花费时间与伴侣在一起(是/否)
14. 我们是非常好的朋友(是/否)
15. 即使在艰苦的日子里,我们也能心心相印(是/否)
16. 我的伴侣体谅我的观点(是/否)
17. 我的伴侣认为我的身体迷人(是/否)
18. 我的伴侣总是热情地对我(是/否)
19. 我感到能够融入伴侣的生活中(是/否)
20. 我的伴侣钦佩我(是/否)

得分:如果你的回答"是"少于 7 条,那么在你们的情侣或者夫妻关系中,你可能没有感到爱和尊重。你和伴侣需要更积极并创造性地在你们的关系中注入爱情的激素。

五、如何终结一段关系？

如果爱情或者婚姻走到了尽头无法挽回的时候，我们该如何理智而冷静地处理呢？你的感情安全吗？请你完成以下自我测试：

你的男朋友/女朋友/伴侣是否经常：
1. 辱骂你？（是/否）
2. 对你吼叫？（是/否）
3. 打碎物品？（是/否）
4. 伤害或杀死你的宠物？（是/否）
5. 威胁要伤害你？（是/否）
6. 总是要控制你？（是/否）
7. 不让你见朋友或者家人？（是/否）
8. 不让你看医生？（是/否）
9. 控制你的饮食种类或者饮食量？（是/否）
10. 控制你的钱？（是/否）
11. 控制你的人身自由？（是/否）

如果回答"是"，你正经历严重的感情虐待和身体虐待。你可能会有以下情况：

1. 感到伤心孤独（是/否）
2. 感到焦虑（是/否）
3. 厌恶自己（是/否）
4. 罹患伤痛（是/否）
5. 沉迷于酒精和药物（是/否）
6. 失眠（是/否）

请继续回答以下关于你的伴侣的四个问题：

1. 打你或者踢你？（是/否）
2. 伤害你的乳房，腹部或者两腿之间？（是/否）
3. 强迫你做爱？（是/否）
4. 曾经对你使用暴力造成身体伤害？（是/否）

如果回答均为"是",你正处于比较高的危险中,你必须寻求外界的帮助来终止这段关系。

你现在能做而且必须要做的事情:
- ✓ 告诉你信任的人所发生的事情
- ✓ 找人帮助你
- ✓ 朋友或家人
- ✓ 你的家庭医生
- ✓ 你的学校辅导员
- ✓ 社区中心
- ✓ 可靠的邻居
- ✓ 妇女庇护所
- ✓ 如有可能,准备紧急逃离计划

第八章

如何对待"性"的那点事？

心理咨询诊室故事分享

一对神情焦虑的父母坐在咨询室里，无奈地讲述着他们的孩子在大洋彼岸的爱情故事：他们的女儿Jessie（化名）与Sam是初中的同班同学。这次两人都先后顺利进入了美国纽约的高中学习。Jessie的父母安排她住在寄宿家庭，而Sam与叔叔住在一起。

有童年的伙伴在同一个城市是一种幸运。在异地他乡的最初日子里，两个十五六岁的孩子有种惺惺相惜，相依为命的感觉。在互相帮助的过程中恋爱了，并偷尝了禁果。爱情的吸引力是巨大的，他俩想尽办法见面约会，沉浸在爱的海洋中。于是Sam经常逃学不回家，叔叔作为监护人已经无法管住他了。Jessie成为了寄宿家庭头痛的"问题少女"。爱情的力量超越了一切，包括学习。他俩经常旷课，作业不交。Jessie突然发现自己怀孕了！

监护人不得不紧急通知了家长。远在中国的双方父母匆忙飞到美国，并共同处理这件棘手的事情：家长商榷的结果是：Jessie打了胎，并被转到了一家当地的寄宿学校；Sam的父母进行了经济赔偿，Sam则转去了另一个城市。从此，天各一方。两人在大学一年级还是分了手。可是，已经过去了五年，但女儿Jessie似乎没有从这段感情的伤痛中走出来，尤其是流产后的严重消极心理反应。Jessie的父母问我："难道我们做错了吗？"

一、安全的性爱

在美国,每年有约 100 万的 15 岁至 19 岁女孩怀孕。近年来,青少年怀孕还在呈上升趋势。意外怀孕中有 30% 是靠人工流产来终止,15% 左右是自然流产结束。性,自古以来就是一个重要的话题。爱情与性,是结合在一起的两个部分。对于许多人来说,如果爱上一个人,性接触就是恰当与必需的。性接触似乎是符合爱情关系逻辑性的。性,是爱情的一种自然发展行为。但它却是一个不太容易公开展开讨论的内容。在东方的许多国家,性的知识并不能得到广泛地学习和传播。安全的性生活方法,都需要学生们"自学成才"或者从实践中去摸索。尤其对于步入青春期的孩子来说,爱情总是那么容易自然地发生。如何面对自己的生理发展需要和大脑发展的平衡?这对于已经达到性成熟的许多留学生来说,不得不说是生理与心理的一种挑战。安全的性生活是指以减少由于性交行为而造成或者感染性疾病。以下是几个基本注意点仅供参考:

1. 学习性知识与避孕知识

(1) 去当地图书馆或者书店借阅或者购买有关性知识的书籍和 DVD。

(2) 学习一些与安全性生活有关的基本医学常识。

(3) 性传染性疾病知识。

— 性行为造成的感染(Sexually transmitted infection,STI)

— 性传染性疾病(Sexually transmitted diseases,STDs)

— 人乳头瘤病毒(human papilloma virus,HPV):引起尖锐湿疣,是宫颈癌唯一也是最主要的危险因素。

— 艾滋病毒(human immunodeficiency virus,HIV):人类免疫缺陷病毒。共有四种传播途径:性传播、血液传播、污染针头传播和母婴传播。

— 艾滋病(acquired immune deficiency syndrome,AIDS):获得性免疫缺陷综合征

— 单纯性疱疹(Herpes Simplex):由双方自慰、身体摩擦、口交行为引起。

— 淋病(Gonorrhoea):是最古老的性病。大多数淋病通过阴茎插入阴

道的性交传播。男性症状明显,有稀薄透明的黏液渗出尿道,一天左右变成黏稠的白色,黄绿色奶油状液体,也就是脓。排尿困难灼痛。治疗主要方法是大剂量的青霉素,四环素或者头孢曲松(ceftriaxone)等新性抗生素。

— 衣原体病(Chlamydia)(通过与病患者性交传染):一种细菌感染,是目前最常见的性传染病。这种病阳性者临床上统称为非淋症状,感染能够引起性传播疾病。非淋是指除了淋球菌以外,由其他病原体引起的尿道炎统称为非淋菌性尿道炎,主要为支原体与衣原体。其主要传播途径为性接触传播,而且具有一定的传染性,但是非淋菌性尿道炎是完全可以治愈的。感染这种病是近年来发现的一种新的性传播疾病。支原体比细菌还小。治疗支原体目前多采用广谱抗生素治疗。

— 梅毒(Syphilis):别名"大疮子",在15世纪欧洲出现,并在全世界流行。引起梅毒的细菌叫作梅毒螺旋体,下疳,圆形坚硬,边缘清晰的火山口型溃疡。梅毒感染时个体容易受艾滋病毒感染。

— 阴道性滴虫炎(Trichomonas):是一种最常见的性传染疾病。白带多、腥臭味、黄绿色,呈泡沫状,外阴瘙痒。可因性交使男性泌尿道感染。注意自己的生活习惯和卫生,尽量要少到公共场合去泡浴,游泳或者使用公用洗衣机设备。

— 疣(Warts):是由人类乳头瘤病毒(HPV)所引起。病变以性交时容易受损伤的部位多见,如舟状窝附近、大小阴唇,肛门周围、阴道前庭、尿道口,也可累及阴道和宫颈。

— 生殖器疱疹:在性交时传播,口交时也可能被传播到生殖器,有传染性。生殖器上长有小而痛的肿块或疱。女性通常见于阴唇;男性见于阴茎。疱疹爆裂时艾滋病毒可能会经过创口进入体内。要更注意采取性防护措施。

2. 主要避孕方法

(1) 口服避孕药

口服避孕药是避孕最常见有效的方法之一,药物主要通过防止排卵起效。需要咨询你的家庭医生来了解药物的副作用,同时它对性传播疾病不能提供任何保护。

(2) 紧急避孕

也称为事后避孕丸(morning-after pill)。在发生紧急情况下,例如强奸或者避孕套破裂,在无防护的性交后 12～24 小时采取措施是最有效果的。也有药物的有效期延长至发生性关系的五天之内。

(3) 避孕套

也称为安全套,能够兜住精液防止它进入阴道。是最有效安全的避孕方法,正确使用的失败率大约是 3%。它可以帮助预防性病的传染。

3. 性交安全性提示

如何降低性交危险性呢?

(1) 避免在初次见面发生性关系。

(2) 在与新的性伙伴发生性行为之前做性传播疾病(STI)检查。

(3) 了解对方是否有吸毒或者药物上瘾的历史。

(4) 在性交时坚持使用安全套。

(5) 减少并固定性伙伴。

(6) 打预防性感染的疫苗针(例如乙型肝炎(hepatitis) A 和 B)(请询问自己的家庭医生来了解详情)。

(7) 熟悉自己的生理循环周期:女孩要了解自己的易孕期,男孩要了解自己的遗精周期。

(8) 如果有了性经验,家庭医生的建议是:需要定期去医院体检和妇科男科检查。女生要做子宫颈抹片检查(Pap Smear)。

4. 预防性安全语言

如果你的性伙伴建议	你 的 回 答
我服了避孕药,你不需要戴套。	我认为还是要戴上,这样保护我们不受感染。
戴了避孕套就不会勃起了。	我可以帮助你戴,让你感觉好一些。
戴套真不舒服,很扫兴!	理解! 我们可以尝试换一种方式。
就一次不戴套,可以吗?	抱歉,我爱惜自己的身体,不愿意冒险。
还有什么可选方式?	我们可以一起亲昵,但暂时不做爱。

5. 预防阴道炎(海德和德拉马特,2011)

以下方法可以帮助你预防阴道炎:
1. 仔细冲洗阴道并彻底晾干。
2. 不要使用女性的卫生保健除臭喷雾剂,会刺激阴道。

续 表

以下方法可以帮助你预防阴道炎：
3. 穿纯棉内裤。尼龙或其他合成原料的内裤不透湿气并刺激外阴部位。
4. 不要穿分叉处太紧的紧身短衬裤,会保留湿气刺激外阴。
5. 注意不要使用太多糖类食品。
6. 擦净肛门时要自前向后,防止细菌进入阴道。如果进行了肛交,不要立即进行阴道性交。阴茎要冲洗干净后才能进入阴道。
7. 使用弱酸性溶液坐浴可以防止阴道炎。

二、远离性侵犯

1. 性侵犯

性侵犯(Sexual assault)是指某人违背他人的意愿的情况下,以性接触方式强迫与他人发生性接触,或者肢体性关系。这称为性暴力形式,包括强奸(强迫阴交、肛交和口交性行为)、迷奸、儿童诱奸及性骚扰,以及性虐待等行为。不幸的是,人类虽然处于现代高科技的世界,而性侵犯可以发生在世界任何一个角落,同时悲剧也正在发生中。有新闻报道,在某些国外大学里,中国留学生被强奸的案例不在少数。而她们被强奸的地方即不是酒吧,也不是什么危险的场所,而是在校园里,在宿舍里,甚至在教室里。被采访的中国留学生反映,似乎强奸留学生,尤其是亚洲女生。

在美国,性侵犯是一个公共健康卫生的大难题。根据国家疾病控制防御中心(CDC)组织的"2010年国家亲密伴侣关系和性暴力调查(NISVS)",美国有1/5的女性和1/71的男性曾受到过强奸。另外,有1/2的女性和1/5的男性经历或遭受过其他形式的性暴力行为。根据2005年美国数据调查,70%的受害女生报告侵犯者是一个熟人、亲戚、朋友、同学、同事、约会的人、邻居、照顾者、家庭成员、丈夫和男朋友。许多受害者受到过恐吓和威

胁,不仅在身体上受到伤害,在心理上的恐惧感和无安全感也是非常严重的,甚至有受害者以自杀结束。施暴者的语言和行为包括:

> "没有人会相信你"。
> "别人会认为是你的错"。
> "你的家人会很生气的"。
> "如果你揭发我,你的家就毁了"。
> "你其实喜欢这样,是你勾引我的"。
> "我会伤害你的家人和宠物"。
> "你很脏,你是个坏女孩/坏男孩"。
> "我不会再爱你"。
> 行为:给你钱
> 行为:给你礼物
> 行为:关心你
> 行为:让你享受特权
> 行为:让你觉得自己漂亮
> 行为:让你觉得只有你能关爱和理解他/她

施暴者的所有这些语言和行为的目的就是一个:控制受害者的身体和思想,让受害者处在复杂的心理状态,保持沉默,保守秘密。在长期的恐惧绝望、自责悔恨、羞愧愤怒中,受害者会把自己慢慢带入深渊。

2. 创伤后应激障碍

最近的研究表明,用术语"强奸创伤综合症"并非是对强奸影响进行分类和理解的最好途径。心理学家们认为,我们应该承认强奸受害人正在经受"创伤后应激障碍"(PTSD)。什么是"创伤后应激障碍"? 它是由应激性事件或处境而引起的,包括自然灾害和人为灾害,如战争、严重事故、目睹他人惨死、身受酷刑、恐怖活动受害者、被强奸等。症状包括持久稳固地再现创伤事件(追忆、噩梦),回避与它相关的刺激(回避特定的场所或活动),过度唤醒(睡眠困难、注意力不集中、易怒)。如果有诱发因素存在,如人格异常或神经症病史,则降低对应激源的防御力或加重疾病过程。以下是一位强奸受害者的叙述:

> "他不仅强奸了我,还强奸和控制了我的思想。我经常回想当时的情景,不再相信任何人了,甚至包括我自己。我很痛苦,我心中充满着对这个世界的仇恨,我感到非常恐惧。我在任何地方都不能感到安全,除非是在森林中……我想去死。所有的美好记忆都化为乌有。我不再觉得什么东西是我害怕的或者觉得很特殊的。我远离了自己的童年、初中、高中、大学,还有我的同事。我觉得这可能和亲情有关……我从那么多的人身边走开,我觉得很悲哀。强奸使得我痛恨社会、宗教、政客,特别是商人。我沉沦、痛苦、孤独。这个社会是如此地自私自利和不公平……我觉得这个世界是一个奇怪的、扭曲的世界。大部分人是贪婪的、自私自利的垃圾。每当我看报纸,我都更加确信我的看法。我对自己也非常愤怒,我让强奸继续发生。这种对自己的愤怒掀起了一场思想里的战争。这场战争带走了我的自信和自尊。"

(1) 反复重现创伤性体验

强奸受害者或其他性侵犯受害者以各种形式重新体验创伤性事件,有驱之不去的闯入性回忆,梦中反复再现创伤情景。痛苦梦境,即对应激性事件重演的生动体验,反复出现创伤性梦境或噩梦反复重现创伤性体验。有时患者出现意识分离状态持续时间可从数秒到几天不等,称为闪回(flashback)。此时患者仿佛又完全身临创伤性事件发生时的情境,重新表现出事件发生时所伴发的各种情感。患者面临接触与创伤事件相关联或类似的事件情景或其他线索时,通常出现强烈的心理痛苦和生理反应,例如事件发生的周年纪念日、相近的天气及各种相似场景因素都可能促发患者的心理与生理反应。

(2) 持续性回避

在强奸事件后,患者对强奸创伤相关的刺激存在持续的回避。回避的对象包括具体的场景、与情境有关的想法、感受及话题,患者不愿提及有关事件,避免有关的交谈。在创伤性事件后的媒体访谈及涉及法律程序的取证过程往往给当事人带来极大的痛苦。对创伤性事件的某些重要方面失去记忆也被视为回避的表现之一,回避的同时还有"心理麻木"或"情感麻痹"的表现。患者在整体上给人以木讷淡然的感觉,自觉对任何事情都没有兴趣,对过去热衷的活动同样兴趣索然,感到与外界疏远隔离甚至格格不入。不与他人接触;对周围环境无任何反应;快感缺失;回避对既往创伤处境活动的回忆,害怕和避免想起遭受创伤的心情也较常见,似乎对什么都无动于衷,难以表达与感受各种细腻的情感,对未来心灰意冷、听天由命。严重时万念俱灰,以致发生消极念头有自杀企图。

（3）持续性焦虑和警觉水平增高

表现为自发性高度警觉状态,如难以入睡、也不安枕,易受惊吓做事无从专心等等,并常有自主神经症状如心慌气短等。

3. 性侵后期评估表

如果你不幸曾遭遇性侵犯包括强奸等事件,请在符合情况的症状后面打钩:

① 经常会想起强奸发生的情景	( )
② 做关于强奸者的噩梦	( )
③ 经常有闪回,感觉好像正在发生强奸事件	( )
④ 在看到、听到、闻到或者让你想到强奸者的时候,感到很伤心难过	( )
⑤ 回避那些让你能想起强奸事件的地点、活动和情况	( )
⑥ 回避思考那些与强奸者有关的想法和情绪	( )
⑦ 不能回忆起童年时的大片时光	( )
⑧ 与其他人远离	( )
⑨ 没有各种情绪	( )
⑩ 经常想自己不会活太久或者有个美好的未来	( )
⑪ 入睡困难	( )
⑫ 睡眠浅	( )
⑬ 不能集中注意力	( )
⑭ 很容易被激怒	( )
⑮ 对周围过度警觉	( )
⑯ 当别人不小心触碰身体时,会惊跳起来	( )

如果你有超过6～7个以上的打钩项目,也许你正在遭受性侵犯后创伤性应激障碍的折磨。请及时报告性侵犯事件,同时寻找当地的心理医生或

心理治疗师帮助。

4. 强奸的预防

（1）设置性的底线：你有说"no"的权利与自由，也就是说没有人能够强迫你用自己的身体去做你不愿意做的事。例如，如果你不想让人碰你，请立即坚定地表示"请不要碰我"；如果对方并没有尊重你的意愿，你有权离开。

（2）不要犹豫：犹豫迟疑在强奸的鉴定中是比较困难的。对方可能把你的犹豫当成"半推半就"的性交角色扮演模式。你需要越早坚定而又清晰地把自己的意图表达出来，这样对方越能理解并接收到你的信息。

（3）不要给予混合的肢体和语言信息：如果你的意思是"是"就是"是"，只有当你的意思是"不"的时候才说"不"。在肢体语言的表达上，也要保持信息的一致性。

（4）酒精的危害：酒精与药品会危及你做出负责任的决定能力。所以，要保证自己的头脑时刻清醒。

（5）不要顾及"礼貌"：不要为了礼貌避开一种情境或者一件不愉快的事，而丧失了逃离危险的机会。或者担心伤害对方的自尊心或者感情。如果情况失控，可以大声喊叫表示抗议，迅速离开并寻求他人帮助。

（6）相信你的直觉：女性的直觉是非常准确的。当你邀请某人到家里、他的宿舍、教室或者有人尾随你；当有人邀请你去他家里，他的寝室或者空无一人的教室时，你要非常非常小心并引起警觉。任何封闭的空间、"住所"和可以单独与他人相处的环境，都是最有可能发生强奸、性侵犯的地方。

（7）学习正当防卫术：有许多大学，女青年会和其他一些社会组织，都会为女性提供学习正当防卫术的课程。例如柔道、跆拳道和中国武术等。

5. 帮助强奸受害者

如果由于各种特殊原因，强奸还是不幸发生了。那么，怎样才能帮助强奸受害者？（海德和德拉马特，2011）

受 害 者 的 需 要	
1. 需要获取医疗帮助	及时去医院进行身体伤口处理。
2. 需要感觉安全	受害者经常会感到独处很困难。
3. 需要被人相信	需要让人相信事实上发生的是强奸事件，而不是普通的性交。

续　表

受害者的需要	
4. 需要知道这不是她的错	不要有罪恶感,自己受到伤害是他们的过错。
5. 需要主控她的生活	感觉对生活失去了控制权。
帮助者的责任	
1. 仔细倾听	不要给予任何判断,接受她对事实的任何看法并给予支持。
2. 提供庇护所	在她的住所呆在一起或者在你的住处度过至少一个晚上。
3. 随时提供帮助	保证在以后的几个月时间内随时提供帮助的可能。
4. 给予安慰	精心的呵护与关怀,不加指责
5. 鼓励行动	建议但不强迫她,打热线心理干预电话,去医院或者打电话给警察,或者找心理医生治疗。

三、关注性取向

性取向是指我们会被哪一性别的人所吸引并产生爱意,是通过一个人性欲和情感指向的对象来定义的。指向对象可以是同性的,也可以是异性的,还可以是双性的。性取向的成因,生物学的解释包括激素的不平衡性,胎儿期因素,大脑因素以及遗传因素等。不同的种族与文化对性取向都持有不同的观点。(海德和德拉马特,2011)

1. 同性恋

同性恋指性取向指向同性者。LGB 代表女同性恋(lesbian)、男同性恋(gay)和双性恋(bisexual)人群的缩写。同性恋者更喜欢用"gay"而不是"homosexual",后者强调的是生活中的性行为并带有贬义。同性恋的标签有着巨大的心理冲击力。在调查中,大多数同性恋者报告了稳定的恋爱关系。他们必须在依附、自主和平等三个方面找到一个平衡点。(海德和德拉马特,2011)

2. 同性恋心理健康

许多人相信,同性恋是一种心理疾病,同性之间的性行为是错误的。这一观念是以反同性恋的偏见为基础的,结果导致一些指向同性恋的"憎恨罪行"和"攻击"行为。我们知道,许多同性恋出柜是需要承受巨大心理压力并受到来自各方面的歧视的。美国著名的女喜剧演员埃伦(Ellen Degenerous)当年承认自己的同性倾向,遭到了电视台多年的雪藏打压。

在一些国家,青少年同性恋自杀已经成为日益严重的公共卫生问题。同性恋者容易受情绪影响,产生空虚绝望的想法,而且更容易受外界诱惑,例如毒品和过激行为。

第九章

家庭关系，距离能够产生"美"吗？

真实故事分享

唐人街一家餐厅的一角。餐厅人不多很安静，旁边座位上坐着一对母女。女孩很年轻很漂亮，长长浓密的淡褐色头发，挑染的几缕暗红的刘海。白色吊带衫衬托出良好的身材，紧身的牛仔裤上是几个时髦的破洞。女孩的脸精细化妆过，黑色眼线笔纹高高翘起在眼尾部，滑出一个黑色优雅的弧度，眼睫毛长长翘起。母亲的卷发有点凌乱，带着普通的金边眼镜，没有化妆。于是，一场母女间的奇异午餐对话传进我的耳朵：母亲说中文，女儿讲英文，中英文可以不通过翻译达到完美的"沟通"。

女儿：So Mom, how long will you stay here this time?（那么妈妈，您这次在这里呆多久？）

母亲：还有15天吧。我昨天已经把钱打到你的账号里，你不要忘记查一查。

女儿：I want to move out. My roommate, she is really a loner!（我想要搬出去。我的室友，真是一个孤独的怪人！）

母亲：但至少你们俩都说中文，可以一起去买菜做饭。女孩子嘛，马上可以成为朋友，而且一起住安全点。

女儿：Mom, I don't cook and I can't cook. She only talks to Chinese and want ONLY Chinese friends, like parties, barbecues, etc. Actually I am dating this guy, he is so cute …（妈妈，我不煮饭，也不会煮饭。我的室友总是交中国朋友；她与那些中国同学一起去聚

会啊,烧烤什么的……其实,我在与那个男生交往,他长得很帅。)

母亲:你才17岁,好像太早了。谈恋爱还是要等到二十几岁吧!万一有孩子咋办?而且那个男生是什么地方的人来着?

女儿:Ehh, He is local here ... My English improves a lot after we are together! Anyway, lots of my friends have tattoos. It is so cool! Can I have one, on the ankle?(呃,他是本地人。我们在一起后我的英语进步飞速!总之,我的朋友们都有纹身,太酷了!我也想去纹一个,在脚踝上如何?)

母亲:你为啥会喜欢纹身呢?我真搞不懂,纹身有什么特别?不行,绝对不行!你要为自己的将来负责。纹身的人都是流浪汉,没有工作与家的人,没有前途的人!

女儿:... Mom, you shall not tip like that, please don't count the coins. It is rude.(妈妈,你不能这样付小费,你不能数硬币,很不礼貌。)

母亲:为何不可以?我现在就算好小费给她,但不会给太多,她实在服务不到位。

女儿:Come on, those waiters live on tips! I used to work at that restaurant, Chinese don't tip very much ....(拜托,那些服务员工资很低,是靠小费赚钱的。我以前在那个餐馆打工,中国人同胞小费付太少,甚至不付……)

母亲:付什么小费!而且我早就告诉你不要去打工,浪费时间!我们家有能力,可以供养你读书。

女儿:But mom, this is one way to make more friends!(但是妈妈,这是交朋友的一种好方法!)

母亲:你不要再说了!我们让你出国是来读书的,不是为了来打工干体力活的!

女儿:This is part of the life here!(打工是我们生活的一部分!)

母亲:你才来一年,变化真大!我咋看你越来越不顺眼了!

母亲的声音提高了,语速加快,显得非常生气。女儿也不甘示弱。中文与英文的对质交流第一次做到了自然无缝的完美衔接,在没有翻

> 译的情况下,双方都做到了畅快表达自己意愿和想法。争吵越发激烈了……这样的一幕在国外任何一个角落都可能发生。也许,再过上两三年,母亲与女儿的思想与行为差异会更加剧一些,矛盾更尖锐些。双方都发现了对方的巨变:父母突然发现孩子变了,孩子觉得父母太难沟通了。在写这本书的准备岁月里,自己在国外奋斗的艰苦的岁月历历在目,然而我们那一代的艰苦与奋斗经历,又如何能够适用于90后与00后呢?就像一位朋友所说,鞋穿在你的脚上不合适,但你如何知道穿在我的脚上也不适合呢?到底有哪些基本原则是不变的?

一、父母之"爱"

教育家苏霍姆林斯基说过:"每个瞬间,你看到孩子也就看到了自己。你教育孩子,也是在教育自己,并检验自己的人格"。孩子没有权利可以选择父母与原生家庭。父母把自己的雄心寄托在孩子身上,而孩子却感到好累好累。

你的家庭是否有这样的情况:孩子慢慢长大,父母却感到渐行渐远。孩子在远离故土的地方生活学习,发现自己与父母的差距越来越大。孩子的内心深处藏着一个秘密:为了逃离与父母的矛盾和差距,才决心远走高飞。然而,不少留学生在回国之后才发现,父母是自己永远也逃离不了的家庭锁链。原来的矛盾与冲突都还在,并不会因为时间的推移而遗忘。在我的咨询室里,我目睹了无数的眼泪与深深的悲痛竟然都与自己的原生父母有关。尽管许多的病人已经步入中老年,事业有成家庭幸福。但是对于自己的父亲或母亲,却有深深的恐惧感或者隐藏在内心的愤怒。由于小时候受到的打击阴影太深,以至于无法忘记。有人说,时间是治愈一切的良药。而心理的创伤一旦形成,是很难治疗的。父母在有意和无意间造成的伤痛,却不能随着时间的流逝而治愈。时间,似乎在这里是定格成永恒。

不可否认,当代的父母是焦虑的一代。从电视剧《小别离》《虎妈猫爸》,到畅销书系列《如何把孩子送进名校》等,孩子们进哪个大学,似乎成了父母的第二次高考竞争。一位作者写道:"中国的家长进入了史无前例的焦虑状态。社会在进行剧烈的大变革。高速行进的列车,稍有不注意,一些人一些家庭就被社会扔进下一个阶层。大家拼着命,都想追上这辆马力超速前进的列车。"当父母把孩子送上飞机去留学的那一刻,似乎自己终于赶上了列车,自己的亲子工作已经能够被评级到高级职称:我对得起自己了。其中,有几种家长的教育模式,可能对留学的孩子造成一定的心理负担:

1. 权威式家长

权威式教育的方式就是家长以权威自居,认为自己的人生阅历够丰富,然后把自己的观点和看法强加在孩子身上。例如,留学的决定,选择的学校和专业,甚至寄宿的家庭等等,都是一手包办。其实,孩子已经长大,也需要有自己的决定空间。孩子在无数次被"包办"之后,会有比较无奈甚至失望绝望的感觉。这样的孩子,可能去了国外非常快乐,因为他们发现竟然获得了完全的自由。一种孩子,会切断与父母的交流沟通,或者"报喜不报忧",与父母的关系越来越远。还有一种孩子,即使去了国外留学也无法真正长大,任何事情都需要向父母汇报,害怕自己的决定错误。

2. 放任式家长

现代放任型的父母往往不承认自己的亲子放任行为,坚持认为自己给了孩子最好的教育。我们来看一看真实的情况:这样的家庭一般经济条件非常优越;孩子从小就与保姆住在一起,司机接送,家庭教师辅导,阿姨照顾生活起居;因为家里的条件好,对孩子的学习放任自由;认为钱可以解决几乎一切问题。对孩子的物质要求比较纵容,而相对的陪伴与精神鼓励比较少。这类孩子的内心有比较大的不安全感,从小对"家庭的爱"既渴望,又疏远。既需求,又憎恨。有的孩子竟然说:"妈妈?我几乎见不到这个女人。"让周围人感到既心寒又心痛。这类孩子到了国外留学,由于对"爱"的渴望和"缺失",会尝试用不同方法与别人建立互动关系或者寻求一种心理平衡。一种普遍的现象就是这类孩子会比较早熟,容易陷入早恋的关系中;同时,也会倾向于以金钱的方式来解决许多问题,例如炫富或者以金钱来获取友谊等。还有一些孩子学业上不思进取,采取不正当的手段去"买"文凭,甚至做出许多违反学校规定的行为,最后被校方开除。这都是家庭教育方式不正确带来的恶果。

3. 简单粗暴式家长

简单粗暴式沟通,就是在孩子犯错,考试成绩差,或者不听从家长命令的情况下,用辱骂、殴打和体罚的方式来对待孩子。有的家长表示:"不打不行啊!只有在打了以后,孩子成绩才能上去。"或者是"好好与她讲道理不听,偏要我采取一点厉害的手段。"这样的后果,也许在短时期内孩子的成绩的确会得到改善提高,或者也变的听话了。然而,长期下来,父母的行为会潜移默化地影响着孩子与他人的沟通表达方式,如果孩子也模仿采用这种简单粗暴的行为,是非常严重的。有一些父母的婚姻感情发生了危机,两人在孩子面前激烈争吵,语言过激,或者大打出手,把对方打伤。孩子看在眼里,充满了恐惧,紧张与不安。这种焦虑,会一直保留在记忆中。

4. 优秀危机式家长

我们从字面来理解,就是因为家长本身的优秀而带来的危机。这种危机,包括给自身带来的心理危机,例如中年危机;以及这种教育模式带给下一代的心理危机。为什么会因为优秀而产生危机呢?

这样的父母,一般在小时候有"大队长、中队长"的光环;或者被称为"学霸";"老师们每天表扬的学生"和"邻居家的好孩子"。因为父母自身比较优秀,也很努力,会产生相应的优越感,同时会将这种优越感变成一种使命感。当周围的环境顺应"优秀",一切都很顺利的话都还好。然而,当周围的环境不太"优秀"时,就会产生挫败感与焦虑感,并在亲子关系中体现出来。例如,母亲自己是审计主管,对数字非常敏感,就对女儿数学成绩不好非常痛苦,无法接受。或者爸爸是学霸,认为儿子的叛逆不愿读书,就是一种对自己的嘲笑与耻辱。还有,因为父母自己从小是第一第二名,就要孩子每次考班级前几名。但孩子似乎挑战了父母所有引以为傲的"好学生品质",并且变本加厉,在学校经常闹事,被告状,父母就觉得很失望很气愤很没面子。可能的后果就是:做不成好孩子,我就做个坏孩子吧!有这样的家庭教育模式,孩子出国留学的危险系数就会大大增加。"坏孩子"脱离了父母的管束,可以自由地做一些"坏事"了。这个情况,不得不引起优秀家长的高度重视。

二、家庭关系评估

1. 父母关系自我评估表

先评估一下自己与父母的关系是否属于以下几种情况(是/否)：
① 你总是感觉很难与父母沟通，或者根本无法与他们交流。（　）
② 你的父母很少直接谈论或者表达自己对你的爱。（　）
③ 你的父母经常抱怨周围的环境，其他的人或者事情。（　）
④ 你的父母对你的限制和控制太多，你感觉没有自由。（　）
⑤ 你的父母经常吵架，让你感觉很压抑想要逃离这个家。（　）
⑥ 你的父母很少相互或者对你说"对不起"。（　）
⑦ 你的父母曾经或者经常对你进行体罚或者家暴。（　）
⑧ 你的父母很少尊重你的个人意见，常常为你做决定。（　）
⑨ 在家里，你经常感到没有安全感。（　）

如果你的回答有超过6~7个"是"，那么你的家庭可能存在比较严重的冲突需要及时解决和干预。

2. 亲子关系自测表(家长版，请用是或者否来回答每题)

① 你尊重孩子和尊重他/她的自我需要。（　）
② 你了解熟悉自己教育孩子采用的理念和模式。（　）
③ 你的教育重点在管理自我上，而不是孩子。（　）
④ 你给孩子积极的关注和正确的指导。（　）
⑤ 你给孩子自我发展与成长的机会。（　）
⑥ 你建立和推行一些简单统一的规章制度。（　）
⑦ 你建立并维护和谐统一的奖惩制度。（　）
⑧ 你鼓励孩子自己去学习并体验事情的后果。（　）
⑨ 你言行一致。（　）
⑩ 你行动多于承诺。（　）
⑪ 你经常反省自己与孩子。（　）
⑫ 你享受做一个父亲或者母亲。（　）

如果你的回答有超过9个"是"，那么你的亲子关系可能存在比较严重的冲突需要及时解决和干预。

三、特殊家庭的有效沟通

特殊的家庭是指单亲家庭、离异家庭、父母双亡或者由老一代人抚养孩子长大的家庭。这些孩子,需要进行特别的家庭关系心理治疗。人的基本需要为"爱"。由于家庭特殊的原因,这些孩子会有比其他孩子更多的不安全感和爱的缺失感。在国外这个特殊的环境下,这些爱的缺失可能会加剧放大。

1. 爱的丧失期

爱的丧失期,一般为一至两年时间。孩子在这个时期,往往不愿意承认爸爸妈妈不在一起或者永远离开的这个事实,属于否认状态。对于突然失去父母亲人的孩子,这是个非常艰难的时期。建议进行专业的心理疏导。

2. 否认期

否认期的孩子,可能不愿意相信父母已经分离的事实。他们用自己的方式向父母表示:希望你们能够还是在一起。一些父母为了孩子,可能妥协或者拖延。把一段已经破裂的婚姻维持下去。而许多父母为了逃避面对孩子的质问,会采取许多迂回方式:例如隐瞒自己的另一段恋情,另一段婚姻甚至另一个孩子的诞生,避免与孩子见面,对孩子撒谎等。而这些建立在"谎言"基础上的行为是非常不利于亲子关系的维持和发展的,双方的"信任"度已经在这个阶段而破裂。

3. 对抗期

离异的父母,需要安抚好孩子在这个时期表现出的悲伤与愤怒情绪,甚至对抗叛逆的行为。如果处理欠妥当,是比较危险的。有的孩子会断然拒绝父母寻找另一半,或者对"继父""继母"及对爸爸与新妈妈生的"弟弟妹妹"保持极大的敌意。这时候,强行要求孩子接受可能不是太好的解决方法。因为经历了爱的丧失期,孩子对于自己本来享有的"父亲""母亲"权力的失去,存在着比较大的悲伤愤怒与无力感。这个时候突然出现的新"爸爸""妈妈",打破了以前的家庭布局,是对以前爱的丧失的一种残酷确认:"我自己的爸爸妈妈不可能在一起了"或者"有人来取代我的爸爸妈妈"地位或者说"他们有自己的孩子,这个新的弟弟妹妹。他们不要我了,我是多余的"。要理解孩子在这时候表现出的愤怒与对抗,本身就是一种需要关爱与帮助的信号。

4. 调整期

经历了否认期和对抗期以后,进入了调整期。这是个重要的时期,是家庭关系恢复亲密或者进入恶化的重要转折阶段。父母需要花费一点时间与精力与孩子在一起,可以分成以下几个阶段:

① 对孩子说抱歉,对不起。可是爸爸妈妈由于＿＿＿＿＿＿＿＿原因,不适合在一起生活了。对你造成了伤害,我很难过但这似乎不能改变了,希望你原谅我。

② 仔细询问孩子现在的感受与情绪。愿意倾听,不评判。

③ 对孩子表达"我们非常爱你!你是我们爱的结晶。虽然爸爸妈妈不在一起了,但我们会永远爱你"。

④ 告诉孩子原来的父母是不可取代的,是任何人不能取代的。

⑤ 让孩子意识到家庭结构发生变化了,可能不能再回到过去。

⑥ 建议孩子不必勉强接受新的爸爸或者妈妈。大家互相保持一点私密的空间。

四、儿童保护法

在西方发达国家,都拥有比较完善的儿童保护法案。保护儿童的法例就是,12岁以下的孩子任何时候必须有成年人陪护。换句话说,他们不可以自己上街,不可以自己呆在家里,不可以自己上学去。每个人必须严格遵守这一条。然而,很多中国家庭不重视或抱侥幸心理。一旦被发现就会导致警察的介入。各国华人界每年都会发生一两次这类事。有时,洋人邻居,特别爱管"这类闲事"。她们认为这样做对孩子不公平,孩子太受委屈,就会马上打电话报警。

另外,许多国家都有法律规定,严禁父母体罚孩子。如果父母在公共场所打孩子一巴掌,可就闯大祸了,旁人看到可以立刻报警;在学校,孩子身上有伤可向老师反映,老师有权力立刻报警。警察来了先把小孩领走,送到一个叫"儿童保护协会"(Social Service)的组织,父母就无权再见他了。然后警察又把涉嫌的家长抓起来,而此家长必须通过保释才能离开。但遗憾的是这样冲动的行为造成严重的后果:你无法见到孩子,孩子被送到寄养父母(foster parents)家里。一直要等到法庭裁决后才有可能。也有情况是,经过调查,孩子被破例提前还给家长,而家长被判罚款,但档案上留下一个刑事犯罪记录。

儿童或青少年家庭危机情况包括:
- ✓ 正遭受虐待和被忽视的痛苦中
- ✓ 有自杀想法或者企图自杀
- ✓ 自残
- ✓ 有精神健康问题
- ✓ 有较复杂的行为或者情绪问题
- ✓ 进食困难
- ✓ 对他人的危险性(恐吓、肢体、性方面或者情绪上的暴力)
- ✓ 有反社会危险性行为,包括滥用毒品或者酗酒
- ✓ 家庭暴力
- ✓ 父母精神健康问题
- ✓ 父母酗酒或者滥用毒品
- ✓ 由于疾病、死亡、离婚分居、人际关系、沟通障碍或其他焦虑因素造成的家庭困扰
- ✓ 父母亲子问题的矛盾或者分歧,以至于不能给他们的孩子提供各种形式的必要支持

五、如何改善原生家庭关系?

> **心理辅导故事案例分享**
>
> 今天的团体辅导在一个小学进行,主题为心理情景剧,参加编剧表演的是7~10岁的孩子们。主题是"孩子考了个数学70分,回家发生了什么事?该如何处理?"于是孩子们一起现场编演了一场人生狗

> 血剧：胖胖身躯的那个是智慧的博士妈妈，回家后拿着考卷继续演算题目，爱因斯坦再生逻辑力超级，严厉批评小个子儿子，骂他怎么这么笨呐，是自己的儿子吗？……儿子顶嘴：我们班好多人都错了这道题，还有那同桌小毛才考了65分。妈妈气得捶胸顿足，不得了，这熊孩子，还敢与我顶嘴呢！大声拍桌子。这时瘦瘦的理工男学霸爸爸冲了过来，妈妈一顿告状，然后夫妻齐力断金，两人气愤地抽打儿子屁股。儿子吓得嗷嗷大哭。就在此时，在厨房忙碌的外婆喊叫着冲入房间，瘦弱的外公颤颤巍巍拄着拐杖也加入战斗行列。
>
> 心理辅导老师当场提问："你们这是爸爸妈妈外公外婆四人混打一个小孩？"学生回答："No！外公外婆是来保护孙子的，容不得任何人欺负我们家的宝宝！"
>
> 剧情继续：然后妈妈严肃地把外公外婆拉到一边，对他们说："我们在教育孩子，您不要插手！"外婆说："你现在翅膀长硬啦，小时候我们也没有这么打过你！"外公怒目圆睁，哑了一声，抢起拐杖朝自己的女儿身上砸去。女儿应手右勾拳，开始反击……哭喊声乱作一团。然后呢？没有然后了！剧终，孩子们谢幕。
>
> 老师提醒他们："表演中的解决方案呢？"
>
> 孩子们回答，"老师，这个是典型的家庭问题，本来就没有解决方案"。

1. 家庭冲突

心理情景剧本身的参与就足够了，思考的过程最重要，生活没有标准答案。从这个角色扮演中可以看到现代家庭中激烈矛盾的冰山一角。从古至今，所有的家庭冲突往往不能避免。由于当代孩子在中国家庭的牢固第一地位，由孩子而起的冲突往往是家庭冲突的主要起因。根据我在临床上的咨询个案，我们来分析一下并可以归纳总结以下几点：

① 孩子目前的"心理问题"（除了遗传、器质性病变等原因），可以暂时终止成人家庭成员的实际矛盾。

② 孩子的问题，转移了家庭内部大人的实际矛盾

③ 父母亲不愿意面对并解决他们自己的真正冲突。

④ 孩子的问题投射出父母自己的问题。

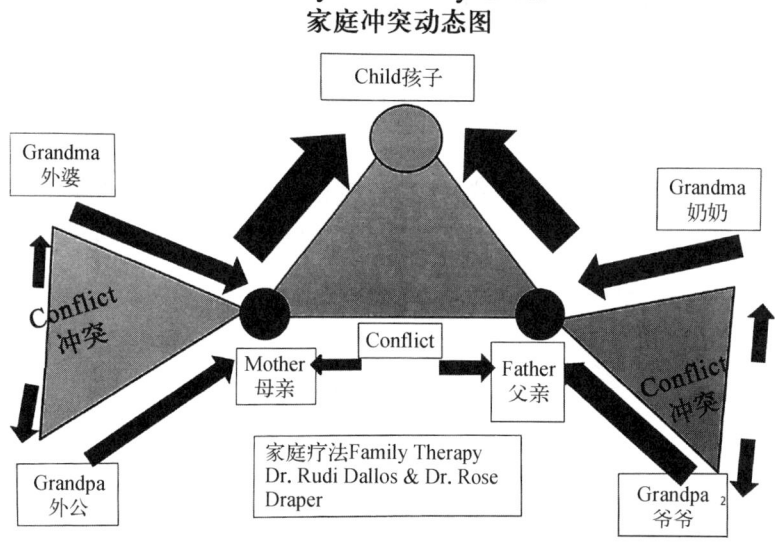

**Family Conflict Dynamics
家庭冲突动态图**

家庭疗法 Family Therapy
Dr. Rudi Dallos & Dr. Rose Draper

林家羽创作画

2. 家庭沟通步骤

家庭关系的修复需要家庭每个成员积极投入才能完成。如果发现自己从小对家庭的认可度不高，建议在出国前进行一些家庭关系的心理辅导以促进关系的改善。可以分成以下几个部分：

（1）促进相互了解

在咨询中发现，许多家庭成员其实相互并不十分了解。可以通过一些有趣的测试题目，来进行互动。

（2）换位思考

换位思考的方式，也是一种"共情"的方式。

（3）情绪的认知与正确表达

家庭往往是情绪最真实表露的场所。

（4）爱的语言

爱的语言是什么？我要推荐一本书，是由美国的盖瑞-查普曼博士写的《儿童爱之语》。他从爱这个角度出发，表述了家庭是爱的花园，用爱的语言来进行亲子教育，效果要远胜于批评与体罚。

（5）求同存异

请每个家庭成员认真回答以下问题，并分享讨论：

① 我认为家庭中最重要的是什么？_____。

② 如果可以许愿，我希望我们家中可以拥有更多的_____？请阐述理由。

③ 我认为我们的家庭需要_____。请阐述理由。

④ 我一点也不认为（某个事情、某个活动、某个特点、某个特性）对于我们家来说非常重要。

⑤ 我认为我们家不需要_____。请阐述原因。

⑥ 我最喜爱家里的_____家庭成员。请阐述原因。

⑦ 我认为_____使我感到难过。

⑧ 让我高兴的事情是_____。

⑨ 我总是担忧家里_____。

⑩ 我可以用_____（至少 7 个形容词）来形容我的家庭。

⑪ 我们家最棒的几个特点是_____。

修复与父母的关系是一项艰难的工程。由于童年的痛苦经历，许多人一辈子也没有完成。在实际生活中，有的人选择逃避，有的人选择远离。时间是否是最有效的治疗方法呢？答案未必如此。儿时的苦痛记忆很难根除，也许最有效的方法可以从完成父母（未完成的）愿望开始入手，而改变你的环境是一个切实有效的方法。也就是说，"距离的确可以产生美感"。

3. 家庭理念的统一

在诸多的育儿理念方面，没有哪一种被证明是永恒的真理。它是因人而异，因材施教。而如何评判孩子是否成功，需要一辈子的时间去论证。我还是最推崇纪伯伦在《先知》中写的关于"孩子"这一段。它的观念，似乎跳出了我们大众的常规育儿思维，能够带领我们以更远的高度来看待孩子的教育问题。以下是中英文对照版：

On Children 孩子（Kahlil Gibran 纪伯伦）

Your children are not your children.

They are the sons and daughters of Life's longing for itself.

They come through you but not from you,
And though they are with you yet they belong not to you.

你的儿女，其实不是你的儿女
他们是生命对于自身渴望而诞生的孩子
他们借助你来到这世界，却非因你而来
他们在你身旁，却并不属于你

You may give them your love but not your thoughts,
For they have their own thoughts.
You may house their bodies but not their souls,
For their souls dwell in the house of tomorrow,
which you cannot visit, not even in your dreams.
You may strive to be like them,
but seek not to make them like you.
For life goes not backward nor tarries with yesterday.

你可以给予他们的是你的爱
却不是你的想法
因为他们有自己的思想
你可以庇护的是他们的身体，却不是他们的灵魂
因为他们的灵魂属于明天，属于你做梦也无法到达的明天
你可以拼尽全力，变得像他们一样
却不要让他们变得和你一样
因为生命不会后退，也不在过去停留

You are the bows from which your children
as living arrows are sent forth.
The archer sees the mark upon the path of the infinite,
and He bends you with His might
that His arrows may go swift and far.

Let your bending in the archer's hand be for gladness;

For even as He loves the arrow that flies,

so He loves also the bow that is stable.

你是弓,儿女是从你那里射出的箭

弓箭手望着未来之路上的箭靶

他用尽力气将你拉开,使他的箭射得又快又远

怀着快乐的心情,在弓箭手的手中弯曲吧

因为他爱一路飞翔的箭,也爱无比稳定的弓

第十章

如何适应文化冲突？

文化冲突的问题，似乎可以涵盖出国后所有问题的总和。在尝试解决这个棘手问题之前，我们还是先来阅读一个有趣的童话故事吧：

从前有一只狮子叫拉夫卡迪奥，与其他狮子们一起快乐地住在森林里。有一天，一群追捕狮子的猎人打破了狮群平静快乐的生活。其他狮子全都逃了，只有好奇的拉夫卡迪奥留了下来，在生与死的较量中它吃掉了猎人并带走了他的猎枪。从此它狂爱上了射击，每天勤学苦练终于成了森林中猎人闻风丧胆的神枪手。后来，有个能说会道的马戏团老板说服拉夫卡迪奥一起进城表演，因为老板承诺它可以吃到美味的果汁软糖呀。于是这只神枪手狮子走进人类世界里，成为一个举世闻名的巨星！它还学会了许多人类高尚活动：游泳、潜水、画画健身、溜冰、保龄球、高尔夫与网球，又会唱歌、弹吉他、跳拉丁舞。它四处旅游，时装光鲜，被采访写自传，变得越来越像人了，生活似乎很美满应有尽有。别人觉得它又幸福，又有钱，又有名，只要想得到的，它全都得到了。时间慢慢过去了，可是拉夫卡迪奥发现内心却很不快乐，它厌倦了这一切！于是，它与其他猎人一起去非洲猎捕狮子消遣。在那里，它遇到了童年的狮子伙伴，记起了自己还是只狮子！于是它面对着痛苦的抉择，猎人们要求它杀死狮子回城里上高级宴会，舞厅跳舞喝牛奶。而其他狮子邀请它回森林去，在太阳下睡觉游泳生吃野兔子。拉夫卡迪奥发现，它已经不再是一只百分之百的狮子，但也不是一个百分之百的人！该咋办？当你不想做一个猎人，又不想做一只狮子的时候，该怎么办？可怜的拉夫卡迪奥说："我不想开枪打狮子，

> 我当然也不要吃猎人。我不想留在这森林里生吃兔子,我当然也不要回到城市里去喝牛奶。我不想追求自己的尾巴,我也不要打桥牌,我想我不属于猎人的世界,我想我也不属于狮子的世界。我想我不属于任何一个世界"。最后它终于无法抉择,决定独自一个人去流浪,过自己的生活。拉夫卡迪奥想,自己的愿望就是每天能吃到果汁软糖,就是这么简单……

这个故事来自一个著名的绘本故事,名字为《一只会开枪的狮子》(Lafcadio, the Lion Who Shot Back),作者是美国著名作家、诗人、插画家、作曲家、歌手,享誉世界的艺术天才谢尔-西尔弗斯坦。故事写于1963年,但每次阅读似乎都对我们这个时代仍有着深刻的寓意。故事中的拉夫卡迪奥代表谁呢?也许就是你,或者我,还有无数个受到东西文化冲击的人群,当然也包括所有的留学生们。似乎我们大多数人的奋斗拼搏,起起落落,得失尔虞,在这个童话故事里,灰飞烟灭,消逝如风。想起钱钟书先生的一句话也不知是否适宜,"……无意中包含对人生的讽刺和感伤,深于一切语言,一切啼笑。"

我们再来读一段我的原创小说节选,看看对于这一现象的描写:

> 如果是移民在国外生下的第二代,便可称为"本地人"了。出生地对于我们每一个人的影响力非常之大,它是一个孩子来到这个陌生世界的第一个连接地。在护照上也标注着明明白白:姓名,出生日期,出生地,就好像一只小猪必须被打下一个记录的钢印。即使这个孩子长大以后可能搬去任何一个国家或者城市,但他的出生地是一个必须询问无数次的问题。虽然从表面上并没有看出来这与许多事件与决策的关联度究竟有多少。无论如何,只要询问了出生地与姓名,那么就可以大致猜出这个人的家庭背景情况了。
>
> 就中国移民的第二代来说,不管他们的父母来自中国的哪一个角落,所有人的亚洲相貌特征相似,对于西人来讲还是比较难以区分的。这就是"痛苦"的所在原因吧,他们似乎都极力需要同第一代移民或者留学生区分开彼此"差别"。也许是无意识的行为,他们在反复强调一

点:"我与你们不同,我是在这里出生的"。如果你的观察力稍微强一些,可以在街上比较容易区分出"香蕉人类",或称为 ABC(Amecian Born Chinese)或者 CBC(Canadian Born Chinese)。他们的头发一律都是短一族,"黑色"是大忌,反正红、黄、蓝、绿、橙,应有尽有,常可见到他们用牢牢的发胶把每根头发固定,即使是再大的强风也不能吹倒。男孩身上喷着古龙香水,味道很好闻。他们的身材不一定高大但肯定比较壮实,喜欢穿紧身的弹力衣服来显示健身房中练出的八大块肌肉组群。谁说男孩不能化妆?他们的洁肤裸妆程序也不简单呢。衣着光鲜,穿着破洞的牛仔裤,脚蹬潮鞋。更时时有西方美女在旁,勾手搭肩。但男孩之间是绝对不会在大庭广众之下牵手的,除非已经出柜。而女孩们的化妆都很精致,还是长发披肩,亚洲式的眼睛还是不大,但眼线笔描得粗粗长长的,尾部带着弧形。长发女生仍然占多数;不知道什么牌子的洗发水远远闻上去好香好想亲近。女孩们的牙齿洁白又整齐,唇膏涂的红红的;非常喜欢笑,一笑就露出甜甜的酒窝;有着发育良好的身材,尤其是胸部,显示出生活的优越性以及是喝牛奶长大的,自豪地显露在各种吊带衫里面。她们崇尚健康的小麦色,苍白的肤色不是能够炫耀的资本。在美丽裸露的肩膀或者脚踝上,印着令人怦然心动的纹身。有时候是一只蝴蝶,一个特殊的符号;有时候是一副抽象画,亲人的名字,甚至是几个有哲学意义的中文字。她们喜欢结伴去商场购物买一些潮牌,在拥挤的街边坐在阳光下喝咖啡聊天。当然不管男女,他们的英语讲的飞快全是一流的,没有一点中文的口音。如果你想与他们中文交流,也许会遭到白眼。因为他们从小就没有学过中文,因为太难了!他们在外貌上与中国人一样,但其实思维方式,教育和沟通模式,已经非常西化。这类孩子,被称为第三类文化孩子(third culure kids)。

一、什么是第三类文化?

第三类文化孩子是那些非本地出生,但是有着双重文化背景的移民第二代。一位著名的心理学家鲁思·万·雷肯(Ruth Van Reken)解释道:"他们在成长的岁月中不是在其父母本国文化中度过的。第三类文化孩子虽然在成长过程中渗透了其他文化的元素,但他们的归属感仍旧依赖于其他相同文化背景的人际关系中。"即使在移民家庭中,要灌输中文的教育也是有一定困难的。由于中文语言的学习和英语有很大的不同,不少孩子拒绝学习中文。如果不把出生地作为第三类文化孩子划分的标准,那么近十年来自中国的低龄留学生完全符合了这种第三类文化状态。他们在青春期早期(十二三岁左右)离开了自己的祖国,来到西方世界学习和居住。他们的价值观、道德观、人生观在重要的青春期受到其他文化的强烈冲击和侵入。有一些能够融入所谓的主流社会,而更多的是自己同肤色族裔的人们在一起。

文化冲击是生活在一种新的文化环境中所出现的压力,它是适应或习惯新饮食、新语言、新习俗和新的人事物的一个正常过程。文化冲击会影响你的想法、情绪和健康。例如,你可能感到烦躁、忧伤或愤慨,或者你可能感到不能相信任何人,不自在或很想家。你还可能出现头痛、腹痛,并且容易感到疲倦。很多新移民和留学生都会经历到文化冲击,这是很难避免的,不过有办法应付。首先,你要认识到你正在经历文化冲击,要知道这没有什么羞愧可言。这只不过是你对周围陌生事物的一种正常反应。

二、文化休克

1. 文化休克定义

第三类文化孩子遇到的第一个问题就是文化休克(Culture Shock)。"休克"本来是指人体重要功能的丧失,如身体失血过多,呼吸循环功能衰竭等。更形象的解释,也来自对植物休克状态的生物学研究:当植物被移植后,一开始往往萎靡不振,直到在新的土壤中完全扎根后,才会慢慢恢复活力。1954年,人类学家奥伯格(Oberg)先生首次使用了文化休克的概念。当一个长期生活于自己母国文化的人突然来到另一种完全相异的新的文化环境中时,其在一段时间内常常会出现这种"文化休克"的现象。文化休克,是当人们突然移居到新异的环境中产生的一种暂时的社会性隔离、焦虑、抑郁的心理状态。人们往往感到迷失、疑惑、排斥甚至恐惧的感觉。因为与过去的社会关系网络分隔开来,环境变化,还有健康、物质条件、日常出行等差异,使人感到焦虑、抑郁情绪体验的变化都有明显的时间性与条件性。另外,这些情绪与人格、自身价值观也有关系,特别是过分追求完美,害怕失败或好寻求赞许,把自己的愉快认为来自外界等特点的人,最容易引起心理冲突。文化休克现象在新移民和留学生中普遍存在。有一些人,在比较短的时间内克服了文化休克问题,而更多的人,则持续 5 年甚至 10 年以上时间,被困在文化休克的一个恶性循环之中。

2. 心理表现

(1) 焦虑感：这种焦虑感来自竭力做出文化休克的调整而产生的紧张情绪、不安和恐惧。

(2) 厌恶感：对异国文化和语言学习遇到的困难与挫折产生厌恶感。

(3) 丧失感：离开自己的祖国,离开熟悉的城市、亲人与朋友,以及社会关系,包括自己的社会地位、职业和生活。这一切,是一种对所有权、价值观的丧失感。

(4) 自我迷茫：对于自我定位、自我角色产生迷茫的心理,不知道自己是谁。

(5) 复杂的情绪：对于文化上的差异感到惊讶、厌恶和愤怒。因为其他文化的"优越感"而有受排斥,被鄙视的感觉。

3. 文化休克阶段

文化休克大体经历 4 个阶段：蜜月阶段、文化休克阶段、文化调整阶段和适应阶段。文化休克的过程,实际上是我们每个人经历自身改变的过程。有的人调整时间较短,尤其在性格发育的青春期,比较容易适应接受不同的文化内容。而有的人,就难以融入或者接受异国文化的改变。就像古代的哲学家所言,你不可能两次踏入同一条河。世界是灵动而变化的,我们每天周围时刻在发生着变化。如何让我们耐心学习每一种文化,保留自身的文化底蕴,才能在不变中应万变,成为一个世界的人。

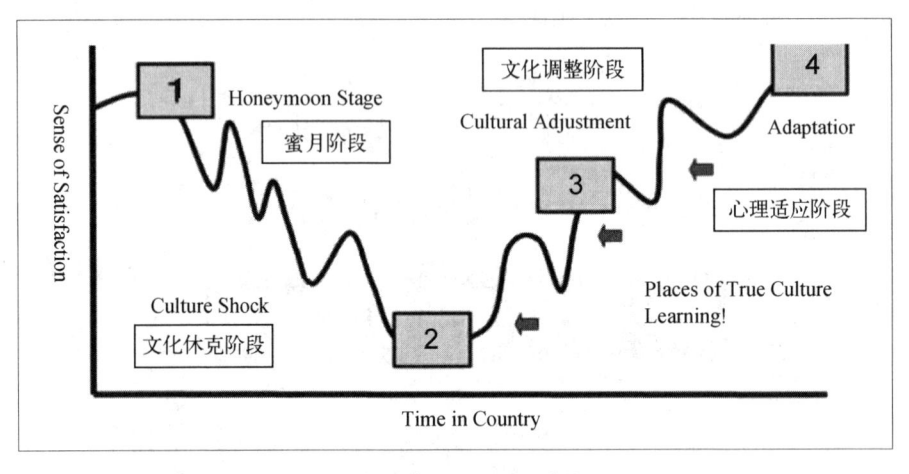

* Adapted from "Maximizing Study Abroad", University of Minnesota.

三、适应性心理问题

1. 适应性心理休克

适应性心理休克(Transition Shock)是某人由于环境发生突然变化而造成心理上的丧失感和失落感。临床上的症状表现为:

- 洁癖
- 无助感
- 逃避
- 易怒与愤怒感
- 情绪不稳定
- 发呆
- 思念亲友

- 压力反应
- 想家
- 无聊感
- 固执于某事
- 自杀和自残想法
- 嗜睡
- 过度饮食、酗酒或者体重增加
- 居住国家的民族特点
- 居住国家对于某个国家的敌意

2. 适应性心理问题

（1）临床特征

适应性心理障碍（Adjustment Disorder）是移民和留学人群中常见的一种心理障碍，有时也被称为"情景性抑郁"。一般是因环境改变、职务变迁或生活中某些不愉快的事件，加上患者的不良个性，而出现的一些情绪反应及生理功能障碍，并导致学习、工作、生活及交际能力的减退。一般是在环境改变（如移民、留学）、地位改变（新工作岗位）、突发事件（患病、离婚、丧偶）等情况下，个体不能适应新的情况而出现的心理障碍，表现以情绪障碍为主，也可伴行为障碍或生理功能障碍。常常伴有焦虑、抑郁、过度担忧、注意力分散和易怒等特点。

（2）持续时间

一般适应期：6个月至12个月；适应困难：12个月至18个月；适应障碍：18个月以上。

- 睡眠困难
- 情绪持续低落不振
- 心慌焦虑，压力大
- 食欲不振或暴饮暴食
- 成瘾（网络、购物、饮酒过度、性行为等）
- 有强迫行为
- 有精神或行为异常举动

儿童

退化现象，如尿床、幼稚言语或吸拇指等形式。

青少年

品行障碍多见。表现为侵犯他人的权利或违反社会道德规范的行为，如逃学、斗殴、破坏公物、说谎、欺凌、滥用药物、酗酒、吸毒、离家出走、过早开始性行为或者性伙伴及次数频繁。

成人

以情绪障碍多见。多见于抑郁者，表现情绪低落、沮丧、失望、对一切失去兴趣，也有以紧张不安、心烦意乱、心悸、呼吸不畅等为主。

- 以躯体不适为突出表现的适应障碍：患者可以疼痛（头、腰背或其他部位）、胃肠道症状（恶心、呕吐、便秘、腹泻）或其他不适为突出，而检查又未发现躯体有特定的疾病，症状持续不超过半年。
- 以工作、学习能力下降为突出的适应障碍：患者原来工作学习能力良好，但出现学习和工作能力下降，学习困难，厌学严重等。
- 以社会退缩为主的适应障碍：患者以社会性退缩为主，如不愿参加社交活动、不愿上学或上班、常闭门在家，但不伴抑郁或焦虑。

四、适应性心理治疗

1. 避免过度适应

为了适应而盲目适应。异国的文化与风俗习惯，不应该生搬硬套，强迫自己模仿"当地人"的打扮服饰、身体语言、生活方式等方面。以免东施效颦。

2. 平衡文化适应

不同文化有自己的特点，也能够与其他文化融合。要有这样的基本认知：没有哪一种文化高于另一种文化。一般来说，有悠久历史的文化经得起时间的考验和历练，显示出其强大的生命力，是值得我们后代去传承和尊重的。

3. 变化适应性

由于在中国所处的社会地位、财富资源、人脉关系与西方定居的国家不同，因此接受两地变化的适应性就显得特别重要。尤其对于男士来讲，从一个中产或富裕的阶层改变去做一个中产以下甚至是工薪阶层的心理适应性是非常难的。

五、向"种族歧视"宣战

许多留学生建议我,一定要谈谈如何应对种族歧视(Racism)问题。他们在国外严重感受到了对中国人的种族歧视,这也体现了这个问题的普遍性与严重性。虽说随着时代的进步文明与文化的交流使得不同种族之间的了解更深入,联系更紧密,但是这些对我们亚洲人的刻板印象和偏见由始至终都存在着。即使像 ABC"林来疯"林书豪从进了哈佛再到 NBA 才短短几年,还不是三天两头面临着评论员使用种族歧视字眼、幸运饼干广告事件、球迷嘘他"Chink"这样的事件。对于我们中国人而言,可能遇到的偏见原因也是多种多样的。就作者在加拿大生活的经历而言,种族歧视是肯定存在的,而且基本上可以被分为两大类:**显性和隐性歧视**。显性歧视主要指直接的言语上的侮辱、明显的不平等不公正对待甚至严重的还有肢体上的暴力行为等,而隐性歧视则偏向于没有直接言语或肢体上的辱骂但是有潜在的不平等待遇等。显性歧视在教育水平不高的白人或其他族裔和十几岁的未成年人身上发生的概率较高(不排除受过高等教育的上述人士也会有类似的行为)。

有一句听上去有点心酸的自嘲语是:"只有到了外国才真正爱国"。当留学生在国外,听到看到他人对中国人带有种族歧视的语言时,内心可能会涌起一种要保护捍卫"祖国妈妈"尊严荣誉的情绪。有不少留学生是这么说的:"与发达国家相比,中国的确还有许多不尽如人意的地方需要改善。但她是我的妈妈,所有中国人都是我的亲人,是兄弟姐妹。当我听到外来的片面与指责时,一种想要保护自己妈妈般由衷的爱国热情便会油然而生!"

例如在美国,"种族歧视"(Racism)的指控非常严重。我们没有必要一开始就以最阴暗的心理来揣测周围的同学,而应该首先尝试正确的沟通——人们因误解而伤害,而对于绝大部分的美国人来说,这种误解是文化差异和刻板印象造成的。当然,种族歧视事件屡见不鲜,而且对华裔的歧视事件日益严重,发生在世界各个角落。留学生应该如何来认识并应对种族歧视呢?

1. 歧视语言(slurring words)

那么,哪一些才可称为歧视语言呢?在中国学习的英语课本中不会出

现此类知识。在美剧《生活大爆炸》中有一集,莱纳德和谢耳朵的妈妈专门讨论过英文中常见歧视亚裔、华人的歧视语言用词。例如:

- Chink:原意是"裂缝",用来形容狭长的细缝,指中国人眼睛细长,后指代中国人。也有人说谐音清朝,意指"中国佬",含贬低和蔑视的意味。这个字派生出来的"chinki"、"chinky"和"chinkie"都是一个意思。有种族歧视的极端分子会叫嚣:"Get out, Chink! Go back to your country!"(滚吧,中国佬!滚回你的国家!)
- Chinaman:"中国佬"还算是客气的一个译法,稍微准确一点应该是"支那鬼子"。这跟使用"Nigger"辱骂黑人完全是一个等级,种族歧视意味非常强。
- Ping-Pong:对中国人的蔑称,指中国人只擅长打乒乓一项运动。
- Letterbox:宽银幕,形容东亚人单眼皮眼睛小。
- Mongoloid:先天痴呆,蒙古人种的。
- Slant:倾斜,斜视,用"丹凤眼"来嘲笑华人。
- Yellow:特指中国人或者东方人,表示华人很胆小。
- Gook:根据《牛津字典》给出的解释,"gook"作为名词用来指代外国人,尤其是东南亚裔,有明确的冒犯意味。
- Ching Chong:多数严肃的大词典没有收录它,更接地气的流行语网站"城市词典"(Urban Dictionary)给出的解释是:傲慢的非亚裔人士认为亚裔都会说的唯一的词。与中国的语言发音相似,例如广东话。在美国被认为是一个百分百的种族歧视词语。
- Oriental:这个词出现在奥巴马总统 2016 年签署的一项法案中,规定在联邦政府文件中禁止出现"东方人"等含有种族歧视色彩的词语。有学者认为如果把亚裔定义为"东方"遥远的、外来的地方,就拉开了亚裔同美国主流社会的距离,有冒犯色彩。

2. 积极应对方法

(1) 调整心态

每个人的言行基于他的家庭和教育背景。要想改变是很困难的。不要强求周围所有人都能理解接纳中国。

(2) 打破沉默

中国人普遍比较容忍,"多一事不如少一事"。在种族歧视这个问题上,不能习惯性沉默,这个世界上有无数种方法打破误解与隔阂,但沉默绝不是其中的一种。如果你被误解了或是遭受了什么不公平对待,就要敢于发声,但要学会审时度势懂得适度,当处于明显弱势的情景下要有自我保护意识。如果有人用侮辱性语言来挑衅,你可以直言:"I know the words you just said. This is totally racism".(我知道你在说什么,那完全是种族歧视)。当你直接说出种族歧视的指责时,对方可能会立即意识到自己刚才的言语失态。

(3) 多交朋友

拒绝给自己设限,积极地结交新朋友,学会和人们沟通交流。留学生最大的忌讳就是故步自封地把自己限制在固定的圈子里,和几个"同病相怜"的小伙伴自怨自艾地抱团取暖;要勇敢地走出去,找到那些好奇的、富有热情的小伙伴,听听他们的意见和经验,也许你会有新的感悟和收获。

(4) 主动友善

放下矜持,学会采取主动权。你要清楚,自己现在是生活在陌生的新鲜国度,新的环境和人不会主动来接近你、了解你,更没有义务照顾你的情绪,帮助你在他们的土地上生存。所以你需要采取主动权,不依赖任何人,做到独立且包容,乐观且强大。记住,你身边有很多资源,比如互联网、书籍、校园国际生办公室,当然还有同学、朋友、老师,问题是你是否足够积极主动?

(5) 融入当地文化

学习当地的传统节日和习俗。例如美国,是个宗教色彩很浓的国家,因此美国人对节日、传统习俗看得很重。所以作为留学生,为了更好地融入当地生活更需要多留意这些重要的节日,以免自己因为不了解闹了笑话,这种现象很容易被解读为"对文化的不尊重"。

(6) 冲突解决法

对于隐性的歧视,我们可以先尝试多沟通来化解,但对于明明白白的歧视语言和行为,我们的态度就应该很坚决,大胆、大声地说出来,直接质问对方"Are you talking about my skin color? Are you a racist?"(你在质疑我的肤色?你是种族歧视者吗?)通常这一顶大帽子扣下来,对方就已经怂了,你可以继续要求他/她道歉。但是,如果遇到极端的种族主义者,尤其是成群出现,对你有言语甚至行动攻击,作为自我保护,第一时间应保持冷静,如对方仍紧追不舍,不要犹豫立即报警。如果是遇到政府部门、学校、企业的工作人员歧视你,完全可以投诉,并要求留下书面的记录,让对方给你答复,向你道歉。

(7) 华人社区

最近几年,华人在政治中积极投入,建立了保卫华人权利的社区。当发生特殊情况时,华人社区的帮助是非常大的。请积极参与周边华人社区的活动,组织学校的中国学生成为影响世界的中坚力量。

3. 法律保护

最有用的武器始终也是法律。根据《加拿大人权法案》规定:"人人有权免受种族歧视和骚扰。任何人不能因为您的种族或其他相关原因(如血统、肤色、原籍、族裔、公民身份或信仰),给予您差别待遇"。法案承认加拿大国内每个人的尊严和价值,适用于学校、就业、住房、设施服务、合约以及工会、行业或职业协会的会员资格等领域。除此之外,《罪案条例》(the Criminal Code)中有明确关于禁止仇恨攻击任何身份明确的社团的规定。在任何时候,只要你觉得受到冒犯,受到人身攻击,要记得告诉他们这是违法的。一旦起诉,就算大企业也会因种族歧视受到严厉的经济惩罚。

在校园遇到歧视事件,不要惊慌不要害怕,一定要搜集证据,并寻求留学生办公室(International Student Office)的帮助。这么做一方面可以维护自己的权力,一方面让那些有种族主义萌芽的学生得到教训,避免他们在进入社会后变本加厉。寻求校内的一些平权社团或是中国学生会的帮助,让更多人为自己发声,也是一个好办法。

如果在职场遭遇种族歧视了,可选择的合法处理渠道就更多了,在加拿大,因为你同时被《人权法》(Human Rights Code)和《劳工赔偿法》(Workers' Compensation Act)所保护着。在多数省份,你可以在事件发生六个月之内先保留一份对事件的书面记录,并将你的遭遇告诉一些值得信赖的朋友或家人。然后向人权审裁处(Human Rights Tribunal)投诉,届时人证物证俱在,你的胜算会大增。如果对这一程序存有疑惑,也可以寻求些非盈利组织的指导,例如人权联盟(Human Rights Coalition)、省人权服务处(Human Rights Clinic)、人权委员会(Human Rights Commission)等机构。

第十一章

如何战胜情绪困扰？

心理咨询诊室故事分享

正是那年寒冬的夜晚。窗外正下着大雨,可以听到风的呜咽声,并使劲地摇着已经光秃秃的银杏树枝干。曾经美丽挺拔的大树,孤独地站在漆黑的夜里。我看了一下时钟,搓了搓冻得发冷的双手,坐在电脑前。

铃声准时响起,屏幕中跳出来一个大男孩瘦瘦的脸和一头脏乱的头发。"老师,您好……"

麦克斯(化名)的父母通过朋友介绍希望我能够帮忙,由于麦克斯正身处欧洲某个小城市,那里找不到会讲中文的心理咨询师和心理医生。孩子的情况比较紧急,我俩只能通过电脑视频对话。隔着屏幕,麦克斯的黑眼圈很深显得特别疲劳,电脑旁的烟灰缸里都是烟头。而镜头中的房间也显得非常凌乱,床边散落着不少脏衣服。

"我最近情绪非常不好,已经好几天睡不着觉了……我经常躺在床上发呆,然后只能睡几个小时,做噩梦,从梦里醒来后,就睡不着了……"我问他还有什么其他症状,他想了一想说,"已经持续快一年了,白天精神很差,注意力不能集中,没有兴趣做任何事情。心跳很快,手心出汗。开始留学生活不习惯,然后英语不好学习跟不上……""我觉得生活没有意义,常常想哭又哭不出来,只能借酒消愁,情绪很低落"。

留学生涯中,其实发生以上现象的还是比较普遍的。学生需要战胜的,是自己每天的情绪波动。身处异乡,每天的情绪波动是非常大的。如何战胜克服自己的情绪困扰呢？

一、提高自我意识

自我意识是我们对自身在周围世界的反应，是所有意识中最重要的部分。"我"是谁？"我"能做什么？"我"有什么价值？都是自我意识的核心部分。对自我形象的肯定是自我意识的核心部分。

1. 自我评估表

从 1～10，自评以下的每一条。0 代表完全不同，10 代表完全正确。

自 我 描 述	评 分
1. 我是个有价值的人。	
2. 我与他人一样是有价值的人。	
3. 我有许多优秀品质，可以快乐地生活下去。	
4. 当我看到镜子中的自己，有一种愉悦的感觉。	
5. 我不认为自己是个失败者。	
6. 我能够自嘲。	
7. 我很高兴我就是我。	
8. 无论他人如何看我，我很喜欢我自己。	
9. 无论发生任何事，我都喜爱并且支持我自己。	
10. 作为一个完整的发展个体，我对我自己很满意。	
11. 我尊重我自己。	
12. 我就是我，不想成为任何其他人。	
	总分：

为自我意识打分：

0   100

自我意识缺失   自我意识完整

2. 自尊感的基本元素

✓ 身份感："我是谁？""我的主要特点是什么？"

✓ 感恩：对于生活中发生的一切表达感谢之心。

✓ 接受：接受自身的优点与缺点。接受自己的不完美。认识到如果改变自己的行为，我将对自己感到满意。

✓ 自信度：对自己的能力感到有信心。"我能完成！"(I can do it!)自信的人对自己说,我能够达成所有的目标——只要给予充足的时间、练习、经验、资源。我也许不会马上成功,但一定能行。

✓ 健康的自豪感:对于自己做出的成绩感到满意,有成就感。

✓ 谦逊:谦逊是一种品德,是对自我意识不断成长的一种动力。只有保持了谦逊的品质,才有动力一直去尝试,去努力,去做更好的自我。

3. 如何提高自我意识?

(1) 自我形象

你可能对自己的外貌不太满意,但重要的是,你需要改变自己的思维模式。以下的观念可以帮助你走出对于"外表"的固定思维。

✓ 其他人对外貌的重视度可能没有你的重视度高。

✓ 你的外貌在出生前大体已经确定了,因此,要接受事实。

✓ 超重意味着你可能吃得太多而运动偏少——没有其他含义。

✓ 别人可能因为你的外貌而产生偏见。你知道这些偏见不正确,并相信,偏见一定会随着他人对你的了解加深而逐渐改变。

✓ 美貌只是吸引人的一个部分;而性格、价值观、智慧、幽默和个人的行为是吸引人的真正原因。

✓ 研究表明,平凡外貌甚至比较丑陋的人更能获得成功和幸福感。许多颜值高的人并不幸福。

✓ 你有比美貌和肌肉更重要的品质可以来帮助他人并服务于这个世界。如果你相信你自己。

✓ 你的幸福感建立在自己的态度和自己的抉择上,不是你的外表。

✓ 长相平凡只是让你随从大流。大多数人都是这样的。

(2) 改变思维模式

关于自我意识的负面想法	自我意识的积极健康的想法
我总是做得不够	我已经有不少技能和特长
我毫无价值	我是个宝贵的人才
我都是缺点	我有长处,也有短处
我不够好	我有许多优秀品质
我是个失败者	我是个凡人,可能成功也会经历失败
我是个残疾人	我在某些方面有缺陷,但我不是个残疾人
我真蠢	我有时会做蠢事,但这不意味着我是个蠢人

续　表

关于自我意识的负面想法	自我意识的积极健康的想法
没人爱我	人们都爱我，我值得被爱
我真可怜	我有许多能力
我没有用	我能够做许多有用的事
我真坏	我有好的一面，也有坏的一面
我真令人讨厌	我是可以被接受的
我真卑微，别人都比我好	我与他人一样都有价值
我真是疯了	虽然有时我会做些疯狂的事，但我不是个疯子

二、战胜焦虑

1. 焦虑是什么？

焦虑这个词常用来描述由于生活情况突然变化例如考试面试或者体检报告时，人体产生的紧张或恐惧的情绪。虽然它是一种普通常见的现象，但往往是我们体验到的最令人烦恼的负面情绪。尤其在异国他乡感到孤独寂寞时，在考试之前，在复杂的交往关系中，焦虑经常袭来。但它可能被描绘成许多不同的词语来表达。请圈出以下你现在拥有的一种或几种描绘词语。

Stress 压力	Edginess 易怒	Apprehension 恐惧	The shakes 寒颤
Worry 担心	Jumpiness 紧张感	Nervousness 紧张	Freaking out 崩溃
Fear 恐惧	Butterflies（因紧张）肚腹不适或恶心的感觉	Uneasiness 局促感	Angst 畏惧感
Panic 惊恐	Disquiet 不安忧虑	Agitation 焦虑不安	

2. 焦虑的认知

在过去的两周内，你是否存在以下一些问题？	没有(0)	几天(1)	一天中有一半时间(2)	几乎每天(3)
感觉紧张，焦虑				
无法控制自己的担心情绪				
总是为不同的事情过度担忧				

续 表

在过去的两周内,你是否存在以下一些问题?	没有(0)	几天(1)	一天中有一半时间(2)	几乎每天(3)
无法放松				
非常焦躁,坐立不安				
容易被激怒,很烦				
总是害怕有坏事发生				
总　　分				

如果你勾选了以上项目,想一想在完成工作学习,在家里,或者与别人交往时候的困难程度。

一点也不困难　　　　　　　　　　　　　　　　（　）

有一点困难　　　　　　　　　　　　　　　　　（　）

非常困难　　　　　　　　　　　　　　　　　　（　）

特别困难　　　　　　　　　　　　　　　　　　（　）

来源：Spitzer RL, KroenkeK, Williams JBM, Lowe B. A brief measure for assessing generalized anxiety disorder.

焦虑温度表(0~10度。0度表示一点也不焦虑,10度表示很焦虑)

学校考试		在他人面前表演	
认识新朋友		邀请别人约会	
与父母电话或是视频交谈		特别的课	
担心未来		运动技能	
与其他同龄人交谈		暴力或战争	
父母的婚姻状况		金钱	
自己的外貌		他人是否喜欢你	
成绩单		兄弟姐妹关系	
家庭		自己的身体体型	
性欲		安全	
课堂表达		作业	
宗教		疾病	

3.克服焦虑练习：

画一画：

请自由选择不同颜色的水笔或蜡笔,画出人体各个感到焦虑的部分。

132 留学本无忧

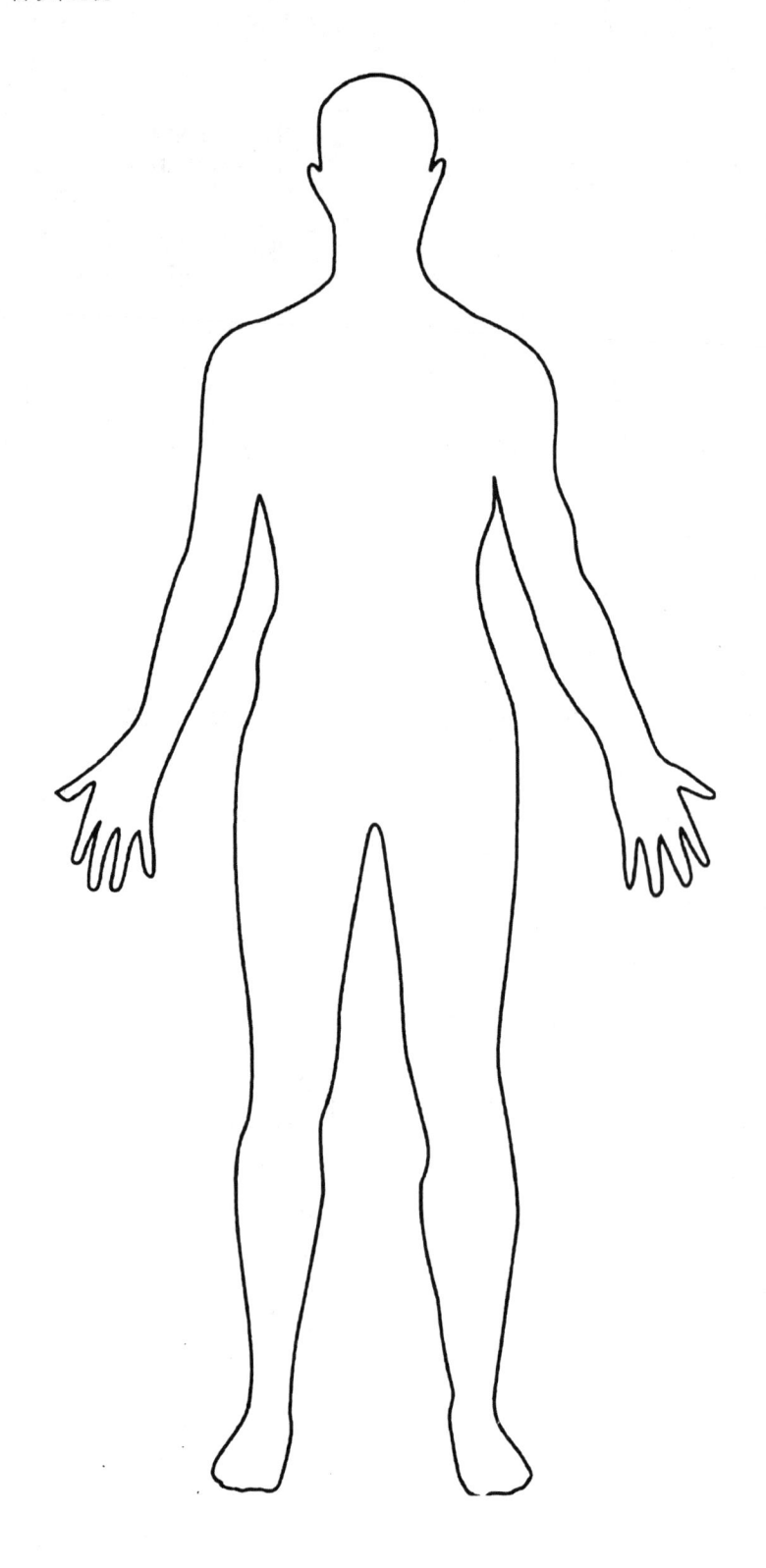

4. 焦虑清单自查表

请圈出在最近一周内,最符合自己情况的每个症状。

	一点也不	有时候	经　常	一直是
1. 感到紧张	0	1	2	3
2. 担心	0	1	2	3
3. 发抖、颤抖或抽搐	0	1	2	3
4. 肌肉紧张、肌肉疼痛、发酸	0	1	2	3
5. 烦躁不安	0	1	2	3
6. 感到疲劳	0	1	2	3
7. 呼吸困难	0	1	2	3
8. 心跳加速	0	1	2	3
9. 冒冷汗	0	1	2	3
10. 口干	0	1	2	3
11. 头晕	0	1	2	3
12. 恶心、腹泻或胃痛	0	1	2	3
13. 有尿意	0	1	2	3
14. 脸潮红	0	1	2	3
15. 吞咽困难或喉部堵塞感	0	1	2	3
16. 感到非常焦躁或者易怒	0	1	2	3
17. 易被惊吓	0	1	2	3
18. 注意力集中困难	0	1	2	3
19. 入睡困难	0	1	2	3
20. 易怒	0	1	2	3
21. 避免去某些场所	0	1	2	3
22. 有危险感	0	1	2	3
23. 无法处理感	0	1	2	3
24. 担心有可怕的事情发生	0	1	2	3
总　　分				

三、孤独是一种病吗？

1. 孤独是什么？

首先，让我们来读一读几位留学生亲身体验并描述的"孤独"：

"我能想到最孤独的时候应该就是过年吧。还记得刚过去不久的这个春节，家里人在大年三十晚上都团聚在爷爷奶奶家里，妈妈举着手机给我挨个看看熟悉的一张张脸，看看今年的年夜饭伙食怎么样的时候，我突然很想哭。朋友圈里都是国内的朋友和家人一起吃年夜饭的照片，而我却不能陪在家里人身边，不能吃丰盛的饭菜，不能唠日常的嗑。"S-ECHS@新泽西

"记得那年四月普林斯（Prince）去世，美国同学心痛不已，我却没有共鸣。我甚至在2016年之前，从来没有听说过普林斯。跟美国同学聊天的时候，无论来了多久，总是有那么几个瞬间，不明白他们在笑什么，争论的时候插不上嘴。回国之后，和朋友们出去玩的时候，也会因为突然之间蹦出来的英文单词，而被朋友打趣到，说：'出国留学的人果然和我们这些在普通高中准备高考的人的不同。'只是这么一句简单的话，却让我感到十分委屈。因为他们不知道的是我们内心混乱争斗的努力和勇气。"Tiffany-YHS@华盛顿特区

"来到美国以后，我却越来越不适应孤独。在美国就读的学校很小，很小——下课铃一响，近百人要通过一条狭窄的走廊。更糟糕的是，有人在开过道两边的储物柜（locker），或者倚在上面聊天，让本来就拥挤的走廊水泄不通。我拿着书，小心翼翼地说着"借过（Excuse me）"试图能快点赶到在校园另一边的历史课课室。当我焦急地挤着，他们仍在大声地聊天，笑着，成群结队地走着；我只好低头盯着手上的书，毕竟这些书是我唯一的陪伴。他们的生活是有色彩的。而我的生活是一片灰色，因为孤独。"xsr-BBBA@圣迭哥

孤独感是一种特殊而重要的情绪状态，它是内心产生的强烈空虚感和被隔离感。它与周围是否有人在似乎关系却又并不大。根据调查，孤独感往往发生在人口密度大的城市中：在这些看似极度繁华的城市中，人们却感到深深的孤独，被切断被隔离。而搬到一个陌生的环境中，由于亲人的远离，朋友的缺失，生活的变化，饮食的不习惯，学习的压力等等，孤独感的爆发率是非常高的。所以对留学生们来说，要战胜的最常见的心理挑战就是：孤独。

2. 孤独的危害性

孤独往往不会与疾病直接联系起来,却会是身体的隐性杀手,高血压、失眠、免疫力下降、风湿关节炎等。由于孤独感会带来例如自卑感,自我价值感低,孤独感对身体的危害是巨大的。例如日本社会,由于经济的长期低迷不振,孤独的不只老人,日本年轻人孤独死案例日增。根据东京都市政府福祉保健局统计,市中心23个行政区里,2015年就有238名二三十岁的青年经发现死时无人闻问。这项数据近3年维持在250人左右。这些孤独死的青年中,八成为男性。

预防孤独死最常见的做法,在更加关爱自己,更注意自己的健康之外,需要努力与家人、朋友和邻居保持经常往来与联络。独协大学教授结城康博指出,年轻人孤独死的原因之一在飞特族("freeters",追寻人生目的的自由派,代表的就是一种自由的工作方式,他们往往只是在需要钱的时候去挣钱,从事一些弹性很大的短期工作,或者是自己开一家个性的小店,总之,避免"朝九晚五"的拘束生活)增多。自由的代价是,他们只能做合同工临时工,所以归属感比较低,雇主往往也不在意他们的出勤。结城教授所著的《孤独死的真相》一书指出:家中独子独女长大成人的数目愈来愈多,他们习惯自己一人,拙于沟通,所以愈来愈多年轻人想传达自己感受或找人帮忙时,感到非常困难。但是由于人际关系的疏远,他们不愿意也无法寻求必要的资源和人员的帮助。他们的孤独死亡,其实是死在了被自己囚困的牢笼里。

3. 孤独与抑郁

孤独感与抑郁是一对好"朋友"。有人说,抑郁会带来孤独感;而又有人说,孤独才是元凶,会造成抑郁。无论哪一种说法,孤独与抑郁是紧密相连的。孤独感是一种主观的感觉,如果某个人说他/她感到孤独,那么他/她内心的确是孤独的。虽然抑郁症不一定都会造成孤独感,而感到孤独却是导致抑郁的一个前期情绪信号和早期情绪反应。需要引起高度重视。当你的孩子表现出孤僻的行为时,父母与老师们需要引起警惕,这常常是他们患上抑郁症的一个标志。

4. 如何摆脱孤独感?

孤独感,也许代表着人类最深的恐惧。可是,孤独总是如影随形,孤独是一种很主观的感觉。一个人的时候会感到孤独,与许多人在一起也会感到孤独。成功了会感到孤独,失败了更会感到孤独。该如何解决这个难题呢？在这种情况下，你可以找寻专业的心理帮助来摆脱孤独感；或者尝试以下几种方法走出孤独的阴影：

（1）积极自我对话 Self-talk

鼓励自己完成一项有难度的任务	"只要我肯花时间，就一定能完成"
使用幽默	"我应该把现在的心情写下来，也许未来等我成功了，可以用作励志的素材"
面对周围人的失望，表达希望	"没什么，我将会找到一个好朋友，保持耐心"
在艰难的形势下保持自信	"我也许现在觉得自己成绩很差，但我擅长打篮球"
暂时离开一个困境的必要性	"我现在感觉非常不佳。让我想想其他可以做的事情"

（2）与兴趣为友

都说兴趣是最好的老师。为了自己喜欢的事情，我们也许可以忘记了时间。在专注于你的兴趣时，你会非常享受孤独的感觉。有一位著名的法国教育家说过，教育的主要目的就是要教会孩子如何面对未来漫长的"孤独感"。是这样吗？当年阅读到此的时候比较质疑，但现在回想起来却领悟到其中的含义。也许就是这样，许多的技能都是孤独的兴趣，例如弹琴、游泳、长跑、画画等，甚至编织、木工也是孤独的项目。

在国外孤身一人的情况下，学习压力重生活没有亲人的照顾，孤独总会如影随形。你是爱它，还是讨厌它？你是否为了摆脱孤独去结交一些所谓的"朋友"？你也许是一个非常安静内向的人，并不喜欢"融入"所谓的主流人群，不适应去酒吧、派对聚会，那么你该怎么办呢？也许，最直接的方法，就是不要勉强自己去做一些讨厌的事情，而可以把时间花费在你的兴趣爱好上。也许，在尘世里独处才是一种真正的修行。

（3）养成每日读书的习惯

杨绛先生是我一直非常敬佩的女性。

关于读书，杨先生写道："年轻的时候以为不读书不足以了解人生，直到后来才发现如果不了解人生，是读不懂书的。读书的意义大概就是用生活所感去读书，用读书所得去生活吧。"杨先生还尖锐地指出不少人的问题："你的问题是读书不多，而想得太多"。杨先生在她的先生钱钟书先生与女儿圆圆去世以后,忍受着孤独一人的痛苦,又坚强地生活了几十年,并出版了几部非常优秀的作品。她在《我们仨》中,深刻描述了对丈夫与女儿的思念,让人不禁唏嘘,同时也感受到了一位伟大女性的坚强。

(4) 走出去

有人调侃说,国外的生活就是"好山好水好无聊":晚上商店早早就关门了,生活总是平淡得像一杯白开水。一点刺激的因子来转移注意力是个不错的方法。无论是逛街,逛博物馆,听音乐会,还是几个好友坐在一起喝茶吃饭八卦,都可以迅速转移你对孤独的沉溺度,改善情绪。

四、情绪中的行为

你的情绪时刻左右你的行为。当你发现自己的情绪有困扰的时候,认知你的情绪是一种有效的方法。以下的表格可以进行一次自测。

1. 认知情绪

为了学习理解并提高自己的情绪,首先要认识自己经历的不同情绪体验。很多的心情难以用语言来形容。例如你可能会感到非常疲劳,并不了解自己可能是由于抑郁的缘故;你可能感到时刻紧张,而并不了解自己眼中的焦虑症状。以下的情绪形容词可以帮助你更好地了解认知自己的情绪。

情绪形容词列表

抑郁(depressed)	焦虑的(anxious)	生气(angry)	内疚(guilty)	羞愧(ashamed)
悲伤(sad)	尴尬的(embarrassed)	兴奋(excited)	受惊吓的(frightened)	被激怒(irritated)
不安全(insecure)	自豪(proud)	令人发疯(mad)	惊恐的(panic)	有挫败感的(frustrated)
紧张的(nervous)	憎恶的(disgusted)	被伤害的(hurt)	快乐的(cheerful)	失望的(disappointed)
被(强烈)激怒的(enraged)	恐惧的(scared)	高兴(happy)	有爱心的(loving)	受辱的(humiliated)
悲痛(grief)	热切的(eager)	害怕担心的(afraid)	满足的(content)	感激的(grateful)

2. 情绪自评表

请运用以下提示的情绪形容词来自评,0 是完全没有此类情绪,20 为有一些,50 是中度,70~80 为许多,100 是最强烈的这种情绪;情况描述可以注重时间地点人物事件。注意同一个特殊的场景情况描述可能会有综合复杂的几种情绪产生。

情 绪 自 评 表

情 绪	0	10	20	30	40	50	60	70	80	90	100	情况描述
抑郁的(depressed)												
悲伤(sad)												
不安全(insecure)												
紧张的(nervous)												
被(强烈)激怒的(enraged)												
悲痛(grief)												
焦虑的(anxious)												
尴尬的(embarrassed)												
自豪(proud)												
憎恶的(disgusted)												
恐惧的(scared)												
热切的(eager)												
生气(angry)												
兴奋(excited)												
令人发疯(mad)												

续 表

情　　绪	情　绪　自　评　表											
	0	10	20	30	40	50	60	70	80	90	100	情况描述
被伤害的 (hurt)												
高兴(happy)												
害怕担心的 (afraid)												
内疚(guilty)												
受惊吓的 (frightened)												
惊恐的(panic)												
快乐的 (cheerful)												
有爱心(loving)												
满足的 (content)												
羞愧 (ashamed)												
被激怒 (irritated)												
有挫败感的 (frustrated)												
失望的 (disappointed)												
受辱的 (humiliated)												
感激的 (grateful)												

3. 健康与有害情绪行为表

健康与有害情绪的行为趋向对比表			
不健康的情绪	行为趋向	健康的情绪	行为趋向
愤怒/狂怒	大喊大叫,有暴力攻击性,出口伤人,把人打到;坚持自己的正确性	愤怒感	用肯定但有礼貌的态度来表达你自己。不采用暴力或者粗口。愿意考虑对方的感受或观点。
焦虑	躲避威胁,寻求安全感	担忧感	正视威胁。寻找合理程度的安全感
抑郁	封闭自我,逃避社会交往活动和其他有意义的活动;孤立自我	悲伤感	在悲伤期和反思期过后,重新与他人连接。参加自己喜欢和有意义的活动
尖酸的嫉妒	因为自身的缺乏,破坏他人的快乐感幸福感;说话尖酸刻薄;假装不在乎他人拥有的	良性羡慕感	努力去争取别人拥有自己想要的东西。允许他人享受拥有的快乐感而且不破坏他人的好心情。承认自己想拥有别人的所有。
内疚	哀求被原谅并逃避面对那个你伤害过的人。过多自责	懊悔感	请求被伤害者的原谅并且能够面对他们。为自己的过错承担相应量的责任
受伤	竭力提示对方他们的错误,希望别人跨出第一步	失望感	说出你的感受。给予他人解释和道歉的机会。愿意首先做出改善的行为
猜忌	监视或跟踪他人,多疑,设置考验	良性猜忌感	诚实和直接的提问。开放式思维模式
羞耻感	不愿面对他人的目光。躲避逃避	后悔感	保持眼睛的注视。把头抬起来并保持与他人的联系

提示:你可以用任何自己的形容词或表达方式来描绘自己的真实情绪。重要的是你需要区分开自己内心的区域:表达的健康情绪行为与不健康情绪的对比用词。

4. 冷静工具箱

当你的情绪感到焦虑、愤怒、失控的状态,可以制作并使用冷静工具箱进行自我调节。你可以去购买一个自己喜欢的箱子,并在房间某个容易打开的角落准备好这个冷静工具箱。

冷静工具箱中的物品		
说明：这些物品，可能帮助焦虑的你平静下来		
厚重的毛毯	软软的圈枕	加热过的围脖
背心	压力球	粘土
瑜伽垫	手机音乐库	某人的照片
一本书	一幅画	画画
一杯热巧克力	名人名言	毛巾

想一想，你的冷静工具箱里有什么？

我的冷静工具箱物件		

5. 情绪温度计

认知自身的情绪是进行情绪控制的重要手段。

情绪感受	测评(0~10) 0为最低，10为最高	应 对 方 法
愤怒		（例如：隔离自己，独自休息一会儿） 我的方法：
沮丧		（例如：喝点水，使用我的冷静工具箱） 我的方法：
激动		（例如，离开激动场景，呼吸新鲜空气） 我的方法：
焦虑		（例如，使用我的冷静工具箱） 我的方法：
孤独感		（例如，出去走一走，深呼吸） 我的方法：
绝望		（例如，深呼吸，使用我的冷静工具箱） 我的方法：
高兴		（例如，微笑或者大笑）

五、治疗痛苦

1. 身体与情绪痛苦

"我的头像裂开了一般""自从我的腿骨折后,一直感到隐隐的痛""我的颈部完全不能动弹了,连转头都有困难""因为太痛了,我整夜睡不着"……听上去熟悉吗?当我们在描述自己的痛苦症状时,例如慢性痛或者突发的痛。有一点是肯定的:痛苦的感觉是独一无二的,因为它是如此的"主观":但这是你的真实感觉。

如何来向他人描述你的身体痛苦?

当你的痛苦无法解决,需要得到医生的帮助时,你需要清晰地表达描述你的主观的痛苦感觉。以下是一些专业的痛苦描绘词语:

> 跳动式的(Pulsing),悸动的(throbbing),重击的(pounding),射击的(shooting),刺痛的(prickling),针刺的(stabbing),切割的(lancing),电的(electric),锋利的(sharp),紧缩的(pinching),叮咬的(gnawing),夹的(cramping),压的(crushing),拉的(tugging),扭的(wrenching),热的(hot),筋疲力尽的(killing),眩晕的(blinding),紧张的(intense),难以忍受的(unbearable),弥散性的(spreading),辐射的(radiating),撕裂的(tearing)

> 麻的(Tingling),痒的(itching),剧烈疼痛的(smarting),蜇刺的(stinging),隐痛的(dull),溃疡的(sore),心痛的(aching),难以消化的(heavy),触痛的(tender),紧绷的(taut),疲劳的(tiring),疲惫的(exhausting),恶心的(sickening),窒息的(suffocating),可怕的(frightful),恼人的(annoying),苦恼的(troublesome),僵硬的(tight),僵硬的(rigid),麻的(numbing),牵引的(drawing),挤压的(squeezing),冷的(cold),水气的(icy),疼痛难以摆脱的(nagging)

2. 痛苦的情绪反应

当你的身体处在疾病的痛苦中,你的情绪痛苦也许更为强烈。而情绪上的痛苦更为复杂,难以辨别和表述清楚。请你评估并描述以下情绪:

— 你是否感觉焦虑?(是/否)

— 你是否感觉悲伤?(是/否)

— 你是否感觉孤独?(是/否)

— 你是否担心自己的情况变糟?(是/否)

第十一章　如何战胜情绪困扰？　143

请根据以下的表述来选择(是/否)：

— 我担心痛会再来，这让我感到难过(是/否)

— 当我感到剧烈的痛时，我会突然感觉身体失控。(是/否)

— 当我在极度的身体痛苦中，我的情绪在"痛苦的愤怒"中来回转换。(是/否)

— 我发现在身体之痛剧烈时，我感到极度抑郁；同时抑郁会加重痛苦的感觉。(是/否)

— 朋友们建议我去找寻解决痛苦的方法，但去找心理医生的想法让我感到无助。(是/否)

— 因为痛苦，我感到非常疲劳也无法集中注意力。我无法完成力所能及的事情。(是/否)

— 因为我的感觉很差没有兴趣出门，我必须临时取消计划。(是/否)

— 当我的痛加剧的时候，我的家人能够忍受我的情况。但我害怕他们把我当成一个负担。(是/否)

— 对于我的家人和朋友来说，谈论我的情绪状况会让我觉得是怜悯。(是/否)

— 我努力理清思路，这样我可以让朋友和家人了解他们对我的重要性。(是/否)

— 我活在当下并尽力不让过去的问题来阻挡我享受生活的愿望。我知道把旧事从脑中释放并不会改变它们成为更好。(是/否)

— 我知道我是可爱的。我不需要为了取悦他人，得到他人的接受与爱，而付出特别的行动。(是/否)

— 我知道我的爱人、父母、孩子、老板、朋友不对我的痛苦直接负责。(是/否)

— 我不因为自己的痛苦感觉而去横加指责我的爱人、父母、孩子、老板或者朋友。(是/否)

— 如果我参加痛苦管理的诊疗或者技术，我希望我亲近的人与我一同参加。(是/否)

— 如果有亲近的人能够理解我的痛苦体验，这会让我感觉好一些。(是/否)

— 我是一个完美主义者，我总是给自己许多压力。我要努力接受自己

的缺点并放弃一些负面不积极的想法。（是/否）

14~17个"正确"的答案：表明你做得很好，你的痛苦管理在可控范围之内。

10~13个"正确"回答：表明你大部分时间做得不错，但是你仍然有关于痛苦未解决的问题。请仔细看一看那些你填了"错误"的答案。不要犹豫去找寻专业的帮助来解决那些造成你情绪痛苦的棘手问题。

0~9个"正确"回答：即使那些坏日子，你还是能够帮助自己。你尽力保持诚实。与专业人士坦诚你的情绪状况能够比较迅速地帮助你从情绪痛苦中解放出来。

专业建议：

✓ 勇敢面对那些造成你情绪改变和抑郁的事件。
✓ 当你需要的时候，毫不犹豫地找寻帮助。
✓ 允许自己去找寻自己想要的，不扮演受害者角色。
✓ 尝试不同减除痛苦的方法。
✓ 成为自己身体健康的积极合作者，不要让痛苦阻挡你的幸福之路。

3. 情绪减痛法

情绪减痛法英语称为 EFT（Emotional Freedom Technique）。当你感觉到身体和情绪上的痛苦时，可以用手指在图示位置轻轻拍打，可以有效减轻痛苦的感觉。EFT 是近年来许多心理治疗师采取的方法来帮助他们的病人。在 9 个点（如图）来回重复 7~10 遍左右，可以比较迅速地减轻一些身体和心理上的痛苦感。可以预先写下一些话语，在拍打的时候使用，起到比较好的积极心理提示的作用。

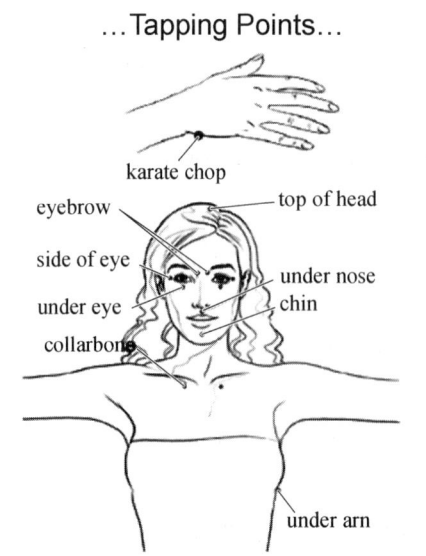

…Tapping Points…

karate chop
eyebrow
top of head
side of eye
under nose
under eye
chin
collarbone
under arm

✓ 我是一个每天都保持幸福快乐的人。
✓ 我是独一无二的，我是最棒的。
✓ 我是一个成功的人。
✓ 我的事业很顺利。
✓ 我的家庭美满幸福。
✓ 我的财富稳定增长。
✓ 我能管理好自己的情绪。
✓ 我能够达到我的目标。

第十二章
如何摆脱失眠的困扰？*

心理咨询诊室故事分享

暑假来临了，一个炎热的黄昏，留学纽约的女孩安吉拉（化名）走进了咨询室的大门。她已经好几天没有好好睡上一觉了："您知道吗？寂静是有声音的……"

时钟已经指向凌晨两点，安吉拉仍然躺在床上睁着眼睛。周围是一片漆黑，而她的脑子像电脑染上病毒一般无法停止思考，无数想法与念头在奔跑：

"惨了，后天就要交设计（project）了！我才刚开了个头！明天要做一整天不休息才来得及！"

"到现在已经5个小时过去了，喜欢的那个男孩南森（Nathan）为何不回我的讯息呢？他到底在做什么呢？我伤心，焦虑，我要发狂了……我是否要再发一条消息给他？嗯，也许再等一等……"

"室友太吵了，总在那里打呼，不能安静一点嘛！"

"楼底下一对情侣在说话的声音，还有笑声，不时有汽车开过……"

"然后我迷迷糊糊睡着了，做了一个噩梦，梦里有个高大的陌生人一直在追赶，手里拿着一把刀逼近，我跑呀跑，浑身都是汗，跑不动了，突然又惊醒了；就这样反复好几次，早上被鸟叫声唤醒，一看4点钟……"

"早上三四点钟最难受了，那时候，我常常觉得人生没有希望，感到绝望。"

---

* 参考附录6。

> 我们再来读一位网友分享他的失眠笔记:
>
> 从2012年年初到3月,我逐渐发病。最初的病象是失眠,每天睡眠越来越少,后来发展到服用安眠药也彻夜不眠的程度。3月中旬,在连续两周彻夜不眠后,身体终于崩溃,我不得不离开了工作岗位。
>
> 病休之初,自以为只要好好休息,恢复睡眠即可。岂知越来越恶化,每天完全睡不着。每次都是在困倦昏沉到即将入睡之际,会突然心悸,然后惊醒。记得当时我给一个朋友发短信描述说:"感觉有一个士兵把守在睡眠的大门口,当睡意来临,他就用长矛捅向心脏,把睡意惊走。"在失眠的同时,身体不良症状开始出现。头痛、头晕、注意力无法集中,没有食欲,思维迟缓,做任何事情都犹豫不决。自己明显觉得变傻了。

一、失眠自评表

我们的一生大约需要花费三分之一的时间在床上休息。然而许多人却因为失眠的问题痛苦挣扎,儿童由于噩梦和梦中怪兽困扰害怕黑夜的降临,年幼的孩子由于恐惧无法表达而整夜啼哭。失眠是一个普遍存在的问题,在世界范围内约1/3的人有不同的睡眠障碍。睡眠不足会影响情绪,导致焦虑、容易发脾气;注意力不能集中,记性下降,创造力减退,严重影响生活质量。作为一名学生,你的睡眠情况是好还是坏?请你来快速做一个自评表,看看是否符合最近两周你和你家庭成员的情况。

1. 失眠自评表

你在床上躺了几小时,但仍然对晚间周围的噪音高度敏感。	( )
夜晚醒来后难以入睡。	( )
你比平时早醒许多。	( )
你的睡眠时间比平时短。	( )
你在睡觉的时候常常感到紧张。	( )
在白天你感到疲乏或者精疲力竭。	( )
你不能集中注意力完成日常任务。	( )
容易发怒,情绪起伏大	( )
当你躺在床上时,经常思考你的工作、家庭矛盾或人生挫折。	( )

如果你对上述问题的回答5~6个以上都是"是",那么你或者你的家人可能患了失眠症并需要专业的治疗师的帮助。

2. 我们需要睡多少时间?

"我一定要睡满8小时"。通常情况下,健康成年人每天的睡眠时间平均在6~10小时;事实上,睡眠需要的时间因人而异,并且随着年龄增加而有逐渐减少的趋势,到了老年期,每天的平均睡眠大概在5~6个小时。判断是否睡好、睡够,主要看你在醒来后是否感到轻松、舒适。头脑清醒,白天精力充沛,做事效率高,您的睡眠就是正常的。

失眠分类

失眠是指无法入睡或无法保持睡眠状态,导致睡眠不足。又称入睡和维持睡眠障碍(DIMS),为各种原因引起入睡困难、睡眠深度或频度过短、早醒及睡眠时间不足或质量差等,是一种常见病。失眠包括以下几种不同情况:

(1) 急性失眠:

可能持续一夜或者几夜。由于暂时性压力源造成,例如工作改变,恋爱与情感,或者其他生活环境因素。

(2) 慢性失眠

持续至少3个夜晚以上、一个月甚至更长时间。

二、失眠主因分析

失眠的原因很多。留学生的失眠主要有以下几个主要原因:
- ✓ 忙碌的学习安排
- ✓ 学校的压力,朋友的压力等
- ✓ 玩游戏
- ✓ 不好的睡眠习惯
- ✓ 噩梦
- ✓ 令人有焦虑感的事件
- ✓ 抑郁症
- ✓ 焦虑症

- ✓ 慢性压力
- ✓ 痛苦
- ✓ 晚上身体的不舒适感
- ✓ 各种疾病
- ✓ 兴奋剂（如咖啡因，汽水等）
- ✓ 身体或者情绪上的不适感
- ✓ 重大人生压力（失业或改变、爱人去世、离婚、搬迁、留学或者移民）
- ✓ 噪音、光或者特殊温度等环境因素
- ✓ 某些药物（治疗感冒、敏感、抑郁、高血压和哮喘）
- ✓ 正常睡眠日程的干扰（例如倒时差）

三、失眠的心理治疗

由于现代工作与生活的压力，伴随情绪和情感等问题，失眠的痛苦会加重身体和精神的负担，严重情况不仅影响你的日常生活质量，同时会使你患上焦虑症以及抑郁症。治疗失眠有一些传统的方法，如物理疗法、中医疗法、药物治疗等。那么，针对你的失眠状况，是否有心理咨询疗法可以帮助走出困境呢？答案是"肯定"的！

最新研究表明，采用认知行为疗法（CBT）治疗失眠也可以缓解抑郁症症状，并防止其恶化。认知行为疗法（cognitive behavioral therapy）被证明是治疗失眠的一种有效心理疗法，它能够帮助你改变并纠正影响你睡眠能力的一些顽固行为和顽固思维，同时帮助你建立一个循序渐进的良好睡眠习惯。通过具体研究你的睡眠信息资料，并且运用一些认知技术能够改变你的睡眠状况。例如，睡眠日记、噩梦解析、威胁系统、呼吸技能和肌肉放松法、投射分析，都是提高睡眠质量的重要因素。这些方法能够深入潜意识层面帮助你区分辨别影响睡眠的态度与观念。事实上，这些负面的思想包括焦虑和担忧情绪，它们的存在总让你整夜难以入眠。

一个经过专业培训的治疗师能够帮助你重新整理对于睡眠的负面情绪和思维模式。通过采用一些特殊的咨询疗法，优秀的治疗师能有效帮助儿童与成人提高睡眠质量并战胜噩梦困扰。在治疗中，病人被引导进行各项级别的放松训练,同时有效找寻到隐藏在潜意识中的过度"担心"、"焦虑"和"抑郁"的睡眠绊脚石。病人学习不同的认知方法来克服负面的思维并促进积极态度和观念发展。这样的训练,能够改变日常的睡眠行为与习惯。许多病人反馈的失眠治疗效果非常好。一般建议的疗程为 10~15 次。

四、提高睡眠质量

1. 如何改善睡眠质量?
- 不要喝含有咖啡因的饮品和服用含尼古丁的成分。
- 不要在睡觉前喝含酒精类饮品。
- 晚餐不宜过饱或者喝太多水。
- 适时运动。
- 不要在床上看电视、电脑或者其他电子产品。
- 不要受到手机的干扰。
- 不要在床上做作业或者工作。

2. 改变睡眠习惯
- 制定一个睡眠计划并按照计划实施。
- 每天写睡眠日记,包括上床的时间,入睡的时间,醒来的时间等。
- 在睡觉前进行减压活动。
- 营造一个适宜安睡的环境。选择适合的床垫和枕头,枕头高度一般不超过 8~10 cm,软硬适中,床垫以在床上轻松来回滚动不吃力为佳,卧室内选择深色遮光窗帘,有助于睡眠。
- 培养一个良好的睡眠习惯:卧室的床只用于睡觉,感到困倦想睡的时候再上床睡觉;很多人习惯将工作、学习,甚至饮食都在床上进行,大脑失去正常的识别,使调节功能紊乱。
- 每天做到按时睡觉。
- 采取正确睡姿:一般以侧卧位为主。
- 顺应生物钟:人体激素分泌呈现一定的规律,较好的入睡时间为晚上 9~11 点。
- 适当锻炼:规律的锻炼促进睡眠,减少焦虑情绪。

- 放松训练：培养一些放松的方式，如每天晚上做深呼吸、冥想等训练能帮助减轻一天的压力。

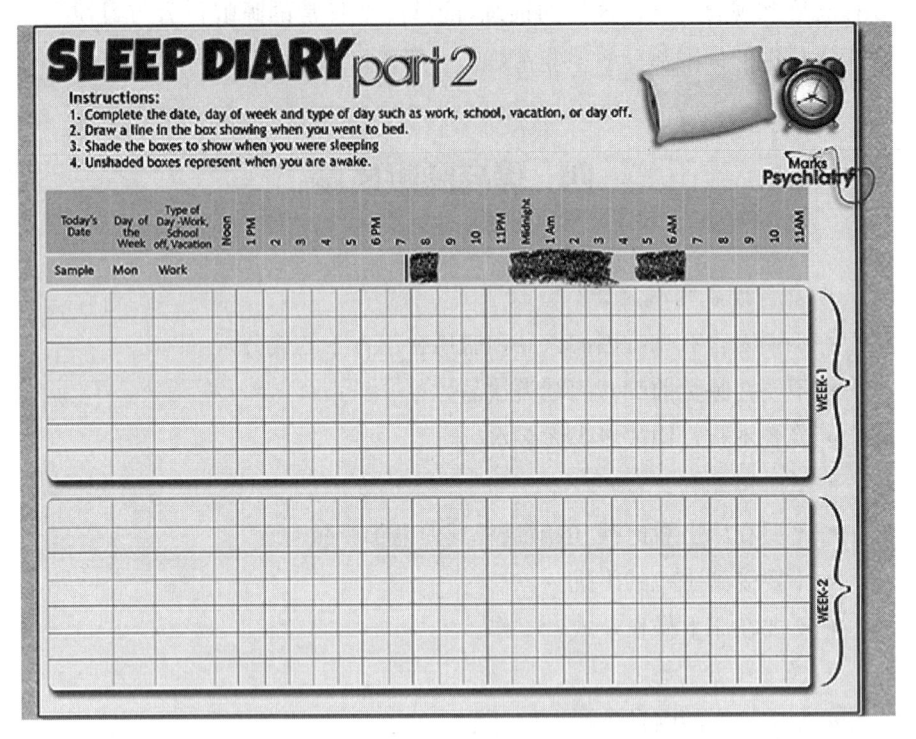

3. 呼吸的失眠自我疗法

在这里教一个简单的呼吸方法可以改善睡眠的质量：

第一步：用鼻子吸气，并数到4(Breathe in with nose（count to 4))

第二步：屏住气，并数到7(Hold the breath（count to 7))

第三步：用嘴吐气，并数到8(Breathe out（count to 8))

重复第一步到第三步步骤三遍。

4. 药物治疗

常用催眠药有苯巴比妥、苯二氮䓬类药物、非苯二氮䓬类药物。苯巴比妥因为成瘾性大已很少使用。苯二氮䓬类如氯硝西泮、地西泮、阿普唑仑、劳拉西泮、艾司唑仑等是常用的药物，该类药物有抗焦虑作用，对伴有焦虑的患者非常合适。长期使用可产生依赖性，骤停可出现戒断反应，一般使用期限不超过4周。新的催眠药唑吡坦、佐匹克隆与右佐匹克隆，成瘾性小，不会产生认知和精神运动功能障碍，但对焦虑几乎没有效果。催眠药应在晚上睡前服用,并避免驾驶车辆和操纵机器,以免发生事故。有肝肾功能异常患者,应严格在医生指导下服用,避免与其他中枢抑制药物、镇痛药、酒精等同时服用。在医生的指导下选用合适的催眠药,对于孕妇和抑郁症患者,勿自行使用脑白金等含褪黑素的产品,以免加重病情。

长期失眠大部分是由焦虑、抑郁等情绪问题而引发的,查明根源所在,才能针对性的采取措施,治疗失眠,自我调节无效,应及时就医,寻求帮助,对于长时间(超过一个月以上)的失眠,可以在医生的建议下,做一些必要的检查,如 PSG(多导睡眠监测),它可以记录夜间睡眠的全过程,帮助寻找失眠的原因,以利于正确治疗。

注意事项

如果您的失眠状况已经持续 2 周以上,建议找当地的心理医生进行对症下药地治疗与干预。

五、战胜"担忧"情绪

1. 固定担忧时间

如果你最近的睡眠情况比较差,可以尝试安排每天 15～30 分钟的担忧时间:

— 设一个闹钟警铃,设限为 15～30 分钟。
— 全心全意去担忧,不要想解决方法。
— 大脑中设计一个顺序,先担忧一件事情,然后转移到下一件。
— 在担忧时间里,尽情担忧。
— 在警铃时间结束后,把注意力转移。
— 如果这个担忧影响你的睡眠,请保持这个担忧时间程序。

2. 延迟其他时间

在其他时间,把担忧延迟至固定担忧时间里进行:

— 关注:此担忧的人或事情的存在性。
— 接受:在固定担忧时间里,我可以完全畅快地担心这个事情。
— 顺延:我现在不用担心,我可以在我的每日担忧时间里进行。
— 转移:在此基础上,我转移我的担忧。

3. 自测表

当我躺在床上,我的脑海里的想法可以用如下的描述来表示。请在下面的选项里打钩:

(　　)担忧:这表现在我对未来的担心

(　　)悔恨:这表现在我对过去的纠结

(　　)解决问题:这表现在我如何定义一个难题;考虑潜在的解决方案

(　　)幻想:想象未来希望的场景

(　　)竞争:许多的想法,移动太快

(　　)反复思考:一遍又一遍对过去的反复考量

(　　)其他:_____

4. 担忧时间计划表

担 忧 时 间 计 划 表
每日固定担忧时间(例如,早上11:00~11:30):
时间长度(例如15或者30分钟):
每日提醒方法(例如闹钟,或者笔记等):
结束担忧时间(例如,闹钟、吃午饭等):
计划周期:(2周、一个月等):

第十三章

如何进行自我心理急救？*

> **心理咨询诊室故事分享**
>
> 外面正下着大雨。这是贝拉（匿名）的第二次咨询，她深深地陷在沙发里沉默了两分钟："没有用，我最近还是感觉很糟糕……"
>
> "我经常哭泣，对未来没有任何希望。我常失眠，觉得人生毫无意义。但我不想告诉父母，怕他们担心；我不想参加聚会，也不想花时间打扮。我每天都觉得很累，提不起精神来。我不能按时完成作业，我的注意力非常不集中，而且不太愿意与其他人交流，就想一个人待。我该怎么办？"
>
> 纸巾抽掉了一大包，我坐在她对面静静地保持着沉默。贝拉终于安静了下来，我用坚定的眼神看着她："贝拉，我知道你现在的感受很差。但是，你已经跨出了很重要的一步。"
>
> "是吗？你在安慰我罢了！心理医生都是如此"。贝拉擤了擤鼻涕。
>
> "我没有在安慰你。你看贝拉，这已经是你连续两周咨询了。我们周围有许多人不愿意尝试任何形式的帮助。你已经比这些人要勇敢了几倍。毕竟，心理咨询，是需要你敢于面对自己内心最深的阴影。我们每天，都在进行自我心理急救。"

美国作家安德鲁·所罗门在《忧郁》一书中，是这么描写的：

"人类文字中对于崩溃阶段的忧郁症描述并不多，处于那个阶段的病人几乎全无理智，但他们却又需要尊严，一般人往往缺乏对他人痛苦的尊重。

---

* 参考附录2、6。

无论怎样,那都是真实存在的,尤其是当你陷入忧郁的时候。"

抑郁病人描述:

"我还记得,那时我四肢僵硬地躺在床上哭泣,因为太害怕而无法起来洗澡,但同时,心里又知道洗澡其实没什么可害怕的。我在心里复述着一连串动作:起身,然后把脚放到地上,站起来,走到浴室,打开浴室门,走到浴缸旁边,打开水龙头,站到水下,用肥皂抹身体,冲洗干净,站出来,擦干,走回床边。12个步骤,对我来说就像经历耶稣的艰险历程一样困难。我用全身的力气坐起来、转身、把脚放到地上,但是之后觉得万念俱灰,害怕得又转过身躺回床上,但脚却还在地上。然后我又开始哭泣,不仅因为我没办法完成日常生活中最简单的事,而且还因为这样让我觉得自己愚蠢无比。"

一、走出抑郁

"没有人对抑郁症有绝对的免疫力"

抑郁症是现代都市人的常见病,被称为精神疾病中的"普通感冒"。著名心理学家马丁·塞利曼将抑郁症称为精神病学中的"感冒"。世界卫生组织数据显示,全球抑郁症患者达3.5亿人,全球抑郁症发病率约为11%,每年因抑郁症自杀的死亡人数高达100万。2009年《柳叶刀》上一篇流行病学调查估算,中国抑郁症患者已达9 000万。世界卫生组织预计,到2020年抑郁症将跃至全球第二大疾病,自杀是抑郁最可怕的自我伤害行为。然而,值得警惕的是,我国抑郁症目前就诊率和治疗率都比较低,很多人不愿意承认自己的心理问题。据媒体报道,我国每年大约有28万人自杀,其中大部分人被诊断为抑郁症。

1. 抑郁自查表

请圈出在最近一周内,最符合自己情况的每个症状。

	一点也不	有时	经常	频繁
① 感到悲伤或抑郁的情绪	0	1	2	3
② 有负罪感	0	1	2	3
③ 容易被惹怒	0	1	2	3

续 表

	一点也不	有 时	经 常	频 繁
④ 失去对平时活动的兴趣和快乐感	0	1	2	3
⑤ 避免和逃避与他人交往	0	1	2	3
⑥ 感到难以完成平时任务	0	1	2	3
⑦ 没有自我价值感	0	1	2	3
⑧ 无法集中注意力	0	1	2	3
⑧ 难以抉择	0	1	2	3
⑩ 有自杀的念头	0	1	2	3
⑪ 经常出现死亡的想法	0	1	2	3
⑫ 花时间来想象并计划一个自杀计划	0	1	2	3
⑬ 自我尊重意识感低	0	1	2	3
⑭ 对未来感到无希望	0	1	2	3
⑮ 自责	0	1	2	3
⑯ 疲劳并感到没有精力	0	1	2	3
⑰ 体重大幅度减轻或失去食欲（不包括节食计划）	0	1	2	3
⑱ 睡眠状况的改变——失眠或者嗜睡	0	1	2	3
⑲ 性欲减退	0	1	2	3
总 分				

以上的每条都是抑郁症的主要症状，你可以定期（每周、两个星期）使用这个表格来监测自己是否有抑郁倾向或者抑郁倾向的严重程度。如果这些症状持续存在，请尽早去预约家庭医生转介。

2. 临床表现

抑郁症患者更愿意表现身体上的痛苦，而非感情困扰。他们可能不会说"我很伤心，我天天哭，我很郁闷"，而是强调"我头疼，我胃痛"等。在医学中，抑郁症归属于"情感障碍"，有以下典型表现：

（1）躯体症状：

主要有睡眠困难、睡眠障碍，表现为早醒，一般比平时早醒2～3小时，醒后不能再入睡，这对抑郁发作具有特征性意义。也有的表现为入睡困难，躺在床上几个小时无法入眠；或者睡眠不深，容易被周围环境惊醒。少数患者表现为睡眠过多。食欲减退、体重下降、腹胀便秘；疲乏无力；性欲下降；身体不适。躯体上各种疼痛（头、腰背或其他部位），胃肠道症状（恶心、呕吐、便秘、腹泻）或其他不适突出，而检查又未发现躯体有特定的疾病，症状持续不超过半年。性欲减退、阳痿、闭经等。躯体不适的体诉可涉及各脏器，如恶心、呕吐、心慌、胸闷、出汗等。自主神经功能失调的症状也较常见。病前躯体疾病的主诉通常加重。体重减轻与食欲减退不一定成比例，少数患者可出现食欲增强、体重增加。

（2）情感低落：

主要表现为显著而持久的情感低落，抑郁悲观。轻者闷闷不乐、无愉快感、兴趣减退，重者痛不欲生、悲观绝望、度日如年、生不如死。典型患者的抑郁心境有晨重夜轻的节律变化。在心境低落的基础上，患者会出现自我评价降低，产生无用感、无望感、无助感和无价值感，常伴有自责自罪，严重者出现罪恶妄想和疑病妄想，部分患者可出现幻觉。凡事缺乏兴趣。自我评价过低，自卑，认为自己没有什么用；绝望、无助，反复出现自杀的念头等。

（3）思维迟缓：

患者思维联想速度缓慢，反应迟钝，思路闭塞，自觉"脑子好像是生了锈的机器"，"脑子像涂了一层糨糊一样"。临床上可见主动言语减少，语速明显减慢，声音低沉，对答困难，严重者交流无法顺利进行。工作和学习能力下降。原来工作学习能力良好，但出现学习和工作能力下降，学习困难，厌学严重等。

（4）意志活动减退：

临床表现行为缓慢，生活被动、疏懒，不想做事，不愿和周围人接触交往，常独坐一旁，或整日卧床，闭门独居，疏远亲友，回避社交。如不愿参加社交活动、不愿上学或上班、常闭门在家。严重时连吃、喝等生理需要和个人卫生都不顾，蓬头垢面、不修边幅，甚至发展为不语、不动、不食，称为"抑郁性木僵"，患者意志活动呈显著持久的抑制。但仔细精神检查，患者仍流露痛苦抑郁情绪。伴有焦虑的患者，可有坐立不安、手指抓握、搓手顿足或踱来踱去等症状。严重的患者常伴有消极自杀的观念或行为。消极悲观的思想及自责自罪、缺乏自信心可萌发绝望的念头，认为"结束自己的生命是一种解脱","自己活在世上是多余的人",并会使自杀企图发展成自杀行为。这是抑郁症最危险的症状,应提高警惕。

有研究发现,当人处在充满白蓝色光线的空间里时,容易产生抑郁感。而处于红光照射下,或在黑暗中时,人的情绪则不会受到影响。对此,科学家解释称,光线的因素会影响视网膜神经节细胞,而正是这些神经节细胞帮助调节着人体的"生物钟",从而产生光线影响情绪的结果。

(5) 认知功能损害

研究认为抑郁症患者存在认知功能损害。主要表现为近事记忆力下降、注意力障碍、反应时间延长、警觉性增高、抽象思维能力差、学习困难、语言流畅性差、空间知觉差、眼手协调及思维灵活性等能力减退。认知功能损害导致患者社会功能障碍,而且影响患者远期预后。

3. 学生抑郁症表征

明显的表征	不明显的表征
无缘由的恐惧	过多的抱怨
自信心差	成绩下滑(并非因为学习困难或者生病)
表现出忧伤、内疚、无助,认为自己没有资格的感受	轻易放弃
对之前喜欢的活动缺乏兴趣	敏感易怒,坐立不安
缺乏动力(疲倦)	难以全神贯注、记忆细节、进行决策

4. 抑郁人群分析

抑郁症患者尽管内心痛苦压抑,外表却可能若无其事,甚至面带微笑,不愿向人倾诉。可是"微笑"过后,涌上心头的是更深的寂寞和孤独。"人前坚毅,人后沮丧"的恶性循环日久,就会被抑郁症吞噬。以下八类人群,如果出现唉声叹气、意志消沉等情况,影响正常生活和工作超过两周,就需要专业诊断和治疗。

(1) 女性患病率是男性的两倍。怀孕、流产、分娩后、更年期等特殊阶段,是抑郁症的高发期。而男性抑郁症患者们通常更不愿意谈起他们的病情——这是爱荷华大学(University of Iowa)的科克伦和拉比诺维茨(Cochran & Rabinowitz)在 2000 年发表的研究结果。他们收集了临床心理治疗师对男性抑郁症患者诊断、咨询过程中的描述,发现男性抑郁症患者更倾向于用掩饰性的举动来掩盖自己的病情,这可能是因为,社会对于男性的要求让他们认为暴露出自己的悲伤、焦虑和恐惧是承认自己的弱小。

(2) 有遗传相关性的人群。如父母双方中一方患抑郁症,其子女抑郁症的患病率为25%。

(3) 处于人生的青春期、更年期、老年期阶段的人群。

(4) 人际关系不良、离婚、分居、独居的人群。

(5) 处于高度压力、激烈竞争中的职场人士和学生人群。

(6) 患有躯体疾病的人群。还有一些慢性疾病的病人,如糖尿病、甲状腺功能异常、哮喘、性功能及器官疾病等。

(7) 患有某些精神疾病的人群,如焦虑症、进食障碍、人格障碍等;对酒精、毒品等滥用和依赖的人群。

(8) 处于应激状态的人群。如某些社会事件、天灾人祸的受害者等。

5. 治疗注意事项

由于不及时治疗,不少抑郁症患者最终走上绝路。目前我国抑郁症就医率不足10%。临床经验表明,80%的患者如果规范治疗可以实现临床治愈,除了极少数难治型的,其他都会有所改善。

美国国立精神卫生研究所针对抑郁症患者提出以下自疗措施:

(1) 不要给自己制定一些很难达到的目标,正确认识自己的病情,不要再担任一大堆职务,不要对很多事情大包大揽。

(2) 做些力所能及的事,切莫"逞能",以免完不成工作而心灰意冷。

(3) 尝试着多与人们接触和交往,不要自己独来独往。

(4) 尝试着做一些轻微的体育锻炼,看看电影、电视等。可以参加社会活动,如参观、访问等,但不要太多。

(5) 对自己的病不要着急,治病需要时间。

(6) 病人在没有同对自己实际情况十分了解的人商量之前,不要做出重大的决定,如调换工作、结婚或离婚等。

(7) 不妨把自己的感受写出来,分析哪些是消极的表现,然后想办法摆脱它。

6. 涂鸦抑郁

请准备水笔、蜡笔或者其他彩色颜料。使用以下白纸,以中间黑点为中心向圆的边缘涂鸦。把你抑郁的心情随意画出来。

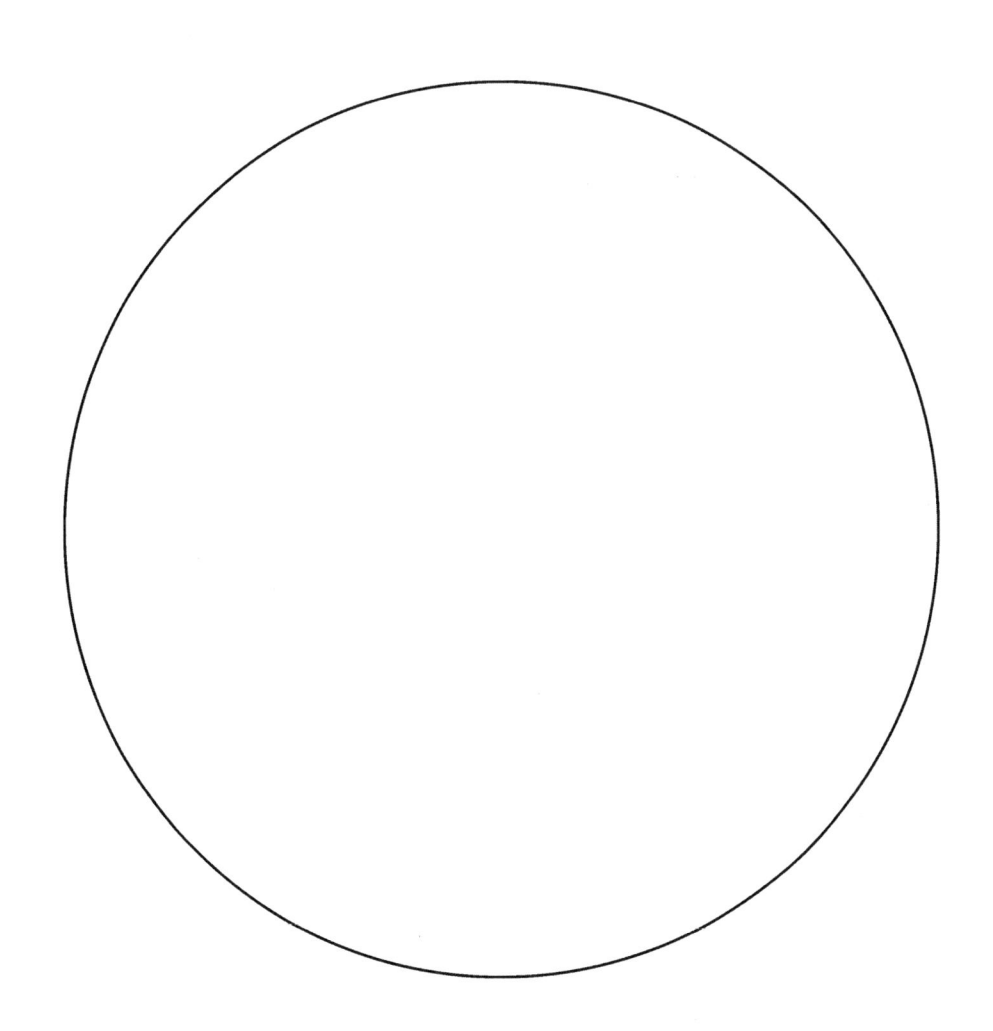

第十三章　如何进行自我心理急救？　159

二、当压力转化成为危机

有时我们承受太多压力以至于我们会感到崩溃、失控和无能为力,这就是危机。危机会在长时间内酝酿,因问题积压而成。危机也会在一个人面临恐惧的情况下突如其来,这种危机叫作"社会心理危机",因为它通常由一个人所处的社会环境中的处境、事件和问题而触发的。在一生中,任何严重事件都能促成社会心理危机。一些能引起危机的事情例如:感觉不安全,失去住处,职场上人际关系上有问题,或者担忧经济收入。另一种危机叫做"精神病危机"。这是指精神病的症状在生活中引起严重困扰。精神失调引发精神病危机。精神失调是一种极度压力状态,一个人可能听到伤害自己或别人的声音。典型的精神失调包括妄想(对事对己,有着偏离现实的想法)和幻觉(幻听幻视)。精神失调妨碍了正常行为,并且引起极大的痛苦和混乱。如果你发觉自己或别人是这样,与现实脱节,你需要立刻寻求帮助来防止精神病危机发生。当你发觉自己需要更多的帮助和支持,通常你会知道。当你知道事情变得更坏,以致无法解决,这就是寻求帮助的时候。当然你不需要等到事情失控才寻求帮助。当你处在危机中,每天都不易过。睡眠、进食、与人相处都可能有困难,亦可能在家中、职场和学校无法集中精力。

1. 乔哈瑞窗口(Johari Window)

乔哈瑞窗口(Johari window)是心理咨询中经常使用的一种人格范式。它可以很好地运用到自我暴露技术中。

	自我知道	自我不知道
他人知道	1. 公共的我	2. 自我盲点
他人不知道	3. 秘密的我	4. 潜意识的我

方块1:(自我和他人都知道的)是公共的我(public self)
方块2:(自我不知道,但是他人知道)是自我的盲点(blind self)
方块3:(自我知道,他人不知道的)是秘密的我(secret self)
方块4:(自我和他人都不知道)是潜意识的我(unconscious self)

我们看到,每个人的四个方块面积都不相同。有些方块可能比其他方块大一些,有些要小。我们对自我的了解和治疗,都以缩小其他的方块而扩张到共同的我为主要目的。对于潜意识的研究,可以帮助我们更好地了解自己,自我暴露,了解到隐藏在清醒意识下的真正的我。其中,自我的盲点,是我们需要额外注意的。我在临床的咨询个案中,需要加强病人现实的检验,并帮助个体能够脱离自身来公正看待自己。这是最有挑战的部分。可以让周围的朋友、自己的父母、同事同学等,来对"我"进行一个评估和反馈。通过它,可以加强与他人的互动并获得大量宝贵的信息,可以帮助你减小"自我的盲点"。

2. 从自我伤害的行为中转移注意力

当你开始想用自我伤害的行为,例如割腕、火烧、抓伤,甚至自杀等过激举动时,毋庸置疑你的痛苦度是非常高的。有些人表示,这种过激行为可以暂时缓解自己的痛苦感,然而换来的代价是惨重的,甚至是自己的生命。这是绝对要禁止的行为。先静下心来想一想,那些在你生命中造成痛苦的人或者事。也许,你可以尝试自己来治疗一下心灵的伤口?

练习:从自我伤害的行为中转移注意力

有一些安全的方法也许可以帮助你从自我伤害的情绪和想法中来走出来。在心理咨询中,专业治疗师常常会采取一些相应的方法帮助来访者治疗心理的痛苦感。请在下面你愿意尝试的方法中打钩:

( )	找一个场所放声哭泣,不要试图忍住眼泪。眼泪是身体最好的排毒方法,它能帮助你释放压力并且感觉好转。
( )	找一个合适安全的场地同时也不会干扰他人,大声尖叫10~15分钟。
( )	写一封信给那个伤害你的人。告诉他们你的感受与你恨他们的原因。把信锁在箱子里。
( )	朝墙上重重地扔枕头、靠垫、袜子、泡沫塑料或者自己的毛绒宠物。
( )	当你有自我伤害的想法时,用橡皮筋绕在手腕上并弹拉。这会感觉很痛,但也许会帮助你转移自己的冲动想法或者更严重的过激行为。
( )	在A4纸上画出你讨厌或者造成你痛苦的那个人的脸,并把他涂上颜色把纸撕掉。
( )	用手用力撕纸,至少30张以上。把每张纸都撕成2厘米×2厘米的小片。
( )	在冰箱中取一块冰块,并把它紧紧捏在手中。冰的寒冷感能带来暂时的皮肤麻木感,对痛苦的感觉也是一种止痛作用。
( )	其他健康、没有伤害的方法。

3. 心理危机(Crisis Link)急救服务

为了自己民众的心理健康和提供心理危机的干预,许多国家都设有心理危机急救服务。中心提供一周7天、一天24小时免费且保密的电话咨询服务。请查询当地的危机热线信息,一旦发生下列情况,可以请给危机急救中心打电话:

- 您正在考虑自杀
- 您认为某人可能会考虑自杀
- 您需要心理咨询

三、自杀——如何面对这个终极"杀手"?

1. 自杀原因分析

在本书前面的篇幅里,已经描述了留学生结束生命的几个案件。自杀行为,似乎只是许多心理问题的冰山一角。自杀,有着错综复杂的外在诱因和内在原因。我们先来总结一下留学生自杀行为的几个潜在因素:

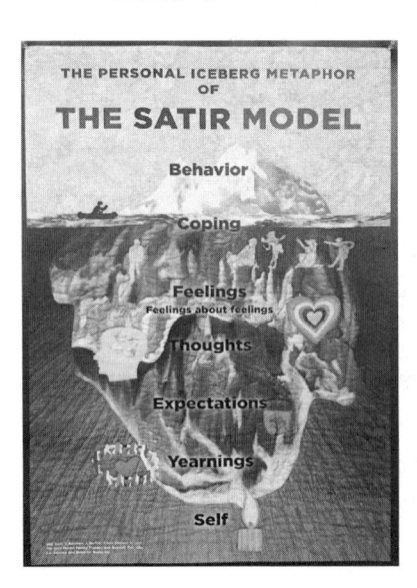

— 想家
— 文化休克
— 语言障碍
— 社会交往关系
— 学习压力,包括理解课文含义、参加课间讨论和完成阅读与写作
— 财务困难
— 感到在异地被误解
— 受到种族歧视
— 家庭内部成员突然死亡或离去,或者其他变故
— 被隔离感,非常孤独

我们似乎可以把留学生的自杀罪魁祸首总结为以下几个方面:

— 异地的适应性危机

— 自我情绪管理危机

— 自我的觉察力危机

— 期望值危机

— 自我渴望值危机

— 自我意识危机

2. 自杀行为的共性

每个人的情感痛苦根据情况的不同也是差异很大，这些因素包括个人性格、危险行为、精神疾病、生活环境、家庭背景、环境因素等方面。心理研究发现，自杀行为是对情感上痛苦的一种逃避。情感上的痛苦（Emotional Pain）具有：

- 不可逃避性
- 不可忍受性
- 冗长性

3. 自杀的错误概念

关于自杀，在普通大众里有一些比较错误的概念：

(1) 谈论自杀话题会鼓励自杀的行为

这种想法是错误的。谈论自杀的话题，其实并不会鼓励直接自杀的行为。除非谈论双方对于自杀行为极度认可和鼓励。这是有害的。

(2) 如果他们谈到自杀，他们应该不会去做

这种想法是错误的。根据调查，不少自杀者因为采取此行动，是感到周围的人对于他痛苦的冷漠，甚至自杀想法的不信任度和轻蔑度。

(3) 很多自杀者不会去寻求帮助

这种想法是错误的。许多自杀者在行动之前会去寻求周围人的帮助或者专业人士帮助。

(4) 许多自杀行为没有预兆

这种想法是错误的。许多自杀行为之前，自杀者会表现出很多的征兆，例如把自己珍爱的东西送给他人，暗示道别永别的意思；在画画中经常表现死亡的主题和方式；经常表示绝望和人生的无意义感等等。

4. 自杀高危警示行为自测表

请自我测试一下，在符合下面情况的括号内打钩。

- ✓ 曾有过自杀经历　　　　　　　　　　　　　　　　　（　　）

✓ 目前谈论自杀，自杀计划或者表现出自杀行为 （   ）
✓ 情绪受困的表达或者没有出路 （   ）
✓ 赠送昂贵财产给他人 （   ）
✓ 暗示未来不会在身边或者道别 （   ）
✓ 药物剂量增大或者饮酒过度 （   ）
✓ 抑郁症症状，例如喜怒无常或者退缩 （   ）
✓ 无望感或者绝望感——表达不想活下去，人生没有意义的想法 （   ）
✓ 焦虑，易怒，失眠或者睡眠过度 （   ）
✓ 狂怒，气愤，寻找报复 （   ）
✓ 鲁莽有危险的行为，似乎没有经过考虑 （   ）
✓ 在画画/日记或者家庭作业中表现出死亡主题 （   ）
✓ 画有关自杀的图画 （   ）
✓ 表现出自杀的行为，例如假装要跳出窗外，或将某物缠绕脖子做出窒息的表情 （   ）

如果超过有8题以上的打钩，那么你的自杀危险系数是"高危"，需要马上寻求帮助。

5. 什么加剧自杀高危性？

有一些特殊情况会加剧自杀的高危性，例如最近的一次恋爱分手或者与父母的争执；个性的冲动性与莽撞性；与家庭成员或朋友失去联系等。请你快速自评一下，并在符合的情况后打钩：

- 最近的一次恋爱痛苦分手 （   ）
- 与父母的冲突和争执 （   ）
- 最近朋友或家庭成员的死亡 （   ）
- 新闻媒体报道在同一社区或者同一学校发生的孩子自杀事件（   ）
- 药物滥用 （   ）
- 致命(方法与工具)的容易接触程度 （   ）
- 性格具有冲动性、莽撞性 （   ）
- 与家庭成员或朋友失去联系(没有人能够倾诉) （   ）

每一个项目都是自杀危机的高危因子，都需要引起高度重视和干预。

6. 自杀危机模型

心理危机的发展有一个内心的发展变化过程。可以总结为以下几个部分：

(1) 危机前阶段：稳定期

(2) 危机时阶段：

1) 应激性事件影响(留学、移民)

2) 脆弱期(0~12个月)

3) 促发因素(心理挑战项目)

4) 危机活动期(功能丧失期)：这是最艰难的时期,这个时期因人而异,有些人的时间比较长,可以持续几年时间。

5) 危机解决和心理平衡重建(恢复期)

(3) 危机后阶段

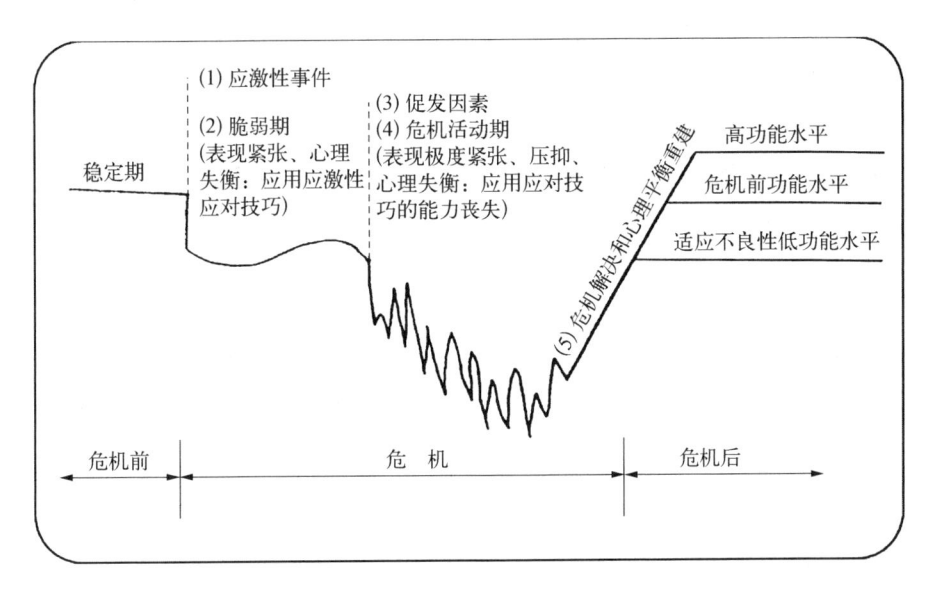

四、毒品之害

1."毒文化"分析

毒品一般是指使人形成瘾癖的药物,这里的药物一词是个广义的概念,主要指吸毒者滥用的鸦片、海洛因、冰毒等,还包括具有依赖性的天然植物、烟、酒和溶剂等,与医疗用药物是不同的概念。毒品则是指出于非医疗目的而反复连续使用能够产生依赖性(即成瘾性)的药品。从自然属性讲,这类物质在严格管理条件下合理使用具有临床治疗价值,那就是药品。从社会属性讲,如果为着非正常需要而强迫性觅求,这类物质失去了药品的本性,这时的药品就成了毒品。因此毒品是一个相对的概念。当然也有些物质成瘾性大,早已淘汰出药品范围,只视为毒品,如海洛因。毒品通常分为麻醉药品和精神药品两大类。其中最常见的主要是麻醉药品类中的大麻类、鸦片类和可卡因类。《刑法》第357条规定:"本法所称的毒品,是指鸦片、海洛因、甲基苯丙胺(冰毒)、吗啡、大麻、可卡因以及国家规定管制的其他能够使人形成瘾癖的麻醉药品和精神药品。"这里列举的六种毒品仅是国际上常见的、大量泛滥的毒品,但毒品却不仅限于这六种。

美国是世界最大的毒品消费国,全世界生产的毒品60%以上输往美国。2002年以来,美国吸毒者占全美人口的8.2%。美国疾病防控中心近日发布报告称,从2002年到2013年,美国12岁以上的人群中,吸食过海洛因的人数增长了63%,死亡人数增加3倍。2013年,约有51.7万美国人称在过去一年内吸食过海洛因,8257人吸食过量致死。毒品泛滥已成为美国社会不得不面对的一大顽疾,但如何应对毒品问题,美国政府尚未拿出有效的办法。

中国新闻网曾有一篇关于大学毒品情况的分析,名称为:"欧美高校夜夜笙歌,留学生如何抵挡毒品诱惑"。文中提到,酗酒、吸毒、纹身几乎成为欧美院校的"文化标签",并称"三毒",在被极力鼓励"要主动融入欧美校园文化"的中国孩子面前,不从,或被同伴视作异族;从,则要冒着沾毒危险……这竟成了两难?从常春藤名校到州立学校,毒文化似乎长驱直入。校园文化,酗酒吸毒?英国也是中"毒"非常严重的国家之一,"毒文化"已经成为一种时尚的校园文化。大学的各种团体活动(team projects),都是在酒吧中完成。不少留学生醉倒在开学派对中,开学派对酗酒吸毒死亡的新闻屡屡发生。这股校园文化"毒流",似乎已经成为留学生问题的一个焦点。许多孩子天然的低警惕性,"被上瘾"吸毒。

2. 毒品危害性

以下是常见毒品的介绍和危害:

(1) 鸦片

俗称"阿片""大烟""烟土""阿片烟""阿芙蓉"等。长期吸食鸦片可使人先天免疫力丧失,引起体质严重衰弱及精神颓废,寿命也会缩短,过量吸食可引起急性中毒,可因呼吸抑制而死亡。

(2) 吗啡

它是鸦片的主要有效成分,是从鸦片中经过提炼出来的主要生物碱,呈白色结晶粉末状闻上去有点酸味。它对呼吸中枢有极强的抑制作用,所以如同吸食鸦片一样,过量吸食吗啡后会出现昏迷、瞳孔极度缩小、呼吸受到抑制,甚至于出现呼吸麻痹、停止而死亡。

(3) 海洛因

亦称盐酸二乙酰吗啡,英文名"Heroin"。由于海洛因成瘾最快,毒性最烈,曾被称为"世界毒品之王",一般持续吸食海洛因的人只能活 7~8 年。

(4) 大麻

大麻是一年生草本植物,通常被制成大麻烟吸食,或用作麻醉剂注射,有毒性。在西方国家被称为"穷人的毒品"。初吸或注射大麻有兴奋感,但很快转变为恐惧,长期使用会出现人格障碍、双重人格、人格解体,产生记忆力衰退、迟钝、抑郁、头痛、心悸、瞳孔缩小和痴呆,偶有无故的攻击性行为,导致违法犯罪的发生。如情绪烦躁,判断力和记忆力减退,工作能力下降,妄想、幻觉,对光反应迟纯、言语不清和痴呆,免疫力与抵抗力下降,对时间、距离判断失真、控制平衡能力下降等,对驾车和复杂技术操作容易造成意外事故。

(5) 可卡因

英文原名为"Cocaine",是 1860 年从前南美洲称为古柯(COCA)的植物叶片中提炼出来的生物碱,其化学名称为苯甲基芽子碱。可卡因是最强的天然中枢兴奋剂,对中枢神经系统有高度毒性,可刺激大脑皮层,产生兴奋感及视、听、触等幻觉;服用后极短时间即可成瘾,并伴以失眠、食欲不振、恶心及消化系统紊乱等症状;精神逐渐衰退,可导致偏执呼吸衰竭而死亡。一剂 70 毫克的纯可卡因,可以使体重 70 千克的人当场丧命。可卡因是具有高度精神依赖性的药物,可造成吸服者精神变异,焦虑、抑郁或偏执,身体危害表现为眼睛反应特别迟钝,耳部、口腔、鼻腔溃疡,丧失食欲并导致营养不良,大剂量使用会造成严重合并症甚至死亡。

(6) 冰毒

甲基苯丙胺(又名去氧麻黄碱或安非他命),属联合国规定的苯丙胺类毒品。长期使用可导致永久性失眠,大脑机能破坏、心脏衰竭、胸痛、焦虑、紧张或激动不安,更有甚者会导致长期精神分裂症,剂量稍大便会中毒死亡。人服食后为释放能量会不停手舞足蹈,摇头晃脑。冰毒是一种精神类毒品,吸食后透支人体的能量,对内脏器官伤害很大。吸食者有暴力攻击倾向,易引发暴力攻击、性侵害、抢劫等事件,成为社会治安隐患。有报道透露,冰毒吸食一次即可成瘾。所以说,冰毒被称为"毒品之王"。由于该毒品可一次成瘾,其商品特称为"Speed"(快速丸)。"冰毒"可造成精神偏执,行为举止咄咄逼人,并引发反社会及性暴力倾向,还可引起吸服者幻觉、情绪低落,同时严重损害内脏器官和脑组织,严重时导致肾机能衰竭及精神失常,甚至造成死亡。冰毒对吸食者和社会的危害性,远甚于海洛因。

(7) K粉

"K粉"的化学名称叫"氯胺酮",其外观为纯白色细结晶体,在医学临床上一般作为麻醉剂使用。K粉成瘾后,在毒品作用下,吸食者会疯狂摇头,很容易摇断颈椎;同时,疯狂的摇摆还会造成心力、呼吸衰竭。吸食过量或长期吸食,可以对心、肺、神经都造成致命损伤,对中枢神经的损伤比冰毒还厉害。

(8) 摇头丸

是指由MDMA,MDA等致幻性苯丙胺类化合物所构成的毒品。这类毒品具有明显的中枢致幻、兴奋作用。在中国,因吸毒者滥用后会随着音乐剧烈地摆动头部而得名"摇头丸"。

(9) LSD

源于麦角菌,由麦角素半合成而得,为最强烈的迷幻药。

3. "反毒"策略

如何远离"毒文化"?几乎人人都知道毒品的危害性,但似乎却不能制止瘾君子们疯狂的脚步。在实际心理咨询中,也接触过一些为数不少吸毒上瘾的患者。我问他们:"你为什么会吸毒?"有的表示是因为感觉生活很空虚,有的说是因为好奇,有的表示学习压力很大,有的为了加入一个"很受欢迎"的朋友圈,有的说感觉很痛苦而吸毒后有片刻的愉悦感。戒毒是指吸毒人员戒除吸食、注射毒品的恶习及毒瘾。对吸毒者进行戒毒治疗,一般应包括三个心理辅导阶段:脱毒——康复——重新步入社会。现在一般采用自然戒断法、药物及非药物戒断法。

(1) 预防大于干预

要详细了解各种毒品的危害性和特点。防患于未然,总是比较理智的一种防御措施。

（2）父母的监督

父母的远程监督和及时的关心发现问题也是"反毒"策略的关键一点。留学生的各方面心理压力都比较大，在远离父母和家人关心关爱的异国他乡，毒品给予的"暂时快乐感"的诱惑是非常大的。

（3）及时情绪疏导

留学生们需要及时认知了解并且管理自己的情绪。情绪上的痛苦感往往重于身体的痛苦感。及时疏解自己的负面情绪，包括焦虑、抑郁、无助、绝望、自残、自杀等行为。如果你发现自己的已经染上毒瘾，请立即找寻专业人士帮助尽早戒毒。

五、如何帮助危机中的他人？

1. 如何与有"自杀"倾向的人谈话？

如何与有自杀倾向的人谈话？你该如何回应？也许你的朋友或者周围的人向你表达过在情感上的痛苦，或者表达过要结束生命的想法。如果你的朋友或者亲人表达了自杀的想法，你该怎么行动？是否该回避呢？以下是专业的学校心理辅导员培训的关于"自杀干预"的谈话技术，你可以借鉴一下其中专业谈话的方法：

（1）深入询问

表示出你的关心和进一步了解情况的意愿：

— "这可能听起来对你有点难，但是我还想问一下，你是否想过自杀？"

— "你说你感觉到没有希望，人生没有意义……你是否在考虑自杀？"

— "你说你无法接受分手的痛苦。是否感觉太糟糕？你考虑过结束你的生命？"

如果他们回答"是"，请继续以下的对话：

— "你能否告诉我更多信息？"（倾听痛苦的感觉和想法）

— "听上去你感觉很绝望……"

— "许多人也正经历与你相类似的事情，可能也想到自杀，但那不说明他们也会去做这些事。"（提示有自杀想法是正常的，但不会都有自杀行为）

（2）评估危险性

你可以仔细倾听他们的故事，可以从以下几个方面帮助他们寻找情感的痛苦点：

- ✓ 历史/时间长度
- ✓ 自杀计划/具体
- ✓ 有支持性的网络

具体的询问方式可以采取以下几种：

—"你能告诉我更多吗？然后发生了什么事？"

—"事情发生的时间？地点？人物？事情？"

—"还有什么其他重要的信息？"

—"你听上去比较绝望。（没有希望、焦虑）（回应）"

—"在你告诉我的情况中，你最不能接受的是什么？"

—"我不知道是否我搞明白了……（使用这个句型做到进一步的澄清）"

—"这个情况（事件）是否对你的影响太大，以至于想过自杀？"

如果回答（是）

—"你能告诉我更多一点吗？"

—"对于自杀的想法，你有什么看法？"

（3）痛苦的评分

如果现在的情况让你感觉很痛苦，我们来做一个0～10的评分：0是没有任何情感上的痛苦，10是非常痛苦，你现在感受到的综合痛苦程度是多少？

（4）表达真诚的关怀

—"你是否有个自杀计划？是什么？你有什么方法来实施？（例如药、跳楼等）"

—"你在过去是否有自杀的想法和尝试行为？发生了什么事？"

—"你周围的人是否有自杀行为或倾向？"

—"你是否曾经经历过这个问题？如果是，得到了解决方法还是没有？"

—"关于目前这个现状，你最想改变的是什么？"

—"神奇问题：如果你明天醒来，你的问题都解决了，你会想要什么样的改变？你的生活会如何不同？"

2. 帮助行动步骤

步骤1：

感谢对方与你分享所有这些信息。肯定他们表达出来的勇气。同时表达你的担忧。

步骤2：

在目前的危险情况下，不要把他们单独留下。

步骤3：

联系其他人，讨论有哪些人介入比较合适帮助他。

步骤4：

如果需要联系他的家长，确保先告诉他本人。

步骤5：

如果他与家长的关系紧张，询问他是否有其他人选可以寻求帮助。

步骤6：

帮助他立即寻找合适的专业心理人士。

3. 关于保密原则

如果你的朋友希望你保守秘密，你该如何回答？

——"如果你的生命或者他人的生命没有受到威胁，我一定会保守你的秘密。"

——"但如果危及你的安全，我不能做到，因为我非常关心你。"

——"我需要去寻找合适的人来更好地帮助你。你的安全性高于保密性。"

> **重要提示：**
>
> 如果你怀疑自己可能患了抑郁症、焦虑症，或者有自杀倾向，建议不要耽误时间或者尝试自我治疗。请立刻寻找专业帮助与治疗。

第十四章

美食能带来快乐感吗？

> **心理咨询诊室故事分享**
>
> "在欧洲习惯了，我比较耐寒……"
>
> 虽然已经是秋天，咨询室里没有开暖气还是有点凉意。小欣（化名）上身穿一件V领的T-shirt，下面穿着雪纺裙，还是显得比较单薄。"我回国后反倒不适应了，比较怕热……"她的脸有点红，悄悄拉了一下丰满的领口，看上去有点囧态。
>
> 美丽的小欣以前一直是大家公认的可爱女孩，她去欧洲留学已经5年了，去年终于学成归来，拿到了经济学硕士学位。小欣信心满满，自认为找到一份金领工作没有问题。可是，回国一年竟然没有找到合适的工作：每次面试归来后都石沉大海。这让小欣和家里人非常着急。
>
> "到底怎么了？"留学花费的巨额学费打了水漂？后来通过一位中介朋友才间接了解到，她被许多公司拒绝的理由竟然是太"胖"了！她现在的体重达到150斤，比出国前剧增了三十几斤。5年除了一张烫金的毕业文凭，小欣还积攒到了一身的"体重"。
>
> 说到这里，小欣不由流下了委屈的眼泪，她回忆起以前在留学期间学业比较忙，经常以快餐为食，没想到在国外的饮食竟然耽误了自己的前途！

2016年《柳叶刀》发表了全球成年人体重调查报告，中国拥有4 320万肥胖男性和4 640万肥胖女性，肥胖人口首次超过美国，列世界首位！美国则以4 170万肥胖男性和4 610万肥胖女性位列第二。肥胖，严重影响着人类的健康。我们已经慢慢熟悉了脂肪肝、糖尿病、睡眠呼吸暂停、进食障碍等词汇。而我们每天的饮食习惯,对身体健康关系重大。留学生,更需要健康的饮食生活。

曾经非常喜欢一个国外的烹饪节目,笑眯眯的大厨每天现场演示一个绝活,并端给每个观众品尝。我记忆最深刻的是胖胖的主厨对每种食材的喜爱与珍惜。他夸耀他选择的每一个料都是非常快乐(very happy)的。快乐的番茄,快乐的牛肉,快乐的胡椒粉,在他的积极情绪影响下,全场气氛热烈活泼,所有的食材都非常"快乐"地争先恐后地跳进锅子里煮着、炖着、烤着、蒸着。仿佛诱人的香味呼之欲出,可以从电视里飘出来一般。每日的饮食,对于独自去国外生活留学的学生们也是非常重要的生活课题。吃什么、怎样烹饪、如何配菜,做出可口又健康的食物,是需要潜心研究动手尝试学习的知识。健康的食物,快乐的食物,可以保证健康的身体和健康的心理来应对紧张的学习与生活压力。可口又健康的食物,是快乐心情的重要保证。

一、健康饮食标准

我们首先来借鉴一下,世界卫生组织建议的食物金字塔(eating pyramid)分布图。其中提到的有益健康的饮食是:

- 水果、蔬菜、豆类(例如滨豆和豆荚等)、坚果和全豆类(例如未加工的玉米、小米、燕麦、大麦、糙米);

- 每天至少食用 400 克(5 份)水果和蔬菜。土豆、红薯、木薯和其他淀粉类根茎食物不属于水果或蔬菜。

对于一个有着健康体重每天消耗大约 2 000 卡路里的人来说,应只有不到 10% 的能量来自游离糖,相当于不到 50 克(或大约 12 茶勺)。如果低于总能量的 5%,可能更有益于健康。多数游离糖添入食品,并天然存在于蜂蜜、糖浆、果汁和浓缩果汁中;但食用游离糖会加剧龋齿(蛀牙)的风险。从含有大量游离糖的食物和饮料中摄取多余热量还会导致体重不当增加,可能会导致超重和肥胖。

- 脂肪含量占总能量的 30% 以下。不饱和脂肪(来自鱼、鳄梨、坚果、葵花油、菜籽油和橄榄油等)优于饱和脂肪(来自肥肉、黄油、棕榈油和椰子油、奶油、奶酪、酥油和猪油等)。工业制作的反式脂肪(来自加工食品、快餐、零食、油炸食品、冰冻比萨饼、馅饼、饼干、人造黄油和涂抹食品的酱膏等）无益于健康；
- 每日食盐量低于 5 克（相当于大约一茶勺），并使用加碘盐。

二、快乐心情的食材

每天的学习生活是紧张的。留学生哪有时间来准备繁琐的美食呢？其实每天我们的身边都有一些普通但有益健康的食物。到底有哪些普通却有特殊功能的食材，能够帮助学生们补充脑力与体力，同时保持开朗快乐的心情呢？请看以下一些食物及其营养成分：

1. 巧克力

在巧克力的 200 种配方中，许多成分能够帮助战胜抑郁情绪。巧克力中含有咖啡因和兴奋剂成分，能够帮助降低疲劳感和焦虑感，并产生愉悦的心情。同时由于巧克力中含有丰富的脂肪与糖分，过多食用会发胖，建议适量并食用糖分相对比较低的黑巧克力。

2. 香蕉

香蕉是常见的水果。香蕉在人体内能帮助大脑制造一种化学成分——血清素，这种物质能刺激神经系统，给人带来欢乐、平静及瞌睡的信号，甚至还有镇痛的效应。因此，香蕉又被称为"快乐食品"。美国医学专家研究发现，常吃香蕉可防止高血压，因为香蕉可提供较多的能降低血压的钾离子，有抵制钠离子升压损坏血管的作用。另外，香蕉中含有生物碱，可以使人振奋精神，增强信心。而且香蕉中还富含色氨酸和维他命 B6，能帮助大脑制造血清素，可减少忧郁的情绪。

3. 海鲜

海鲜中含有丰富的维他命 B12 能够抵抗抑郁的心情。2002 年的一个研究结果表明，缺乏 B12 的人群患上抑郁症的几率要比普通人群高出 70%。成年人一天大约需要 2.4 毫克的维他命 B12。

4. 菠菜

人体如果缺乏叶酸，会导致精神疾病，比如抑郁症和早发性痴呆等。而菠菜中不仅含有大量的铁质，还含有人体必不可少的叶酸。常吃绿叶菠菜，会使人变得更健康、更快乐。

5. 南瓜

南瓜之所以和好心情有关,是因为它富含维生素 B6 和铁。这两种营养素都能帮助人身体所储存的血糖转变成葡萄糖,葡萄糖正是人脑部唯一的燃料。所以,南瓜派曾被认为是菜单上"最聪明"的甜点。

6. 大蒜

虽然大蒜的味道比较冲,但它绝对可以被称为食疗之王,对于许多身体与心理的疾病都有很多帮助。它的活性成分蒜素可以治疗头痛、抑郁等,同时能够降低心脏病和血液疾病。如果不能忍受它的味道或者方便口服,可以去药店买大蒜粉,一天服用量为 600～900 毫克。

7. 核桃

被称为"补脑佳品",含有非常高成分的血清素,也有其他镇痛的成分。

8. 牛肉

Yes,你没听错,虽然"白肉"更健康,但"红肉"却能让大脑更快乐,其中尤以牛肉为最。牛肉含有丰富的血红素铁。我们的大脑需要持续的氧气供给才能保持活力,而如果没有大量的铁元素做运输兵,这些氧分子就无法达到脑部。红肉还是维生素 B12 以及锌元素的丰富来源。研究表明,锌元素能提高记忆力,让思维变得更加灵活和缜密。

9. 全麦面包

麻省理工学院的朱蒂丝·渥特曼博士表示,吃复合性的碳水化合物,如全麦面包、苏打饼干,它们所含有的微量矿物质如硒,能提高情绪,有如抗忧郁剂。

三、食物的自我疗法

西方的家庭医生可以开处方药,药房里也有药剂师可以免费咨询非处方药(Over the Counter,OTC)的不同选择和药的特点与用途。然而,除了药物治疗,还有哪些天然的食材可以作为治疗疾病的辅助安全方法呢?詹姆斯·杜克(James Duke)博士在他的两本畅销书《绿色的药材》(the green pharmacy)和《治疗的食物》(Healing Foods)中,详细介绍了几种有效方便的绿色食材可以来治疗一些普通的疾病。你可以学习了解几种常用的原料以及它们的功效,并可以尝试在今后的烹饪中加入某些你喜爱的食材。

1. 改善睡眠质量

失眠严重地危害着我们每个人的健康。失眠的原因有许多,例如压力、焦虑、抑郁,也有情感困扰、家庭问题等原因。通过食物治疗,可以从辅助的角度来帮助改善一些情况。

(1) 樱桃

根据得克萨斯大学的研究显示,樱桃含有 0.1~0.3 毫克的褪黑素。褪黑素,又名黑素细胞凝集素,俗称为脑白金,褪黑素水平降低、睡眠减少是人类脑衰老的重要标志之一。因此,从体外补充褪黑素,可使体内的褪黑素水平维持在年轻状态,调整和恢复昼夜节律,不仅能加深睡眠,提高睡眠质量,更重要的是改善整个身体的机能状态,提高生活质量,延缓衰老的进程。

(2) 香蕉

在这里又提到了香蕉,它被美誉为"智慧之果"。香蕉中还含有丰富的蛋白质、磷、糖、维生素 A 和 C,膳食纤维也很多,可谓是营养的宝矿,同时它对改善失眠症状也有着不俗的功效。睡前吃一些香蕉,对于更好的入睡,有着很好的辅助作用。

(3) 黄豆

黄豆中含有丰富的铁、维他命 E、镁和叶酸。这些成分对睡眠都有非常大的帮助作用。

2. 降低焦虑感

每天紧张的学习与生活会造成学生们很大的压力和焦虑感。我们来看看哪些食材可以帮助降低焦虑感。

低脂牛奶:

纽约的西奈山医药中心研究发现,让有经前症候群的妇女,吃了 1 000 毫克的钙片 3 个月之后,四分之三的人都较少紧张、暴躁或焦虑。低脂或脱脂牛奶正是钙的最佳来源。建议在临睡前喝上一杯热牛奶,可以帮助减轻焦虑的症状,促进睡眠。

3. 减轻疼痛感

(1) 樱桃

美国密西根大学的研究发现,樱桃中有一种叫作花青素(anthocyanin)

的物质,可以降低发炎。科学家们认为,吃20粒樱桃比吃阿斯匹林更有效。另有报道指出,长期面对电脑工作的人会有头痛、肌肉酸痛等毛病,也可以吃樱桃来改善状况。

(2) Omega-3

临床研究显示,Omega-3能帮助抑制导致疼痛和发炎的"不良"前列腺素分泌。它也能降低血液的黏度,以促进脑部的血液循环。这将会减少偏头痛的发作次数,亦能降低其严重程度和持续时间。Omega-3是美国头痛基金会推荐的营养补给品。

4. 治疗感冒

面条鸡汤(chicken noodle soup)是在国外比较常见的一种加了意大利通心粉的汤。如果你感觉有感冒的初症,可以买一碗面条鸡汤回家加热,并在里面加入比较大量的大蒜和洋葱碎末,同时加一些姜丝末。喝下这碗特制的汤,并且美美地睡上一觉,对于感冒治疗是非常有效的。

5. 治疗抑郁症状

(1) 富含维他命B的食物

其中的成分能够有效抑制抑郁的发生。例如花椰菜、香蕉、菠菜、洋葱、豌豆、萝卜、黑豆、葵花籽等。

(2) 深海鱼油

鱼油中含有丰富的Omega-3。Omega-3家族的主要成员有DHA和EPA等,即通常所说的鱼油脂肪酸的主要含量。EPA对疏导清理心脏血管有重要作用,从而有效防止多种心血管疾病和炎症的发生,增强免疫力。

同时,DHA还占视网膜的30%～60%,决定了视网膜的发育。因此,DHA具有补脑、健脑、提高视力、防止近视以及提高免疫力的作用。

近些年来,Omega-3的相关研究发现,如抑郁症、双相障碍、精神分裂症等长期食用都会有显著的治疗效果。Omega-3具有消炎作用,能减轻肿痛,舒解关节炎的不适感觉。临床研究证实它能减轻晨间的僵硬不适,关节不会一碰就痛或肿痛,还能减轻疲劳。

6. 警惕的食物成分

(1) 味精

味精(monosodium glutamate MSG)能够增加菜肴的鲜味,是许多中餐厅都会用到的调味品。然而,过多食用味精后,人体血液中的谷氨酸含量就会升高妨碍钙和镁的吸收,从而造成短期的头痛、心跳、恶心等症状,且对生殖系统也有不良影响。因此,味精的害处还是比较大的。

(2) 碳水化合物

碳水化合物(Carbohydrates)过量食用,会造成头痛。同时也是造成糖尿病等慢性病的可怕杀手。

(3) 过咸食物:

我们人体对食盐的生理需要极低,成人每天7克以下、儿童每天4克以下就足够了。常吃过咸食物会损伤动脉血管,影响脑组织的血液供应,使脑细胞长期处于缺血、缺氧状态,从而导致记忆力下降、大脑过早老化。

(4) 含过氧脂质的食物

油温在200℃以上的煎炸类食品及长时间曝晒于阳光下的食物,如熏鱼、烧鸭、烧鹅等含有较多过氧脂质,会在体内积聚,使某些代谢酶系统遭受损伤,促使大脑早衰或痴呆。对于孩子来说,还是要避免多吃此类食物。

四、热量与体重的平衡

我们的体重与每天的热量摄入有着密切的关系。如果摄入的食物热量超过人体的新陈代谢需要,就会在身体内储存下来。留学生们每天的学习压力是非常大的,而饮食的健康与热量的均衡也是保证学习的重要范畴。基础代谢率(BMR, Basal Metabolic Rate)就是一个人要维持基本生理机能的最低热量值。一般来说,每千克体重每小时所需之BMR,约等于一大卡。举例来说,小美的体重为58千克,那么她一天下来的BMR=58(公斤)×24(小时)=1 392(大卡)。虽然BMR看起来很简单,不过身材较胖的人,通常其每公斤体重每小时的BMR会比身材较瘦的人小,这主要是由于瘦肉组织的生理代谢所需热量多于脂肪组织所致。而且,BMR无法代表一般人真正所需的基本热量值,因为无论再怎么懒惰的人,也会有非常轻微的活动,例如睡觉翻个身、讲话、眼球转动等肌肉张缩动作,所以,"静态能量消耗值"

(Resting Energy Expenditure,简称 REE),才是一般人所需的最小热能需求量。

$$REE=BMR\times 1.1$$

再举上述的小美为例,其 BMR 为 1 392(大卡),那么她一天下来的 REE=1 392×1.1=1 531(大卡)。

我的体重是:__千克。

我的 BMR=__(千克)×24=__(大卡)。

我的 REE=(2)×1.1=__(大卡)。

五、食谱与行动至上

1. 营养健康食谱

早　餐	菜　　单	
推荐菜单 1	煎鸡蛋(2 个)+一片全麦面包+一杯红茶或者咖啡(无糖)+樱桃	
推荐菜单 2	核桃麦片+一杯脱脂牛奶+一个水煮蛋+蓝莓	
午餐		
推荐菜单 1	1. 鸡肉蔬菜色拉+一杯鲜榨橙汁	
推荐菜单 2	2. 盐水牛肉+意大利通心面/全麦面包+一杯酸奶	
晚餐		
推荐菜单 1	蒜蓉西兰花+三文鱼	
推荐菜单 2	清蒸菲利鱼+菠菜汤+番茄	

2. 体重记录单

记录下每天吃的食物,保持良好的体型和愉快的心情。

一周饮食体重记录单:体重(　　　　　)

	周一	周二	周三	周四	周五	周六	周日
早餐/热量							
零食/热量							
午餐/热量							
零食/热量							
晚餐/热量							
零食/热量							

第十五章

如何打赢面试心理战？

心理咨询诊室故事分享

咨询诊室的沙发显得小了，从美国学习假期回来的艾里克长长的腿弯曲着，眼里流出了眼泪。"我投了无数封简历，才得到一两个面试。但我面试时紧张得很，全部失败了！怎么办？我找不到工作留不下来……"

中国留学发展报告(2013)指出，近年来，中国留学人员呈现加速回国的态势。1978~2012年，我国留学回国人数累计为109.13万，2009年回国人数首次突破10万人，比前一年增加50%以上。近5年回国的留学人员达到近80万人，是30年前的接近3倍。特别是2012年，留学人员回国数量达到27.29万人，同比增长46.56%。对于这一现象，有关人士形象地称为"有史以来最大的回国潮"。

留学的学习生涯漫漫，而毕业后，写好一份简历和顺利通过面试，是每个留学生必须要经历的一关。顺利过关，可以学习积累丰富的工作经历，在自己的简历上留下辉煌的经验，回国找工作也会占许多优势。但是，也有不少的同学在简历和面试上屡屡受挫。在这一章节，我们具体来学习一下如何写一份符合"世界型要求的综合人才"的简历，并能顺利通过面试的诀窍。

一、成功简历要素

首先,简历的目的是什么？说的简单一点,就是为了得到一个面试的机会。仅此而已！再复杂华丽的简历，如果没有得到面试，就是一份失败的简历。什么是简历？外文名"resume"、"CV"(curriculum vitae)。简历就是对个人学历、经历、特长、爱好及其他有关情况所作的简明扼要的书面介绍。简历是个人形象，包括资历与能力的书面表述，对于求职者而言，是必不可少的一种应用文。如果，你的简历花费了许多心血，而仍然无法得到面试的通知，那么，你的简历必须重写。一般来说，一页或者两页就足够了。据心理学家的研究，一份成功的简历需要在短短的10～20秒之内就引起阅读者的兴趣。

一份优秀的简历不宜带任何图案的点缀，以免被企业的服务器当作病毒拒收。寄简历的同时，应附上一封简要的求职信，概述一下自己的目标和愿望，再简述自己的经历和能力。不要同时给多家企业发千篇一律的求职信，否则会被不理睬。应聘一家企业，事先要反复阅读该企业的网站，留意他们的用词和用语。假如"挑战""竞争"这样的词出现多次，求职者就不妨在信中阐述自己喜欢"挑战"和不畏"竞争"。另外，一份"推销"自己的简历两页纸就足够了，冗长的简历往往会被招聘人员随手搁置一旁。简历要避免错字、别字和拼写错误；要突出自己的能力，不过，不要把过去了很久的学历再一一罗列，但可以突出曾经任过职的重要机构或师从的知名教授。

1. 描写个人素质和能力的词语

able 有才干的，能干的	active 主动的，活跃的	adaptable 适应性强的	adroit 灵巧的，机敏的	aggressive 有进取心的
alert 机灵的	ambitious 有雄心壮志的	amiable 和蔼可亲的	amicable 友好的	analytical 善于分析的
apprehensive 有理解力的	aspiring 有志气的，有抱负的	audacious 大胆的，有冒险精神	capable 有能力的	careful 办理仔细的
candid 正直的	charitable 宽厚的	competent 能胜任的	confident 有信心的	conscientious 认真的，自觉的
considerate 体贴的	constructive 建设性的	contemplative 好沉思的	cooperative 有合作精神的	creative 富创造力的
dashing 有拼搏精神的	dedicated 有奉献精神的 disciplined 守纪律的	devoted 有献身精神的 discreet（在行动、说话等方面）谨慎的	dependable 可靠的 dutiful 尽职的	diplomatic 老练的，有策略的 dynamic 有活力的

续　表

earnest 认真的	well-educated 受过良好教育的	efficient 有效率的	energetic 精力充沛的	enthusiastic 充满热情的
expressivity 善于表达	faithful 守信的,忠诚的	forceful（性格）坚强的	frank 直率的,真诚的	friendly 友好的
frugal 俭朴的	generous 宽宏大量的	genteel 有教养的	gentle 有礼貌的	hard-working 勤劳的
hearty 精神饱满的	honest 诚实的	hospitable 殷勤的	humble 恭顺的	humorous 幽默的
impartial 公正的	independent 有主见的	industrious 勤奋的	ingenious 有独创性的	initiative 首创精神的
have an inquiring mind 爱动脑筋	intellective 聪明的	intelligent 理解力强的	inventive 有发明才能,有创造力的	just 正直的
kind-hearted 好心的	knowledgeable 有见识的	learned 精通某门学问的	liberal 心胸宽大的	logical 条理分明的
loyal 忠心耿耿的	methodical 有方法的	modest 谦虚的	motivated 目的明确的	objective 客观的 orderly 守纪律的
open-minded 虚心的	original 有独创性的	painstaking 辛勤的,苦干的,刻苦的	practical 实际的	precise 一丝不苟的
persevering 不屈不挠的	punctual 严守时刻的	purposeful 意志坚强的	qualified 合格的	rational 有理性的
realistic 实事求是的	reasonable 讲道理的	reliable 可信赖的	responsible 负责的	self-conscious 自觉的
selfless 无私的	sensible 明白事理的	sincere 真诚的	smart 精明的	spirited 生气勃勃的
sporting 光明正大的	steady 踏实的	straightforward 老实的	strict 严格的	systematic 有系统的
strong-willed 意志坚强的	sweet-tempered 性情温和的	temperate 稳健的	tireless 孜孜不倦的	

2. 简历模板

简历可以分几大类完成：

（1）个人信息：例如姓名，住址等信息

（2）技能汇总：这是你这些年来所获得技能的精华

（3）学历：写出你的最高学历和年份

（4）证书：含金量比较高的证书可以很快吸引他人眼球

（5）工作历史：可以挑选与应聘工作比较相关的工作经历

（6）语言特长：如果你会多国语言，这是一项特殊技能。

以下提供 2 个模板。

Work Candidate Jobseeker

123 8th Street, 1st Floor • New Cumberland, PA 17070 • (555) 555-5555 • jobseeker@hotmail.com

Recent graduate in Mechanical Engineering with excellent skills and training

SUMMARY OF QUALIFICATIONS

- Strong academic training in Mechanical Engineering.
- Course work in variety of engineering disciplines.
- Hard working, detail oriented, able to multi-task.
- Excellent design and project experience.
- Well-developed computer and CAD abilities.
- Outstanding communication skills.

EDUCATION AND ACADEMIC EXPERIENCE

➢ **Penn State Harrisburg**, Middletown, PA
  BS in Mechanical Engineering Technology, 2002 (Dean's List)

Project Experience
- Designed and constructed working prototype model of robotics assembly.
- Developed concept, prepared and delivered presentation for approval.
- Performed actual design, using CAD and ANSYS programs, engineered power source.
- Constructed working scale model with motor and piston assembly for robotic arm movement and presented demonstration to class.

Course Work
- Thermodynamics II, Dynamics, Fluid Mechanics, Heat Transfer, Metallurgy, Quality Assurance, Quality Control, Building Energy Systems (HVAC), Finite Element Analysis, Computer-Aided Design, Introduction to Electronics.
- Course work in Thermodynamics I, Calculus III, and Strength of Materials, Florida Atlantic University

➢ **Harrisburg Area Community College**, Harrisburg, PA
  AA in Business Administration, 1999 (Graduated with Honors)

CERTIFICATIONS

Fundamentals of Engineering Examination (scheduled, October 2003)

COMPUTER SKILLS

MS Office, PowerPoint, AutoCAD 2000, ANSYS, Pascal, Internet

EMPLOYMENT HISTORY

Bartender, Zia's Downtown, Harrisburg, PA (2002 – 2007)
Server, Scott's Grille, Harrisburg, PA (2001 – 2002)
Accounts Receivable Representative, Merck Medco RX Services, Mechanicsburg, PA (1999)
Server, Sierra Madre Saloon, Camp Hill, PA (1998 – 2001)
Server, Friendly's, Camp Hill, PA (1996 – 1998)

LANGUAGES

Conversational in Spanish

JACQUELINE POLANSKI

1 Main Street, New Cityland, CA 91010 || C: (555) 322-7337 | example-email@example.com

Summary

Expert Process Controls Engineer with in-depth knowledge of industry standard process design methods. Analytical problem solver with strengths in organization, communication, and collaboration. Smoothly facilitate design and coordination among departments and vendors.

Key Skills

- PLC programming
- Wonderware experience
- Specification review
- Drawing creating and interpretation
- OSHA regulations and compliance
- Testing
- Quality assurance
- Continuous improvement
- Project management
- Strategic planning

Experience

Process Controls Engineer — 10/2010 to Current
Premier Controls Company — New Cityland, CA

- Develop instrumentation and controls for water and wastewater systems.
- Write functional descriptions and draft drawings of process controls.
- Assemble prototype control systems and develop logics.
- Model device uses to improve functionality and performance.
- Continuously improve process performance until optimal levels are achieved.
- Put together complete documentation to ensure end-users have complete knowledge.

Process Controls Engineer — 03/2006 to 09/2010
Samaritan Controls — New Cityland, CA

- Maintained, modified, and redesigned existing control systems.
- Identified and developed new controls to improve safety, operations, and profitability.
- Supported project development, installation, and startup with process control input.
- Troubleshot and corrected system design flaws and malfunctions.
- Maximized quality assurance by testing and improving even operational systems.
- Conducted operational studies to assess future needs.

Junior Control Engineer — 06/2004 to 02/2006
MechaniTech — New Cityland, CA

- Collaborated with senior design engineers to design and draft control circuits.
- Developed logic systems for timing ans sequence.
- Ran trials and quality tests on prototype equipment.
- Corrected problems with design and functionality.
- Verified controls conformed to specifications for operations.
- Coordinated with manufacturing to quickly address production issues.

Education

Bachelor of Science: Computer Science — 2004
University of California — New Cityland, CA

二、面试速胜要点

1. 面试种类

（1）第一种：情况介绍式面试

这是为你求职者安排的面试方式。这种面试是在你及与你在某领域有共同兴趣的人之间安排的,通过这种面试,你可以了解到某种工作或职业的信息,结识一些人以便将来进行联系。你应该对一系列问题进行准备,并且多带几份个人简历。参加此类面试,请注意以下四个问题:① 获取不同类型职业和工作环境的有关信息;② 对你所感兴趣的某领域内的主要问题进行探讨;③ 了解你所感兴趣的某些职业或工作的特点;④ 在此领域内结识一些人以便将来联系,获得更多的信息和帮助。对于大学或者研究生刚刚毕业的学生来说,这可能是你职业生涯比较正规的第一或者第二个工作。每一个面试的机会都是非常宝贵的。

(2) 第二种:筛选型面试

这是一种你寻找特殊工作时才可能参加的面试,通常由一名人事专家、业务专家和联合招聘人员出面进行,他们往往是经验丰富的面试者,应记住,虽然他们的工作不能决定你是否能成为本工作的理想人选,但也在一定程度上起着关键作用。他们通常会与主管人员或部门负责人交换意见,如果你有机会,他们将继续对你进行面试,因此,不要轻视这种面试,这种面试的时间往往很短(15至45分钟),往往是在你提交了工作申请后,在人事部门的办公室里进行。然而,现在以电话进行这类面试的方法也逐渐被人们采纳。由于面试者不能看到你的仪表,因此,要让你的声音来反映你的精神风貌。

(3) 第三种:决策型面试

在某种程度上,这是一种很重要的面试方式,往往由主管人员、部门负责人或者有权决定是否雇佣你的人来对你进行面试验,对你进行面试的人有数名,有时要花费一整天的时间。有时,主持面试的人并不一定熟悉这项业务。这对你既是好事,又是坏事。你可能不得不回答一些古怪的问题。但是,如果你已做好了充分的准备。你就能通过提出一些关键性的问题,并在适当的时机恰到好处地介绍自己的情况从而在面试中占据主动。

(4) 第四种:研究和筛选型面试

人们很少使用这种面试,一般来说,当公司招聘经验丰富的人员(如高级管理人员、行政官员)时才采用这种大幅度方式。被面试者一次要与5~10名面试者进行交谈,他们都将向你提问,都有同等的权力来决定是不是雇佣你,参加这种面试做好充分准备是非常关键的。

2. 面试特性

在欧洲,许多跨国公司和集团向社会招聘员工时都委托知名的顾问公司或招聘办公室代理。在企业老板们看来,这种招聘方式虽然昂贵些,但具有专业性、权威性和公正性,属于可信赖的途径。最近,比利时互斯顿招聘办公室的专家维尔斯先生,就如何适应市场游戏规则、提高应聘者成功的概率,提出了一系列参考建议。

(1) 精练的学历

维尔斯先生说,求职者首先应搞清楚什么职业最适合自己,以及自己的兴趣所在和优势。然后大量浏览和收集与自己专业有关的企业的文章,善于从媒体的报道中挖掘潜在信息,因为一家企业的重组、搬迁,都可能意味着有招聘机会。一旦确定了目标,应该给有关企业直接发邮件联系,甚至可以通过电话沟通。

(2) 注意事项

维尔斯先生根据比利时招聘市场和应聘者的特点,归纳出面试 9 项注意:

① 提前三五分钟到。面试如果迟到,会被看作不会安排时间、缺乏条理;提前 15 分钟到,似乎显得无所事事。因此,提前三五分钟到达最适宜。在等待的过程中,即便是超过了预约的时间,也不宜表现出不耐烦,否则会被当作易怒暴躁的人。切忌用手机打电话。

② 握手要适度。当招聘者招呼你时,伸手不要过于生硬,握手不要有气无力。假如他让你先进门,有可能是想从身后观察你。

③ 表情要自然。面试开始时,招聘者对你实际上已经有了第一印象,眼睛要看着对方,假如他们的目光让你感到不自在,你可以望着对方的眉毛或鼻尖,尽可能表现得自然。

④ 不可妄自菲薄或自贬,也不要过于夸张。当向招聘者谈及自己的经历时,要尽可能突出个人优势和实际能力,但注意不要过分夸张地推销自己。有经验的招聘专家很容易识破其中的水分,他们还很善于了解你变换工作的前后时间以及每次跳槽的动机和理由。

⑤ 面试者伸手时才握手。不要套近乎,招聘者对过于自信或过分轻松的人都不信任,有的人套近乎、过分随意,这些举止都让招聘者反感。

⑥ 注意听,保持冷静,不宜说得太多。不要过分咨询工作时间的长短,或随意批评一位同事或竞争对手。不宜开玩笑,不宜反复强调自己的应聘动机,也不要让招聘者感到无论什么条件你都要获得这个职位,这些都不利

于成功。

⑦ 避免与面试人谈政治或宗教。

⑧ 表达愿望。结束面试时,别忘记向招聘者表达你希望能够被聘用的愿望,在握手告辞之前,不妨问一句招聘的下一步内容是什么。

⑨ 在面试之前了解一些你申请工作单位的情况,例如公司网站等信息。如果有朋友更为了解公司情况,可以花些时间更深入获取重要的信息。

此外,有的公司还会让应聘者在电脑前回答一系列问题,有时可达70个之多,以测验其心理素质,包括应聘者的性格和上进心等。如果超过15分钟未能回答完问题,则有可能会被视作犹豫不决的人。尽管信息化程度已普遍很高,有的公司还是会让应聘者亲笔写一封信,西门子在比利时的公司就惯用这种办法,他们希望从笔迹上进一步观察应聘者的内在素质。所以,应保持个人风格,千万不要忽视自己的笔迹,否则也是会被看出破绽的。最后,签名很重要,它代表一个人在别人面前的形象。面试过程中最重要的部分是表述自己的学历、工作经验和资历。这些是和你应聘工作直接相关的。记得要告诉雇主,你仍然在不断改善你的英语,比如你每周还上几小时的英语课。因为英文不是你的母语,他们对此可能会有顾虑。工作经验和资历无疑是面试中最重要的部分。所以雇主很想知道个中的许多细节。雇主想知道你到底做过什么,做得好不好。因此你不要谦虚,把最好的成绩和方面表达出来。当谈及以前的工作成绩和表现,尽量用一些主动的、积极的、令人印象深刻的动词,比用名词或者系动词词组效果好。

以下是一些优秀的动词能表达自己的特长,可以在简历中挑选使用:

> acted; accomplished; adapted; administered; advanced(行动;熟练的;适合的;执行;发展)
>
> advised; allocated; analyzed; applied; approved(深思熟虑的;分配的;分析;实用的;被承认的)
>
> arbitrated; arranged; assisted; attained; blended; brought(公断;安排的;辅助的;混合的;带来)
>
> built; carried; out; catalogued; changed; classified; collaborated(建立;执行;分类;改变;分类;合作)
>
> compared; completed; computed; conceived; conducted(对比;完整的;计算;构思;带领)

第十五章　如何打赢面试心理战？

constructed; consulted; contracted; controlled; cooperated（构造；咨询；合同；管理；合作）
coordinated; corrected; counseled; created; dealt（调整；修正；讨论；创造；应对）
decided; decreased; defined; delegated; derived（决定；减少；规定；代表；源于）
designated; detected; developed; devised（指定；探测；发展；发明）
directed; discovered; distributed; documented（指导；发现；分配；记录）
doubled; edited; encouraged; engineered（加倍努力；编辑；鼓励；设计）
enlarged; escalated; established; estimated（详述；逐步上升；创立；估计）
evaluated; examined; expanded; experienced（评价；检查；展开；经验）
explored; facilitated; finalized; formulated（探索；促进；完成；规划）
founded; functioned; governed; grouped（建立；运行；管理；聚合）
guided; handled; harmonized; harnessed（引导；操作；协调；利用）
headed; identified; implemented; improved（前进；认同；实施；改进）
increased; indexed; initiated; inspected（增长；指出；发起；检查）
installed; instituted; interpreted; introduced（安装；制定；解释；提出）
invented; investigated; justified; led（发明；调查；证明；领导）
localized; located; made; managed（集中；定位；安排；处理）
maintained; mechanized; merged; moderated（主张；机械化；配合；节制）
motivated; negotiated; opened; operated（激发；谈判；开启；操作）
organized; originated; overcame; perceived（组织；引发；克服；认识到）
performed; pioneered; planned; prepared（执行；倡导；计划；准备）
presented; presided; processed; programmed（提出；管理；处理；制定计划）
promoted; provided; purchased; raised（促进；提供；赢得；提高）
recommended; recorded; recruited; rectified（建议；记录；聘用；改正）
redesigned; repaired; replaced; restored（重新设计；修复；取代；恢复）
reversed; reviewed; revised; saved（逆转；回顾；修订；节省）
screened; selected; serviced; set; up（拍摄；挑选；服务；建立）
solved; sorted; sparked; specified（解决；分类；鼓舞；说明）
started; stimulated; strengthened; summarized（开始；激励；加强；总结）
supervised; supported; systematized; tested（监督；支持；系统化；试验）
trained; transacted; transcribed; transformed（训练；谈判；转录；转换）
tripled; upgraded; validated; varied（三倍；升级；证实；改变）
verified; vitalized; won; wrote（查证；激发；赢得；写作）

而这些是一些很好的形容词来形容你的工作能力和个性品德：

> Accurate, active, adaptable, adept(精确的;积极的;适合的;适应)
> broad-minded(心胸开阔的)
> competent, conscientious, creative(有能力的;尽责的;有创造性的)
> dependable, determined, diplomatic, discreet(可靠的;坚决的;老练的;谨慎的)
> efficient, energetic, enterprising, enthusiastic, experienced(有效率的;精力充沛的;有进取心的;热情的;有经验的)
> fair, firm(公平的;坚定的)
> genuine, honest, innovative(诚恳的;坦率的;创新的)
> logical, loyal(有逻辑的;忠诚的)
> mature, methodical, motivated(成熟的;有条不紊的;有积极性的)
> objective, outgoing(客观的;乐于助人的)
> personable, pleasant, positive, practical, productive(风度好的;和蔼可亲的;积极的;富有成效的)
> reliable, resourceful(可信赖的;机智的)
> self disciplined, sense of humor, sensitive, sincere, successful(自律的;有幽默感的;灵敏的;有成效的)
> tactful, trustworthy(有分寸的;守信的)

三、面试心理点评

1. 面试经典点评

如果把面试比作是一对一的博弈战，也许太确切不过了。当然，面试者往往处在下方。要在短短的面试时间内，迅速打动对方的心，并且把自己成功推销出去，不能说不是一种高超的心理艺术。许多学生多年来学业成绩非常优秀，但却在面试中却屡战屡败，可能更需要静下心来，想一想：如何在面试中打赢这场心理战呢？可以借鉴前面一章节有关于沟通的内容，在自己的肢体语言和表达上下功夫。以下的内容注重于语言形式的表达沟通。一般面试中的问题都有一定的共性，谈谈面试中最常问的题目以及如何对答为妥。

问：Tell me about yourself. / Can you sell yourself in two minutes? 请自我介绍一下/请用两分钟自我推销一下？

心理评语：这往往是第一个问题，却也是打赢心理战的关键"战役"。或者说，是你展示自己的黄金时间。在这个最初的两分钟时间内，有的考官可能已经在内心打下了"是"还是"否"的选择。你需要反复训练自己的语言用词，语音语调和身体语言的综合运用。这个问题的主要目的是想大概地了解你，同时也是你能否"两分钟内销售自己"的关键问题。所以无需讲太多细节的东西。你的回答通常会帮助面试官决定下个问题问什么。除了给对方一个整体的印象，最重要的是着重讲和工作有关的经历。工作经验是大多数面试中最重要的环节。建议在准备期间，对着镜子反复练习。如果能录像，可以反复比较推敲自己的用词和表达。

问：Can you tell me about your responsibilities at your last job? 请告诉我你最近一份工作的职责。

心理点评：如果你刚毕业，可能以往的工作经验并不多。请注意这部分介绍越详细越好。学生的工作经验是个弱项，你可以多用以往的实习或者义工经验来弥补。应聘者最容易犯的错误之一是讲过去经历时太过笼统。雇主是想知道你到底做什么以及你做得怎么样，你讲得越详细，他们就越能知道你是否在行。就算你是在咖啡屋或者快餐店打工，也要坚信自己已经具有他们需要的经历。你可以换着用一些不同的词汇来形容，而且尽量不要每句话都用"I"开头。

问：What is your greatest strength? 请问你最大的优点是什么？

心理点评：这个问题的要点是一定不能"谦虚"，充满自信地把自己最好的方面体现出来。这可能是东西文化差异最大的地方。即使你的面试官也是来自东方，你的表达也要体现对自己的完全自信，甚至要一点谦虚的"自夸"的味道。记得要给一到两个具体的例子来证明自己不是在吹嘘。例如："I can see what needs to be done and do it"（我能看到需要做什么并能主动做），"I'm wiling to make decisions"（我愿意做出决定），"I work well with others,"（我有很好的合作能力）"I can organize my time efficiently."（我能高效组织利用时间）"I work well under pressure. When there is a deadline, I can focus on the task at hand and structure my work schedule well. I finished all the reports ahead of time without having to work overtime."（我能很好地应对工作压力。当快到最后期限时，我能集中精力完成手上工作，并安排好自己的工作日程。我能提前完成所有报告而不用加班。）

问：What is your greatest weakness? 你最大的缺点是什么？

心理点评：这其实是一个很经典巧妙但却隐藏了一个"陷阱"的问题，虽然对方询问的是你的缺点，其实你需要巧妙应答一个实质上是"优点"的缺点，尤其是你应聘的那个企业或者组织文化所需要的特点。比如工作太认真，对自己对人要求很高，工作很追求完美啦，等等。在讲到缺点后要记得说你一直在致力于"改善"（improvement）。例如："I tend to spend too much time making sure the customer is satisified. However, I began setting time-limits for myself if I noticed this happening"（我会花很多时间来确保顾客满意。不过，如果我意识到会发生这种情况，我会为自己定下时间限制。）；"I tend to drive myself too hard"（我常常严于律己），"I expect others to perform beyond their capacities"（我希望别人都能超越自己的能力），"I like to see a job done quickly, and I'm critical if it isn't."（我希望工作能快速完成，如果没完成，我会自我批评）"I work a little too hard and become nervous when my co-workers are not pulling their weight. However, I am aware of this problem, and before I say anything to anyone, I ask myself why the colleague is having difficulties".（我工作也很卖力，当同事们不能有效利用自己时，我会觉得焦虑。然而我知道这个问题，在我质疑任何人之前，我都要问自己为什么同事有困难。）

问：What is your strongest trait(s)? 你个性上最大的特点是什么？

心理点评：这个问题着重于了解你的性格特点，以及是否符合你应聘的工作性质。建议以积极正面的特点来陈述。你可以说自己"Helpfulness and caring."（乐于助人和关心他人）；"Flexibile and have a sense of humor."（有适应能力和幽默感）；"Positive and friendly"（乐观和友爱）。

问：How do you rate yourself as a professional? 你如何评估自己是位专业人员呢？

心理点评：这个问题是关于你自己的业务能力和特点的。任何一个专业人士，在自己的领域都需要占有一席之地。即使你刚刚毕业，你的专业与自己的学术特长也需要及时展现出来了。面试官也许对最新的知识和信息并不十分了解,你可以用这个机会来打动他或者她,让对方肃然起敬。With my strong academic background, I am capable and competent.(凭借我良好的学术背景,我可以胜任自己的工作,而且我认为自己很有竞争力。)With my teaching experience, I am confident that I can relate to students very well.(依我的教学经验,我相信能与学生相处得很好。)

问:Why do you want to work for us? 你为什么要想服务于我们公司?

心理点评:对这个问题你要事前做研究,看公司网站和其他有关信息等。越了解公司,对你越有利。雇主是很有必要知道你能否把工作范畴内的细节表达清楚的,这对你是否胜任至关重要。不要太过担心语法问题。面试时招聘人员总会问你:"Do you have any questions?"(你有什么问题要问吗?)以前我们讲过,面试十七大忌中其中一忌就是用"no"来回答这个问题。这个问题可以看出你是否对公司感兴趣并做过具体的分析思考与调查。问什么问题,对你的印象分有帮助,显示你是一个用心的人。一般来说,围绕着这些话题来问比较得体:

— "the competitive environment in which the organization operates"公司营运所处的竞争环境

— "executive management styles"管理高层的风格

— "what obstacles the organization anticipates in meeting its goals"公司在达到其目标过程中预计会遇到什么障碍

— "how the organization's goals have changed over the past three to five years"公司的经营方向在过去三到五年内有什么变化

问:Do you workwell under stress or pressure? 你能承受工作上的压力吗?

心理点评:能够承受工作上的压力是好员工的基本素质。你可以回答:The trait is needed in my current(or previous) position and I know I can handle it well.(这种特点就是我目前(先前)工作所需要的,我知道我能应付自如。)

问:Could you project what you would like to be doing five years from now? 你能展望一下五年后,你会做什么吗?

心理点评:这个问题是考验你的人生规划,主要是关于自己事业方面的。你可以参考前一章关于时间管理和未来规划的内容。在工作具体内容方面，你可以把自己未来发展的部门和具体职责做一个展开。你可以回答："As I have some administrative experience in my last job, I may use my organizational and planning skills in the future."（我在上一个工作中积累了一些行政经验，我将来也许要运用我组织和计划上的经验和技巧。）"I hope to demonstrate my ability and talents in my field adequately."（我希望能充分展示我在这个行业的能力和智慧。）"Perhaps, an opportunity at a management position would be exciting."（也许有机会，我将会从事管理工作。）根据现场互动的情况，如果你不愿正面回答，也可以说："It would be premature for me to predict this."（现在对此问题的预测，尚嫌过早。）

问：Do you consider yourself as a leader? 你认为自己是一个领导者吗？

心理点评：答案必须是肯定的！信不信由你，领导才能（leadership）在西方社会里是极受重视的，就算你是个生产线的装配工，有领导才能也会比没有好。所以，多多少少你也要说你有领导才能。你可以回答："I feel that learning how to motivate people and to work together as a team will be the major goal of my leadership."

（我觉得学习如何把人们的积极性调动起来，以及如何配合协同的团队精神，是我行政工作的主要目标。）"I have refined my management style by using an open-door policy."（我以开放式的策略，改进我的行政管理方式。）

问：Why are you leaving your present job? 你为什么要辞掉现在的工作？

心理点评：频繁跳槽，会让人觉得不可靠，波动性大。许多企业都注重员工的忠诚度，至少在面试的时候需要得到验证。你可以提自己的未来规划，自己的特长，感兴趣的部门等等。对于学生来说，可能不会问这个问题，也许他们会好奇，为何你没有在实习的地方继续下来？你可以诚实地回答，比如公司内部现在不需要、机构重组等等原因。或者你觉得现在工作不适合你自己的长远职业需要等等。

问：What do you think of your boss? 你对你现在的上司怎么看？

心理点评：这不是一个不太容易回答的问题。面试官可能就是你未来的上司。你在未来会如何评价他/她呢？每个人都会把与自己有关的任何信息投射到自己的潜意识中去。可行的建议就是尽量讲好的方面，或者从不好的方面找到闪光点。一般招聘人员都不喜欢听你讲以前老板的坏话，尽管真假难以查考。

2. 面试中的困难问题

问：How do you normally handle criticism? 你通常如何处理别人的批评？

心理点评：这是在考验在今后的工作中，你是否能够应对可能发生的批评。这对留学生来说，可能是要有心理准备的。由于经验上的不足，你需要有足够大的心理承受能力来应对批评。When we cool off, we will discuss it later.（我会等大家冷静下来再讨论。）

问：How do you handle your conflict with your colleagues in your work? 你如何处理与同事在工作中的意见不合？

心理点评：这个问题是关于你与同事关系的。或者说，看你如何解决工作中的矛盾冲突。A：Sometimes people could misunderstand others. I learn to think from different perspectives. I will try to present my ideas in a more clear and civilized manner in order to get my points across. Communication is very important to resolve conflict. First I would discuss the issues privately with the team members involved then I will help to find out a way to settle based on the business needs.（有时候，我们会误解对方。我总是学习从他人的角度来思考问题。我要以更清楚文明的方式，提出我的看法，使对方了解我的观点。沟通是最重要的，要理解各方的真正要求。开始会私下进行了解。）

问：How would you describe the essence of success? According to your definition of success, how successful have you been so far? 你如何定义成功？根据你的定义，你认为到现在为止你有多成功？

仔细想想，回答时重点强调你以往取得的成绩。

心理点评：这个问题比较狡猾，也难以回答。关于成功的定义，也许涵盖了几乎所有人生的哲理，可以洋洋洒洒写一篇论文。你需要轻松绕过具体细节，或者说"不纠结"在成功的这个问题上。作为一个刚毕业的大学生，你的人生刚刚起航。你可以这么说："我们每一个人对于成功的定义都是不同的，有人认为是事业，有人认为是学历，有人认为是健康，有人认为是家庭。我还年轻，但我一直在探索中。希望能找到答案。"

问：What is most important in your life right now? 眼下你生活中最重要的是什么？

回答：To get a job in my field is most important to me.（对我来说，能

在这个领域找到工作是最重要的。）

回答：To secure employment hopefully with your company.（希望能在贵公司任职对我来说最重要。）

问：**How do you spend your leisure time? 你如何打发你的业余时间？**

心理点评：问到这个问题，往往是面试接近结束的时刻，或者说，你已经熬过了面试最艰难的部分，也可能是你打动面试官的那最好一击。也许，你们有着共同的爱好，例如绘画、打球、服装设计等。你的兴趣越广泛，你越能吸引对方的关注和兴趣。

问：**What are your salary expectations? 你对薪金有什么要求？**

心理点评：最关键的问题来了！注意点：第一次面试，或者在双方未有确定的意向以前，除非是已经到了签合同的阶段，最好不要问待遇如何。那样显得你更关心公司能为你做什么，而不是你为公司能做什么。如果对方提问，你该如何巧妙回答？这取决于你对自己未来的工作打算。例如，也许你迫切地想得到这一份工作，它能给你带来更好的推荐机会的参考；或者你的心里有一个薪金的范围要求："Why don't we discuss salary after you decide whether I'm right for the job?"（为什么我们不讨论一下我是否胜任呢？）如果对方追问你的要求，这是一个好的迹象，证明他或者她对你比较满意，希望能够尽量满足你的要求，你可以大胆说出实话，或者把自己现在的薪金做个比较。当然，你也可以把问题抛回给对方"Can you discuss the salary range with me?"（您能说一下我的薪资可能的范围吗？）

3. 如何巧妙提问？

上次我们讲了在面试时可以问招聘人员的问题，主要是围绕着对该公司、该行业的认识和发展来提问。这次我们来看看哪些问题是可以探测面试官对这次面试的印象以及有没有下一步安排。学生在找第一份工作时，可能底气不足，不敢多问担心言多必失。每一次面试，都是一个学习锻炼自己的机会。你可以向对方提出以下问题：

（1）你的主要工作职责是什么？

（2）你工作发展的前景何在？

（3）要成为你现在所从事的工作的合格候选人，我需要具备哪些经验，需要接受什么样的教育？

（4）该单位是什么样的组织机构，你应该向谁汇报？

具体来说,参加面试你可以问以下问题:

(1)"What are the main objectives and responsibilities of the position?"(这一职位的主要工作目标和职责是什么?)

(2)"How does the company expect these objectives to be met?"(公司期望如何达成这些目标?)

(3)"What obstacles are commonly encountered in reaching these objectives?"(在达成这些目标时通常会遇到什么障碍?)

(4)"What is the desired time frame for reaching the objectives?"(达成目标所需的时间进程是什么样的?)

(5)"What resources are available from the company and what must be found elsewhere to reach the objectives?"(公司有哪些资源可用?以及为实现目标还需要找到哪些其他资源?)

重点问题汇总:

(1) Have you had a chance to review my resume? 您是否有机会看了我的简历?

心理点评:这个问题可以放在面试开始,也是反被动为主动出击的办法。别以为这是个多余的问题。事实上,不少的面试人员事前并没有看过应聘者的简历,就匆匆忙忙开始了面谈。他们一边面试一边看你的简历。这个问题是个开场白,如果他们没有看过你的简历,通常也不会承认,可能会说:"I haven't had the chance to review it in details as I would like to."(其实就是一次也没看过。)不要为此懊丧,没看过的话,正好可以说,"Well, maybe it is helpful for me to talk about the highlights of my qualifications."(这样的话,我正好可以谈谈我的个人情况)就好像一个销售人员在推销产品之前,总是问"你对这个产品有什么认识/了解吗?"然后再开始自己的陈述。即使他们说已经看过你的简历,你一样可以说:"So let me talk about the highlights of my qualifitions."(那让我来谈谈我的资历吧!)

(2) I've read the job description, but how would you describe the nature and duties of this job? 我阅读了职位职责要求,但你是否能够再详细描述一下这份工作?

心理点评:乍看这个问题显得明知故问,其实不然。你对这份工作有你的理解,而招聘人员也许有他自己的看法,和登出来的招聘要求并不完全一样。通过他们对这份工作的描述,至少你可以听出来什么是最重要的,什么是招聘广告里面没提到的。那么借此发挥:"I am glad to hear that maintaining customer relationship is a great part of this position. I am very customer-focused and always keep their needs in mind."(我很高兴能听到维护客户关系是这一职位的重要部分。我非常注重客户,并时刻记得他们的需求。)假设你在第二次面试中和另一个面试人员谈,那么可以再次问这个问题:"I've spoken to Mr. Smith about the responsibilities involved in this job. What's your take on the most important aspects of this position?"(我已经和史密斯先生谈过这项工作的职责。您认为这个职位最重要的方面是什么?)

(3) How would you describe the atmosphere, the culture of this company? 您能描述一下企业文化吗?

心理点评:这也是个有双重目的的问题。首先就是了解公司的气氛、文化、环境是怎样的,是否合适自己发展;其次是可以表明自己很喜欢这种环境。可以说:"I really like that. I am energized by pressure situations."(我很喜欢这样。我会被压力所激励。)

(4) Is there anything else I can tell you about my qualifications? 有关于我的资历,您是否还有其他方面需要了解?

心理点评:如果主考官问你,还有什么问题吗(any questions)? 你可以正好追问这个问题。也许,也可以提醒对方,还有其他需要补充的内容。有可能的话,尽量用"qualifications"代替"experience"。前者代表了取得的成绩,更加突出了你是有才之士,相比之下后者比较中性,被动。问这个问题,有益无害,只要面试官说"Yes",你就有更多的机会把最好的料子亮出来。越能让对方说"Yes",你在他们眼中就越有价值,留下的印象越深。这是在首次和第二次面试中值得问的问题(假设面试总共有三次的话)。

(5) If you hire me, what results would you like to see me produce? 如果你雇佣我,你希望看到我在哪些方面有成绩?

心理点评:问这个问题,从心理层面上做到了"积极暗示"或者说"积极催眠"的作用——"If you hire me"。同时,显示出你的工作心态不是敷衍了事,而是认真对待。认真的态度,是所有面试官都赞许的。不管对方说什么，你都可以接着说："This is what you expect, this is what I will do."（这是您期待的，也是我将会去做的）可以对新的面试官重复同样的问题。

(6) What do you consider ideal experience of this position? 你认为这个岗位最佳人选有什么特点？

心理点评：这个问题的目的是衡量自己的资历水平和对方所说的理想人选差多少，然后尽量把距离拉近。先把已经符合的部分重申一次，然后再说不符合的部分，强调自己的经验和学习能力，可以很快把差距消除。

(7) Based on what I've told you, don't you think that I could give you all that you need in this position? 根据我描述的情况，您认为我还需要提供其他什么信息？

心理点评：就像所有的销售人员，在最后敲定之前，都会问："根据我前面的介绍，你难道不认为这是笔好交易吗？"这个问题是为了引出一个积极的回应，绝大多数的面试人员很难在这个问题下生硬地打发你，他们很可能说"Yes"。

A：With my qualifications and experience, I feel I am hardworking, responsible and diligent in any project I undertake. Your organization could benefit from my analytical and interpersonal skills.（依我的资格和经验，我觉得我对所从事的每一个项目都很努力、负责、勤勉。我的分析能力和与人相处的技巧，对贵单位必有价值。）

第十六章

幸福在哪里？

一、幸福的定义

美国心理学家马斯洛和米特尔曼提出的"幸福的心灵"的十条标准被公认为是"最经典的标准"：

(1) 充分的安全感
(2) 充分了解自己，并对自己的能力作适当的估价
(3) 生活的目标切合实际
(4) 与现实的环境保持接触
(5) 能保持人格的完整与和谐
(6) 具有从经验中学习的能力
(7) 能保持良好的人际关系
(8) 适度的情绪表达与控制
(9) 在不违背社会规范的条件下，对个人的基本需要作恰当的满足
(10) 在集体要求的前提下，较好地发挥自己的个性

要完全达到这十点并不是一件非常容易的事情，高尚心灵还包括了适应能力、耐受能力、调控能力、社交能力和康复能力。马斯洛的标准能够解析为认识清醒健全，情绪积极饱满，意志品质良好，个性完善统一，人际关系和谐以及潜能充分发挥等六大方面。然而，我们每天生活在一个不断变动的环境中，工作、家庭情感、亲子关系，时时刻刻在打扰我们的情绪。留学生在国外的生活，受到多方面的压力和困扰。这时候，寻找一位适合的心理咨询专业人士就显得尤其关键和重要了。

丹尼尔·戈尔曼(Daniel Goleman)在《情绪脑》(*The Emotional Brain*)

中提到，大脑是战斗还是逃跑模式，会很大限度上受我们的情绪波动变化影响，从而限定了普通人类的理解视野。同时，人的一生总会遇到许多情感的困扰。很多人在碰到情感问题时，就会有这样的疑问："是否找我的好朋友聊一聊，出出主意？"真实结果如何？究竟能够解决问题吗？搜集得到的许多反馈是，听了朋友们七嘴八舌的建议，好像越来越迷茫，不知道该怎么办了。例如，是否该分手，不该分手？他到底爱不爱我？他为什么离开我去找另外一个女孩？朋友们站在好友的立场，听了你的一面哭诉，往往对那个"坏人"无法容忍，恨不能去揍一顿出气。但是，她可能没法理解，你对"他"用情已深，无法自拔。也就是说，我们在遇到情感问题时，选择闺蜜或兄弟倾诉是一种方法，而有许多人特别是男生，非常尊重自己的隐私权，不愿与他人分享自己的苦恼与心事，只是自己默默忍受。那么我们究竟该如何做才能不受情感困扰，保持自己的学习和生活能够顺利进行呢？

二、行为的心理特点

我们每时每刻都受到环境的影响，与外界人物和事情的互动会产生起伏不断的情绪变化。如何自我调节自己的心情与想法，是保持心理健康的一个重要内容。认知行为疗法（Cognitive Behavioral Therapy），是现代最广泛使用的一种心理治疗法。近20年，认知行为疗法已经成为非常有影响力的主流治疗学派。它的基础是这样一个理念：任何情绪失控都源自适应不良或者受特定环境影响而造成的思想扭曲。这会干扰到人们的日常生活。10岁以上的学生，能够学会认知、监控他们自己的情绪，确定自己的思维模式和无意识模式，并通过主动检查这些思想，培养出恰当的技能反应。行为有几个基本的概念：

（1）任何行为都是一种沟通方式。
（2）行为具有一定的目的。
（3）行为的发生具有一定的模式。
（4）不良行为是深层心理问题症结的表现。
（5）我们只能控制自己的行为。
（6）行为是可以改变的。

因此，只要改变我们原有的固定认知，就能够改变我们的行为。关键在于，我们是否能够把情绪、想法从行为和周边环境中区分开来。请自问以下问题：

- ✓ Who？我与谁在一起？（场景）
- ✓ What？我在做什么？（行为）
- ✓ When？事情是在何时发生的？（场景）
- ✓ Wherer？当时，我在哪里？（场景）
- ✓ Mood 情绪：通常情况下，我们可以用一个词语来描述自己的情绪。
- ✓ Thoughts 思想：就是出现在你大脑此时的图像、文字和记忆。

三、幸福行动清单

我们每一个人都在努力找寻幸福。可是，幸福的感觉却总是那么短暂，可望而不可及。当你觉得内心很痛苦很难受时，该怎么办呢？有效方法之一，就是尝试做一些你喜欢的事情可以让自己的注意力转移到积极正面的方向来。但要注意的是，不要等到自己的心情处于崩溃状态才去尝试，这往往已经太晚了。你应该积极主动地把某些事情作为每周的一种行动习惯，至少可以让自己天天有幸福快乐的感觉。运动对于保持心情的愉快是至关重要的，同时也可以治疗抑郁症的发作。看看以下心理专家的一些幸福行动清单吧！

与朋友煲电话粥	自己动手做一顿饭
出门拜访一位好友	参加烹饪课
邀请一位朋友到家里来	外出去餐馆吃饭
与好友微信聊天	问朋友借一下宠物狗，去公园玩
健身，如跑步、举重，或拉伸你的肌肉	给宠物洗澡
参加培训，如瑜伽、太极或普拉提	阅读
组织一个聚会	看一场喜剧电影或者喜剧电视
去公园散步或其他幽静的场所	听广播

续 表

去户外看云	与朋友玩游戏
慢跑	网上聊天
骑自行车	创建一个网站或博客
游泳	卖掉家里的闲置物品
爬山	完成一个大拼图
跳舞	打心理危机或自杀干预热线并与他人聊天
做些剧烈运动,如冲浪、攀岩、滑雪、骑摩托车、跳伞	购物
看一场精彩的体育比赛	去理发
按摩或SPA,可以舒缓情绪	去图书馆
开车兜风,或去乘公交地铁	看喜欢的杂志或书
美美睡上一觉	写日记
吃巧克力或其他自己喜欢的东西	画画、涂色(如秘密花园)
走出房间,去户外坐一坐	做家务
去书店阅读	写一张人生愿望清单
去你喜欢的咖啡馆喝一杯咖啡或茶	写一个有关你自己的最有趣、最疯狂的故事
去当地的博物馆或艺术馆	给一个人写信,他或者她改变了你的生活
冥想或祈祷	给你爱的一个人写信,告诉他或者她你的感情(不建议寄出去)
给上帝写一封信	列一张你崇拜的人物清单(可以是历史人物或是小说中的幻想人物)。说明你崇拜他们的原因
学习一种新的语言	打电话给一个很久没有联系的家人或朋友
唱歌或开始学习唱歌	帮助别人
写一首歌	学习一种乐器

续 表

摄影	听一些节奏欢快的音乐
参加当地的合唱团	园艺
参加学校的一个社团	针织、缝纫
美容或美甲	泡个热水澡或泡泡浴
修理汽车、摩托车或自行车	染发
做你喜欢的一种义工活动	

四、冥想的力量

1. 什么是冥想?

冥想(meditation)是一种改变意识的形式,它通过获得深度的宁静状态而增强自我认知从而达到良好状态。在冥想期间,人们也许集中在自己的呼吸上并调节呼吸,采取某些身体姿势(盘坐或瑜伽姿势),使外部刺激减至最小,产生特定的心理表象,或什么都不想。冥想更是一种思维方式,是精神生活的基本功,是和潜意识沟通的一种方法。

2. 冥想的效用

冥想的心理变化是英国的一位心理学博士总结的,冥想给我们带来的心理的效应有五点:宁静、忍耐力、记忆力、注意力、理解力。通过瑜伽的体位法,我们学会身体的坐定,达到心理的禅定,从而使得身心安静。以盘腿为例,如果坐一会觉得膝盖很酸、腰很痛、身体无力,这样就会感到烦恼。但是如果经常坚持练习,慢慢的就会坐久而且越坐越舒服,那就达到坐定了。不同的体位法把身体各部位的肌肉和韧带拉开,经络疏通,让身体灵活起来。生活当中如果不能很好地使用身体,颈部和腰部的生理弯曲就会发生改变,人的形体会改变,人不但没有精神,而且心里会烦闷,甚至出现血压不稳定、心血管疾病、妇科疾病、消化疾病等。通过瑜伽的体位法调整脊柱健康,自然内脏器官就健康了。瑜伽体位法的训练,由对身体的冥想,达到情绪、情感、思维的深层次冥想。冥想的追随者认为冥想真正的生理学可被特化为宁静的机敏,一种较低的身体唤起但增强的觉知状态(Dliibeck &

OrmeJohnson，1987；Morrell，1986)。

冥想至少可以起到减少焦虑的作用，特别是对那些环境中充满应激的个体(Anderson et al.，1999；Shapiro et al.，1998)。然而，冥想的目标不只是暂时缓解紧张。冥想的实践者已经提出，有规律地练习某些形式的冥想会增强意识，有助于使个体获得启迪，并以新的方式看待那些熟悉的事情，把知觉和思维从自发的已学会的模式中解放出来。一些研究者也已经提出，有规律地进行冥想可使心理超越西方心理学所认为的局限——甚至影响在可测量的智力和认知操作上的进步(Cranson et al.，1991)。

冥想，并非仅仅是放松(Relaxation)这么简单。后者只是简单地使身体和心情放松休息下来；冥想却是有意识地把注意力集中在某一点或想法上，在长时间反复练习下，使大脑进入更高的意识(类似禅的"入定")，最终达到天人合一的境界。所谓的冥想就是停止知性和理性的大脑皮质作用，而使自律神经呈现活络状态。"调息法"及"冥想"是较高层次的瑜伽术，并不适宜自学，初学者必须先练习各个瑜伽姿势，待充分掌握后才可学习它们。此外，患有任何情绪病或精神科疾病的人士，更不可练习"调息法"或"冥想"，以免造成危险。简单而言，胡乱练习"调息法"或冥想会对健康造成不少伤害。

五、迈向幸福之路

每个人体验到幸福的感觉都是很独特的：也许是一首歌，或者妈妈织的围巾，一本书、一幅画、一张车票，甚至是故去亲人的一张旧照片等。这些物件是过去幸福时刻的锚，能让你迅速找到以往感觉幸福的时刻。

1. 幸福百宝箱

幸福百宝箱是什么意思？其实很简单，就是把那些自己生命中片刻的点滴幸福感积攒起来，存放在一个美丽的小箱子里。当自己感到失落悲伤挫败的时候，打开自己的幸福百宝箱来，感受一下幸福的感觉。这样心情会慢慢舒缓起来。这就是幸福百宝箱的秘密。请你在自己家里制作一个属于自己的幸福百宝箱。当自己感觉很糟糕的时候，打开它看一看，摸一下：

幸 福 百 宝 箱		

建议你可以带一个迷你型"幸福随身包",保证自己在感觉很糟糕的时候,能够比较迅速地冷静下来。

2. 心理专业人士帮助

心理学家、咨询师和精神科医生的工作性质有什么不同? 专业的解释是:"Psychiatrist"中文翻译为"精神科医生",可以咨询也有处方权;"Clinical Psychologist"翻译为"临床心理医生",一般没有处方权。而"Psychologist"的中文翻译却比较广义化,可以统称为"心理学家",或是"心理医生";"Therapist"是比较广义的称呼,中文翻译为"心理治疗师"。他们都是以心理咨询为主要手段,没有医生的处方权;在中国咨询界比较通用的"心理咨询师"这一称谓,其实英文中并没有相应的专业名词来对应。在咨询中,需要运用各种心理学以及相关知识,遵循心理学原则,通过心理咨询的技术与方法,帮助求助者解除心理问题。共同的特点都是没有处方权,差异存在于每个心理从业人员对于个案咨询的临床经验,是否符合每个国家的考证执照以及专业背景知识要求。

心理医生、心理咨询师和心理咨询师用相似的交谈的方法进行治疗,但是他们不可开药。唯有精神科医生和家庭医生有执照为精神病患者行医开药。如果你需要药物,心理学家或咨询师可以与你的家庭医生或精神科医生合作,找出最好的治疗方案。虽然多数精神科医生专注于精神病的药物控制,其中也有不少提供心理和药物混合治疗的。选择一位合适的治疗师,应该挑选最适合于你自己特点的那位。先与几位治疗师谈话,然后决定选择何人。找一位能令你信任和感觉舒服的人。

3. 走向幸福的步骤

在过去的十年里,心理咨询在中国经历了痛苦的蜕变,从被人嫌弃的丑小鸭慢慢蜕变成了美丽的天鹅。人们慢慢从躲避逃避的心态转移到接受与重视,去看心理医生已经不再是"心理有疾病"固有的标签,而是寻找专业人士解决生活难题的行动。然而借助专业的心理医生帮助,可以照见真正的自我需要。借鉴马斯洛的需要理论,中国人民从最初的饮食温饱需要慢慢向高层次的精神层面需要转变,这真是一种令人庆幸的社会进步,不愧是我们"心灵"趋向高品质追求的一种表现。当然,仅仅依靠一些心灵鸡汤或者自我疗愈书籍,不能解决属于我们私人的许多困惑和当下难题,例如择偶、婚姻、离异、家庭矛盾、工作压力等各个方面。我们来看看心理咨询专业人士能从哪些方面帮助你提高情感生活品质:

(1) 改善提高恋爱与婚姻质量

在恋爱和婚姻中有许多需要沟通与理解的秘密。如何学会与自己的配偶良好沟通,成为一个重要的研究课题。专业心理医生能够针对你们婚姻中的问题,提出有针对性的辅导与建议。

(2) 改善家庭亲子关系

有人说,中国现代的家庭模式就是:缺失的父亲,焦虑的母亲,失控的孩子。其实实际情况更加复杂与糟糕。家庭的模式,加上隔代教育差距,单亲多亲组合,甚至留守儿童问题都是这一复杂性的证明。心理医生能够帮助父母分析家庭冲突和矛盾,共同探讨解决方案。

(3) 保持立场中立

心理治疗师不是你的"闺蜜"或者"哥们儿",能够不带任何个人的偏见与私念,能够比较中立地帮助你换位思考,从不同角度来看待问题解决问题。相反,"闺蜜"可能由于自身角色定义,不能比较理性地分析你的情况,往往会带来许多的心理误导与抉择错误。

(4) 发现性格上的盲点

许多人其实并不了解自己,也非常困惑为何在某方面屡屡不受到他人的喜爱或社会的肯定。心理医生可以通过人格心理分析和专业测试,帮助你更加了解自己和潜意识。

(5) 帮助建立良好的亲密关系

亲密关系是我们人类身心健康的基石。心理医生可以帮助你找到阻碍家庭和社会亲密关系的绊脚石,帮助你重新建立自信。

(6) 保护个人与家庭的隐私权

我们每个人的隐私是我们心中想要保护的东西,即使最坚强的男人也有脆弱流泪的时候,也有不愿他人知道的痛苦秘密。把自己最深处的困惑分享给专业的心理医生,的确要比分享给自己的家人或亲友要来的可靠一些。同时,因为心理医生与你保持一种陌生的关系,不会介入到你的生活中去。这样的情况,更加能够帮助保护你的隐私权。

原来,寻找幸福的秘密就是,拥有亲密的朋友分享快乐,也要找到一位心理专业人士分享烦恼。

心理绘画作品(墙画):爱(林家羽)

附录 1

出国准备清单

如果你通过了前面的测试题，那么恭喜你！你的综合适应能力强，学习自主力强，交往能力也很强，适合出国留学。如果你已经收到了学校录取通知书，更要祝贺你！外面的世界正在等着你去探索去发现，我们来看看临行前的行李准备清单：

第一类：重要文件

项　目　内　容	请打钩
有效机票	
有效护照	
所去国家有效签证	
毕业证学位证	
各类成绩单	
体检证	
疫苗证以及其他	
录取通知书	
各类英语公证书	
2寸照片（若干）	
其他学校邮件中需要的相关文件	
1. 个人简历。 2. 推荐信（原件及复印件分开放）。 3. 各种公证书（学历、学位、出生）（原件及复印件分开放）。 4. 各种证明文件（成绩等）（原件及复印件分开放）。 5. 各种证书（原件及复印件分开放）。 6. 雅思成绩单（原件及复印件分开放）。 7. 出国体检表复印件。 8. 学校通知书和入学确认书（COE）（原件及复印件分开放）。 9. 学费收据（原件及复印件分开放）。	

续表

项目内容	请打钩
10. 2寸护照相片25张、1寸报名相片20张。 11. 护照(原件及复印件分开放)。 12. 毕业论文。 13. 通讯簿(2套分开放)。 14. 家人的相片册。 15. 有关的各类资料：配眼镜的验光单、澳洲地图。	

第二类：钱＋银行卡

每个国家对于现金的携带量都有规定。例如美国，现金不能超过一万美元，否则会被扣税。低龄的留学生们可以携带一张父母爸妈的附属卡，并开启消费提醒功能。

第三类：日常用品

一般日常用品可以在国外超市或者网站买到，也很方便。如果你去就读的学校不属于非常偏远的地方，那么日用品的购买是不需要太担心的。另外，有许多品牌经常进行季节促销和打折，一定有许多惊喜等着你！

出国留学日常用品清单			
床上用品		厚衣服1件	
床单2条		长袖衬衣2件	
枕巾2条 窗帘若干幅		手表1个	
		外套(上衣)1条	
		裙子2条	
背包		沙滩裤2件	
双肩背包1个		内裤4条	
相机包1个		T恤(短)5件	
可折叠备用袋子		泳裤2条	
资料袋1个		太阳镜1个	
		小镜子1个	
衣服		晾衣服的绳子1条	
牛仔裤2条		袜子(短)4双	

续　表

出国留学日常用品清单	
长裤(薄)1条	相机：1个电池，3个充电器
雨伞1把	相机：存储卡2张
旅行鞋1双	MP3一个
洗漱用品	耳机一个
棉签1包	相机一个
面巾纸若干	笔记本电脑及其配件(U盘、网线)
梳子1把	插头转换器
剪刀	**药品**
指甲剪	麝香正气丸
护肤用品	正露丸
针线包	感冒药冲剂
计算器	防水创可贴
电动剃须刀	万金油
相册	风油精
电子	花露水
手机：电池1个，充电器1个	**备注**
	小本子记下： 护照号码、自由行保单号码、航班时间 大使馆电话、银联/visa的当地联系电话

第四类：禁止携带物品

根据海关出台的政策，以下物品属于违禁，坚决不可以携带。官方常见黑名单包括的种类如下：

1. 所有全蛋、干蛋、蛋粉和蛋制品

- 蛋面或者含有蛋(咸蛋、加工过的蛋和皮蛋)的月饼也是不可以携带的。另外，咸鸭蛋、咸鹌鹑蛋，或者用鸭蛋、鹌鹑蛋制的皮蛋，含蛋的速食面和蛋黄酱也是被禁止的；

- 乳制品方面：除了来自无口蹄疫的国家的乳制品，其他的含成分超过10%乳制品的整个和制干的产品都是不被允许的。包括三合一奶咖啡、茶、麦乳精、奶粉和含有乳制品的速食谷类食品；

- 如果是跟随婴儿带进来的婴儿配方奶粉和乳制品，可以允许带入。

2. 非罐装/非真空包装的肉类

- 所有动物种类的，包括新鲜肉、干肉、冷冻肉、熟肉、烟熏肉、咸肉、腌制肉或者包装肉；
- 还有腊肠和香肠也是不被允许的；
- 整只咸鸭、鸭肝、鸭胃、鸭肠、家禽内脏、牛肉条、牛肉干、牛肉和猪肉丝、猪肉松、猪肉馅的月饼；还有含有肉类的速食面、猪蹄或者猪油渣；
- 宠物食物如鱼食或者鸟食。

3. 活的动植物

- 动物方面：所有哺乳动物、鸟类、鸟蛋和鸟窝、鱼、爬行动物（甲鱼）、蛇、蝎子、两栖动物、甲壳类和昆虫；
- 植物方面：所有盆种/裸根的植物、竹、盆景、插枝、根、鳞茎、球茎、根状茎、茎和其他能成活的植物材料和泥土；
- 煮熟的、干制的、新鲜的或者冰冻的芭蕉叶类植物也是不被允许的。

4. 种子和果仁

- 谷类、爆玉米花、生果仁、生栗子、新鲜花生、松果、鸟食、水果和蔬菜种子、未经识别的种子；
- 某些商家包装的种子；
- 豆类装饰品、山楂、赤豆和绿豆。

5. 新鲜水果和蔬菜

所有新鲜的或者冷冻的水果和蔬菜也是不能都带入境的。例如，姜、苹果、柿子、橘子、草药或者新鲜竹笋。

6. 武器

各类武器也是不能携带入境的。包括在国内作为武术运动的双节棍也不可以带。

第五类：需要申报的物品

1. 食品方面

- 熟食和生食及烹调原料；
- 鱼干、咸鱼、鲜鱼和海鲜是需要申报的，例如干贝、鲨鱼翅、鱿鱼和鱼肚；
- 干的水果和蔬菜，包括猴头菇、龙眼干、荔枝干、陈皮、话梅、干人参；
- 面条和米；

- 包装饭食包括飞机上的食品、汤料；
- 调味芳草和香料，例如茴香、桂皮、丁香等；
- 如果带了零食，记得要申报，包括白果、花生、炒西瓜子、肉松，或者饼干、蛋糕和糖果。其中，如果是含猪肉的杏仁饼、含猪肉的鸡仔饼和含香肠的糕饼是不能带的哦；
- 茶叶、咖啡和其他含牛奶饮料，如三合一咖啡、茶和麦乳精；
- 茶叶和含有柑橘类成分的香料。

2. 动物产品

- 羽毛、骨头、角和象牙。必须保证是干净的，而且没有任何动物组织；
- 皮、成革和毛皮。注意哦，除非是经过处理的，否则生皮制品包括鼓和盾都是不能带入澳洲的；
- 羊毛和动物毛发。就算是毛、毛纱或者手工艺品，也是需要申报的哦；
- 动物和鸟类标本。有些标本可能违反了濒危野生动植物法，所以一定要多注意多留心；
- 贝壳，包括首饰和纪念品。注意啦！珊瑚是被濒危物种法禁止的，所以是不可以携带的哦；
- 蜜蜂产品是需要申报的，如蜂蜜、蜂巢、蜂王浆，还有蜂蜡。其中，花粉是被禁止携带的；
- 使用过的动物设备也是需要申报的，包括兽医设备和药品，剪毛或肉类行业的工具、鞍具和马具以及动物和鸟类的笼子；
- 注意！宠物食物和零食是被禁止的哦，例如含生皮的狗咀嚼物和鱼食。

3. 植物材料

- 木制手工艺品、物件和雕刻，包括着色或者漆涂物品。注意啦！不能携带树皮入境，否则会被取走或者进行一定的处理；
- 用植物材料制成的人工制品、手工艺品和古玩；
- 如果是用植物材料、棕榈或叶制成的席，包和其他物品，你进行申报就可以了。但是，如果是用芭蕉类植物制成的物品，就最好不要携带了，是被禁止的哦；
- 稻草麦杆产品，包括草帽、草席和包装；竹、藤或白藤篮器和家具；
- 鲜花是可以申报的；但是，如果是以茎繁殖的花就禁止携带了，比如说玫瑰、康乃馨和菊花等；
- 另外，这些也是可以申报的，包括：拌香料的干花瓣（百花香）和椰子壳；含有或者灌满种子的物品；干花和插花。

4. 其他物品

除了上述的几大类，还有这些物品是需要申报的，包括：

- 总数等于或超过1万元的美金或等值外币；
- 在海外获得的物品，或在当地购买的免税物品（包括礼物），总值超过900澳币（在澳大利亚）；
- 超过2 250毫升的酒类，或50支香烟，或50克的烟草产品；
- 商业/生意用途的货物和样本；
- 工艺和业余爱好用的动物或植物材料制的线绳；
- 使用过的运动和野营器材，例如帐篷、自行车、高尔夫和钓鱼器材；
- 被泥土、粪便或植物材料玷污的鞋类/远足靴。

5. 中药和传统药材

传统中草药、药物、补药和草药茶在申报后，一般是可以带入的（不同的国家可能有些不同的规定），包括陈皮、菊花、树皮、灵芝和党参。但是，**以下的草药和传统药品则是不能带的：**

- 鹿角、鹿茸、鹿茸精、鹿鞭和阿胶。但如果是标有新西兰产品标记的来自新西兰的鹿制品，那么是可以入境的；
- 燕窝、冬虫夏草、灵芝；
- 蛤蟆油脂/膏、干蚯蚓、任何种类干制的动物躯体、紫河车、蜥蜴干、鸭肠、鸭胃、蹄筋、甲鱼和牛尾。

6. 违禁药品

国内的药品管理监督和许多国家不太一样，国内允许售卖的常用药在其他国家可能已因为种种原因变成了'禁药'，所以带药入境必须谨慎考虑，不然就有可能被关小黑屋，甚至会坐牢。例如，加拿大入境海关对带入境的非处方药和处方药有明确的规定：

非处方药(over-the-counter，OTC)

非处方药就是我们常说的OTC，这在药品包装上一般都有标明，是不需要经过医生处方就可以在药店买到的药品。加拿大规定，入境者可以携带一个疗程剂量或是可够90天药量的非处方药。同时，海关规定这些药品只能给入境者本人或随行者使用，又或是受该入境者监护、照顾的人使用。

处方药：顾名思义，就是必须有医生处方的药品，不能擅自配备、购买和服用的药品。只能携带一个疗程或90天药量的药物，并且只能本人、随行者或受其监护、照顾者使用，必须保留药品的原包装、标签、使用说明。

两类药品的原包装、标签、使用说明等都应保留，以方便检查者能够清楚知道你这个药品的成分有哪些。对于由境外携带到加拿大的（处方和非处方）药品加拿大政府官方网站是这样规定的：

① 两个手提行李的限制并不适用于药品、医疗物品以及助行器械。

② 所用药品应放在随身携带的行李之中有原厂的包装盒及说明，以方便海关随时

进行检查。

③ 液体处方药可豁免开封检查但需要单独放置以便查验。

④ 不要为了节省容器或空间试图将所有药品放置到一个容器里。

⑤ 不要携带近期内即将过期的药品。

⑥ 携带处方药的同时也需要携带医生处方或处方复印件,并且建议医生详细写明为什么你需要服用此种药物。

⑦ 谨防假冒,并禁止携带禁止的药物入境。

⑧ 如果您携带的并非为常见处方药,又不知道此种药品是否合法请及时询问海关人员。

那么,在北美地区入境,哪些药品需要慎带呢?

精神类 & 麻醉类药品

- 镇痛镇咳、镇静安眠、抗精神病药物,包括糖浆、安眠药和止痛药物及抗抑郁类的药物都要特别注意!
- 麻醉药比如醋托啡、乙酰阿法甲基芬太尼、醋美沙朵等。
- 含麻黄素或吗啡的易制毒类药品。
- 复方甘草片。这款药之所以上了"黑"名单,是因为它里面含有阿片粉成分,而阿片粉成分的主要组成成分为吗啡。
- 白加黑、止咳水、甘草片、康泰克、泰诺等都是含有麻黄素的药物。

① 麻黄碱类药品

限制原因:麻黄碱是制作冰毒的主要成分,有人因此会购买大量感冒药以作非法之用。

② 阿片类药物

限制原因:阿片(鸦片),我们所俗称的大烟,医学上用作麻醉性镇痛药,非医用及科学研究所用则归为毒品,阿片是一种易引起人体依赖性(成瘾)的药物,尽管含量很低,但长期或大剂量服用也会成瘾。常见如复方甘草片。

③ 多潘立酮类

限制原因:潘多立酮会增加严重室性心率失常或心源性猝死的风险。美国食品药品管理局(FDA)认为潘多立酮对人体有严重副作用,所以明令限制此种药品销售,一切购买潘多立酮的行为都应视作违法。

④ 镇痛镇咳、镇静安眠、抗精神病药物

只要是麻醉药品和精神药品以及易成瘾药品,都是禁止非法运输的。

所以,大家如果必须携带禁药入境,必须遵循下面的规定:

① 提前向海关申报你所携带的所有药品和相关产品。

② 将药品保存在原包装内进行携带。

③ 同时携带医生处方，以证明你在该国期间必须服用该药品且服用量在医生监督内。

④ 不要携带明显超过个人服用量的药品。不要为他人携带大量的药物，避免不必要的麻烦。

温馨小贴士：

① 美国和加拿大准许及禁止携带入境常见物品规定，带处方药入境需要确认药品有明确的认证。药品必须带有原始的标签及使用说明，以及开药的处方。如果不能，应携带处方的复印件或医生的证明。如果是处方类药物，比如激素类、抗生素类药品，那么就得准备好处方和医生证明信，来证明你确实需要服用这类药品。

② 抗菌素或其他特效药量多时，最好附上医生的诊断书以作说明。感冒药不能多带（可以带一盒，然后申报），消炎药等可以带一两盒。另外，阿司匹林、扑热息痛或澳大利亚的非处方药，一般是不需要申报的。但要注意的是，用量不可以超过常人使用的三个月用量。

③ 千万不要带中草药，过海关可能会被扣压。

④ 注射液类药品，是需要提前在入境网上申请权限。可以准备好药品说明书的英文版，这样海关边检就可以更加直接地了解药品的用途和说明。

⑤ 不要给别人带药物，澳洲海关规定只可以给自己携带药品。必要的时候，可以带着医生的英文信函，以此证明该药品是给自己使用。

附录 2
国外就医流程与注意事项

"儿行千里母担忧",子女留学在外,父母最担心的还是孩子的健康问题。许多家长在咨询留学时都会问到这样一些问题:"孩子在国外生病了应该如何看病?""贵不贵?""留学生可以享受什么样的医疗保障?"对此,留学专家建议,在出国留学前,最好先了解留学目的地的医疗保险制度和医疗就诊体系,这样省时也省钱。

此外,为了尽可能减少在留学期间生病,孩子在出国前就应该做好各种准备,比如将身体调养好,做好细致的身体检查;出国时,携带一些常用药品和预防药品;出国后,调整心态,多参加体育锻炼。

1. 常见疾病

不同的环境对新移民的健康,亦会产生些许影响。我们将最常见的几种症状,整理如下:

a. 敏感症

国外花草树木多,留学生很容易对某些未接触过的物质产生过敏反应,而引发敏感症。敏感症的病症一般是打喷嚏、流鼻水、咳嗽、鼻塞、头痛及皮肤很痒等。敏感症可说是防不胜防,若有病症便要找医生诊治。已有敏感症者,需留意天气变化及花粉较多的日子。

b. 头发脱落

不少人尤其是女性,会发现发质容易变干和色泽变黄,脱发亦会增加。当地食水属硬水,矿物质较多,可能是成因之一;而经常用热水洗头,亦会影响发质的。防止发质变坏,应留意选用适当的洗发护发品;洗发时少用热水,洗发后自然风干,可减少刺激头皮;平日多用软刷梳头,可加强血液循环,促进头发的生长。

c. 皮肤干燥

当地的水质同样是引起皮肤干燥的原因之一;而经常用热水洗澡会把身体分泌出来润肤的油脂一并洗去,令皮肤更干燥,皮肤干燥的人士可考虑隔天才洗澡。皮肤干燥者,洗澡时应选用性质温和的肥皂或淋浴品,洗澡后可涂用润肤露,保持皮肤湿润,洗澡时避免使用过热的水,也会有一定的帮助。

d. 类风湿

类风湿属温带病,加拿大地处温带,故新移民,尤其是中年以上者,会很容易染上此病。类风湿病的病症通常是骨痛、关节酸软等,尤以天气改变时为甚,类风湿病防不胜防,患病者可以吃药和采用物理治疗,平时多做适量运动也会很有帮助。

e. 甲状腺肿胀

甲状腺肿胀会因遗传、缺乏碘质或面对压力而发病。新移民要在新环境重新开始,容易因为生活压力而令身体内分泌失调,因而得病。这种疾病的病症一般是愈吃愈瘦、心跳、怕热、抖手等。通常的治疗方法是吃药、多吃海产、吸收碘质,也会有预防病发的作用。

知道病症后,希望新移民能多预防,以期将所产生不适减至最低。

2. 急救电话

医疗急诊

一旦发生严重医疗急症,请用您的电话拨打 911 报诊。如果您或您家中的某人突然感到得了严重的疾病(剧烈疼痛、失去知觉、无法呼吸、大出血、窒息或发生严重事故等),您必须拨打 911 报诊。如果您不会讲英语,只需喊"救命!"或者"HELP!"即可,并告知接线员您会说哪种语言。他们会为您安排一名说您的语言的口译员。**救护车、警察和消防部门**会同时赶到现场。打电话时,请做好提供以下各项信息的准备:

- 简述所发生的情况
- 您所在的位置
- 您的姓名、地址和电话号码

接听人员告知您挂断电话前不要放下电话。如果您到最近的医院看急诊,请到医院的急诊部(Emergency Department)或急诊室(Emergency Room, ER)。急诊室(ER)通常十分忙碌。除非您的生命危在旦夕,否则您在医生给您医治之前通常都需要等待几个小时。在美国和加拿大拨打 911,这是美国急救的电话,也是警察局的,并且切记!你一定要随身携带护照,因为如果你没有护照,他是不会让你住院的;如果有条件的话住好一点的酒店,酒店会提供各种服务。

如果不是特别严重的推荐去"紧急处理"急救诊所(Urgent Care)或者社区诊所(walk-in clinic),这里主要应付没有生命危险但又需要马上处置的医疗问题,譬如发烧、外伤处置等。因为等待时间短,价格便宜,分布广泛,医生专业。

3. 看病流程

流程一:看病预约:非急症,要提前 3~4 天,并且准时赴约。

在中国，我们总习惯生病了就可以直接去医院排队看病。而在美国，如果你不是急诊的情况，一般都要提前 3~4 天预约才能去看病。如果是校医院，则通常是需要提前 1~2 天。如果你是个新病人，请准备好你的姓名、出生日期、地址、电话号码和医疗保险。如果你没有医疗保险，告诉医疗办公室你无医疗保险但将自己支付，并在预约前询问好大约需要多少费用。必要时多问几个医疗办公室。在预约之前，医疗办公室可能寄给你一份新病人需要登记和完成的资料。你必须用英文填写全部资料并交回。如医疗办公室接收你为新病人，你需要告诉你的医疗保险公司你所选的主要医生的名字。这样保险公司才会付费。

另外要提醒一句，如果你是第一次去看病，还没有填写过任何资料，那么请至少在预约时间的 30 分钟之前到达。如果当天你因为某些原因不能来，你必须至少提前一天打电话取消或改约，否则将被罚款。

流程二：报到预检：带好照片的身份证件和医疗保险卡。

a. 签到。到前台登记口 check in(签到)，告诉接待人员你的名字和你的预约时间。

b. 部分付费或全部付费。如果你以前来过并有医疗保险，你将要支付部分费用(co-pay for office visit)；如你没有保险，你将在看医生之前全部支付费用。

c. 填写表格。包括保险信息表格和身体状况描述表格。前者只要正确地填写保险公司、保险类型、保险人号码即可(所以医疗保险卡要随时带在身上)，后者是具体描述一下身体状况。

d. 检查。护士会叫名字，然后带到专门的检查室做病况的检查。在预约时须将病情向医生助理简略叙述。

流程三：诊断治疗

a. 假如你是新病人，护士会检查你的身高体重体温血压等，取得你的基础数据。假如需要脱衣服，护士会指导你该怎样准备，穿上罩衣，等候医生。

b. 你必须告诉医生你有什么不舒服。你大概有 15 分钟的时间看医生。医生需要这个时间给你一个诊断和需要的治疗方案，并解答你的疑问。所以建议在来之前请把你的问题写在纸上，以免忘记，使你的病症和问题在有限的时间里得到最好的处理和回答。遇到你不懂的病名和药名，你可以要求医生用通俗的话解释或写下来给你。

c. 你服用的药品种类。带一个药品清单，包括一次服几片和多长时间一次，或带来药瓶说明情况。如你服用的是中国药品，你必须带来它的英文名字。

d. 带病历。如果你在以前的医生那里有一个检验结果和病历，请把它带来。另外，你需要提供药物过敏名字。

e. 如你有多项身体问题，一次选择三个最重要的，并排好优先次序。一般来说，你有三个以上的病情，医生会让你预约另一时间。

流程四：再一次到前台

在你离开之前请再次到前台。查清和确定所有的事宜是否全部做完：比如医生是否要你再来并给你一个新的预约时间；是否需要一个其他的检查或化验的预约；或转到专科医生那里，前台要给你专科医生的电话号码或帮你预约；或你需要支付额外的附加费用等。

为什么不去家庭医生呢？一般来说美国的家庭医生是在不生病时就事先选好的，每年按时在那里体检，生病时打电话预约去看病便能马上拿到当天的时间。如果生病的时候再找家庭医生的话已经晚了，因为家庭医生每天看的病人数字固定，优先对待已经属于自己的病人，或者你很难及时拿到预约，或者医生不再接受新病人。

4. 就医注意事项

美国就医

a. 美国医院一般不提供任何药品，除了一般药品如维他命外，均须持有医生处方才能购买处方药。药品在 CVS、Walgreen 等药房基本都能买到。

b. 美国看牙极其昂贵。如果你并非几年都不回国的话，那么非常建议你在去美国之前先在医院好好检查一下自己的牙齿。对于 TA 或者 RA，很多学校的医疗保险中通常不包括牙医保险，因此如果有需要，我们自己需要单独购买牙医保险。牙医保险通常比普通健康医疗保险有更多的限制条件，如只能到指定牙医那里看牙，有很高的 Co-Pay 等。

c. 心理咨询的费用在美国约为 150～200 美元/小时，会讲华语的心理医生相对比较少。如果发现自己有比较严重的抑郁症、焦虑症或其他比较严重的精神疾病，强烈建议家长带着孩子在出国前及时咨询和治疗。根据疾病的严重程度，咨询治疗改善的时间为 6～24 个月。请提前做好准备。

注意事项：学生购买保险时，要注意保险时间是从哪天开始、哪天结束，续保的时候要保证日期的连贯性，同时还要清晰保险的范围，确认报销的途径等，方便自身看病买药的报销。

欧洲就医

多数欧洲国家要求先买保险再入学。在法国、德国、美国留学，学生都必须购买当地医疗保险，才能顺利入读。学生购买医疗保险手续很简单，以法国为例，学生注册时，相应的保险公司就会给学生一个保险号码，且号码都不会改变，以便将来查询方便。学生购买保险时，要注意保险时间是从哪天开始、哪天结束，续保的时候要保证日期的连贯性，同时还要清楚保险的范围，确认报销的途径等，方便自身看病买药的报销。

另外,各国的医疗保险费用各异,购买了医疗保险的学生,在看病的时候,带上医疗保险凭证,即可免费挂号,买药时将会得到减免价格。

据悉,即使学生不在法国当地看病,也可获得报销。例如在法国以外的地方看病,只要保存好当地的发票,待回到法国以后,翻译成法文文件,依然可以拿去报销。不过这种通常是购买了基础保险以外的"额外险"(约 100 欧元)才获得的福利,建议赴法留学的国内学生连同基础保险一起购买。

家庭医生

如果需要看病,学生可以先预约学校附近的门诊。一般来讲,学生如果是小病小痛,可能需要等待一段时间。学生如果是发烧或者肠胃炎等(包括传染性疾病),则有医生立即接待诊治。如果学生想尽快看医生,可以联系家庭医生。国外医生更为注重增强病人自身的免疫力,而不是采用抗生素的办法治病,例如一些小感冒,就会建议病人多喝水、多吃蔬菜、多喝橙汁来对抗病毒。但也有个别国家的情况是不一样的,例如在荷兰的留学生看病,学校会为学生提供一份当地家庭医生的联系方式,学生需要先在一位家庭医生那里注册,并在那里看病。学生也可以直接到医院看急症,但如果医院认为学生的病不算是急症,还是会把学生退回给家庭医生。如果学生想看专家门诊,或进行血液检查之类的身体检查,可以让家庭医生为自己写份推荐信,持推荐信前往特定的部门进行检查。

留学生初到法国看病是在学校医院看的,如果当时还不会预约医生,系主任秘书可以协助预约。全程跟医生进行英语交流,其间会涉及一些较为专业的医学词汇。如果学生初到外国口语不够好,担心在看病时表达不清,也可以请当地同学陪同一起去,他们会很乐意帮助。

5. 各国留学生医疗保障福利一览

英国:六个月以上课程享免费医疗

英国的 NHS(National Health Service)被世界卫生组织认为是欧洲最大的公费医疗机构和世界最好的医疗服务体系之一。留学生只要在英国修习六个月以上的课程,即符合英国的国民保健制度,被纳入它的医疗保障体系便可享受它的免费医疗服务。一般学校都设有健康医疗服务中心,学生在学校的帮助下进行注册,即可获得一名个人医生(GP)。只要不是急诊,有病就由这名医生负责。一般情况下,病人凭医生处方到 NHS 药店买药,只付处方费,每张处方约 6 英镑。凭国家健康服务医疗卡,学生还可以获得免费的牙医服务(不是所有的牙医都向学生提供免费服务的)。如果有大病或需要进一步检查,由 GP 医生替病人与医院的专科医生预约安排。病人一旦住院治疗,则享受全额免费医疗。

加拿大：抵加即买临时医疗保险

在加拿大，投保意外险与医疗保险是非常重要的。因为在加拿大，一般的国际学生若是生病就医，看诊费很贵。加拿大医疗保险分为短期医疗保险和长期医疗保险两个部分，加拿大留学生一般适用短期医疗保险。

加拿大对境内国际学生的医疗保险规定各省并不相同。某些省规定国际学生可以参加省内实施的医疗保险，某些省则要求国际学生自行向民营保险公司购买医疗保险。

澳大利亚：医疗保险与学费一起收

澳大利亚政府规定，凡是到该国留学的海外留学生必须购买医疗保险，即所谓的海外学生医疗保险OSHC(Overseas Student Health Cover)，这种保险由澳大利亚海外学生医疗保险中心(Medibank Private Center)统筹。留学生在缴纳保险费后，才会被核准签证。一般情况下，这笔医疗保险费，学校会随同你的学费一起收取，代你加入海外学生保险。这笔费用确保支付你在澳大利亚求学期间大多数的医疗费用和住院费用，还可支付大多数的处方药费和急诊救护车费。

海外学生医疗保险卡是在留学生到学校进行了学籍注册之后，校方将其同学生证一起发给学生。医药费报销的流程比较便捷，拿着付款凭证，就可以向海外学生医疗保险中心申请报销已经预付的费用。海外学生医疗保险中心设在每一个社区的购物中心，手续也很简单，工作人员在看过学生证、医疗保险卡和治病买药的发票后，当即就会按照规定返还相应的费用。一般的肠胃病，只需花费不到10澳元。

新西兰：逗留超过两年才有医疗福利

留学生只有在新西兰逗留超过两年才可与当地居民享受同等医疗服务待遇，否则，留学生需自己承担医疗费用，因此，留学生最好购买保险，在发生意外后，可向保险公司索赔。

法国、德国、美国：政府规定必须买医疗保险

进入法国大学学习的学生，都需要购买有效期为一年的医疗保险，这是办理外国学生在法国一年学生居留证所必需的。

在德国大学注册入学时，学生必须提交参加医疗保险的证明，否则不能注册。参加医疗保险的学生可以免费得到指定医生，如有需要也可以在医院得到免费治疗，经过申请可免费得到必需的药品。

在美国，法律规定留学生必须购买医疗保险。一般大学在注册时，学校都会在入学通知上注明医保费用额度，说明保险费已经涵盖在学校所收取的学费和生活费之中，即入学时就自动购买了医疗保险。

6. 医生

家庭医生(Family Doctor)又称家庭医师(Family Physician)、全科医师(General

Practitioner)或 G.P.。家庭医生通常是当你感到不舒服或生病时首先要见的医生。当您有家庭医生时，一旦生病您便找这名医生看病，但需要看急诊和不得不去医院治疗的情形除外。您的医生为您的病症和治疗情况进行记录，逐步了解您和您家庭的病史。

如何寻找家庭医生？

黄页（Yellow Pages）：寻找医生的一条途径是查阅您当地电话号码簿的黄页。请查阅其中的家庭医疗内外科医生（Physicians & Surgeons for Family Medicine）、家庭全科医疗（Family Practice）或家庭医师（Family Physician）部分。另外，您还可询问您的朋友或亲戚他们的医生是否接受新病人。切勿等到生病时再寻找家庭医生。您有可能在您的当地无法找到接受新病人的医生。在此情况下，您需要到便民诊所看病。此类诊所配备医生、护士和其他健康医疗职工。许多医院设有医治非急诊健康问题的便民诊所。某些诊所延长工作时间，因此您可在晚上和周末到此看病。使用便民诊所不如有家庭医生好，但您仍能获得医生的医疗护理。到大多数便民诊所看病不需要预约。

附录 3

家长篇——高中留学指导

一、学习帮助与辅导

1. ESL

ESL是"English as Second Language"的简称,就是那些给英语为第二语言的学生开设的课程。留学生到英语国家学习,一般会在ESL班级花费一年或者更长的时间学习英语。英语为第二语言"(ESL)课程可以帮助这些学生赶上以英语为母语的同学。

2. 辅导员

辅导员(The Guidance Counsellor)可以提供信息和建议,帮助学生和家长理解如何选课、如何择业、毕业之后有哪些机会。辅导员也可以帮助学生解决个人的疑难、学校里的各种问题。家长可以向辅导员咨询子女在校的表现。

3. 高中选课

高中(Secondary schools)也叫"high schools"或"collegiates",它有一项重要责任:每年都要协助孩子选择课程。课程种类繁多,选课会直接影响学生毕业后的出路。建议在选课之前一起订出长期的学业计划(an education plan)。有了计划才可以目标明确(读大学、大专、学徒课程还是直接就业)。家长也可以请学校的老师或辅导员(the guidance counsellor)提供协助。

因为高中的课程选起来种类繁多,所以家长需要帮助子女拟定一份学业计划(an education plan)。有些类型的课程的学分是让学生毕业后直接就业,有些类型的课程则是申请大学、大专所用,有些则让学生成为学徒(apprenticeship)。要选读有些大学或大专类课程,学生必须先修读某些特定的课程,作为准备。学业计划就是帮助家长和子女选择课程,可以把兴趣、能力和志向三者结合起来。

● 根据他们的职业计划,对他们目前需要修读的课程进行讨论、核对,看毕业之后需要的是什么类型的教育和培训。辅导员可以在这方面提供咨询和帮助。

● 可以参加放学后或午餐时间的校内活动。这些活动有助您的孩子发掘自己真正的兴趣,了解各行各业。同时也是结识朋友、练习英语的好地方。

- 参加学校有关职业信息的活动,了解各行各业。
- 考虑让孩子参加有助于学习英语的课程和课外活动(读、写、听、说),以便尽快适应学校生活。选一些注重会话能力的课程。例如在戏剧课上,学生就可以学会如何镇定自若地当众用英语演讲。
- 征求学校辅导员的意见。家长应该经常和辅导员讨论子女的职业和学业计划。
- 在定期的家长老师面谈会(parent-teacher interviews)上面,找老师讨论子女的成绩单和老师的评语。
- 与其他家长和学生沟通,听一听他们的计划和毕业后的择业情况。很多网页提供了择业信息,例如下面两个:

4. 特殊教育

如果你的子女学习有困难,特殊教育课程会为学习有显著困难或有特殊需要的学生提供额外协助。其中有些学生只需要短期的协助,而有些学生有复杂的学习和健康问题,则时间较长。称为特殊教育,就是因为是专门为有特殊需求的学生设计的。学生需要协助的原因可能多种多样。他们的问题可能是身体、智力、情绪、行为、对话、语言,可能是视觉或听觉上有问题,又可能是与人交往有严重的问题。特殊教育,课程里也包括天才班。如果需要的话,家长或者老师可以提出给学生进行正式的评估(a formal assessment)。学校需要按照规定的手续,评估学生是否需要接受特殊教育。

5. 行为守则

学校绝不会容忍虐待、欺压、歧视、恐吓、仇恨性的语言和行为,以及任何形式的暴力。学校一般都有一份行为守则,提倡防患于未然、和平解决纷争。学校有校规,帮助学生遵守行为守则。老师会将规则解释给学生听。学校通常会把规则张贴在校园里、刊登在学生手册上。所有参加学校活动的人(包括学生、家长或监护人、义工、老师和其他的学校职员)都必须遵守这份行为守则。

- 鼓励子女了解熟悉学校的规则。
- 提醒子女打架或其他不良行为都会有严重后果。
- 告诉老师和辅导员,如果对子女的操行有顾虑,立刻通知你。
- 向学校索取一份行为守则。
- 如果对行为守则或校规有任何疑问,可以向老师或辅导员询问。

不适当的行为和处罚

学校会处罚不遵守学生守则的学生。根据情节的轻重,处罚包括口头和书面警告、课后留校、停课(一到二十天)或者开除。校长根据具体的情况确定停课的长短。校长对学生是否明白了他或她的行为后果以及其他因素会予以考虑。类似盗窃和造成身体伤害的侵犯行为,将导致自动停课。如果学生停课或开除,家长将会得到通知。那么,哪些行为会导致停学、开除出校或者警察干预?

- 打架
- 恐吓
- 辱骂老师
- 贩卖毒品、武器
- 抢劫
- 使用武器伤害他人身体，或扬言要伤害对方
- 伤害他人身体，致其需要医疗
- 蓄意破坏
- 性侵犯
- 提供含酒精的饮料给未成年者

6. 更新地址和电话

家长在为子女报名的时候要留下住宅电话和工作电话，还有紧急情况下可以联络的亲朋好友的姓名和电话。学校需要发通知或情况紧急的时候，会通过这些电话与家长联系。如果这些联络资讯有所变动，请立刻通知学校更新。

7. 防疫注射

所有十八岁以下学生都必须接受防疫针注射(Immunization)，才可以上学。公共卫生局(the Public Health Department)会在每一个社区强制执行。有时候需要的所有疫苗学生没有注射完全，或者学校的防疫记录上欠缺某种疫苗，家长就会收到公共卫生局发出的警告信。如果家长置之不理，学校可能不让学生上学，直至防疫针注射问题得到解决为止。

8. 上学着装

每个学校都有"衣着规定"(dress code)，告诉学生哪些衣服上学可以穿。有些衣服是不能够穿着上学的。有些学校要求学生穿校服。体育课上，学校可能要求学生穿运动短裤。每个学校都有男女分开的更衣室。

9. 校外参观学习

老师会经常安排学生去参观博物馆、剧院或参加社区活动。这些"校外参观学习"(Field Trips)是学校课程中的一个重要环节。学生在出外参观的前后都会学习与该项活动有关的内容。十八岁以下学生必须事先得到家长的同意才可以参加校外活动。学生会把同意书带回家给家长签字。请家长在收到后尽快签字、交回学校。有些校外参观活动是需要付费的。

10. 学生记录

学生每年级的成绩单、每科的记录等各种教育文件，都存放在学生记录内(Student Record)。老师会参考记录内的文件，去了解学生、安排教学。虽然这份记录是保密的，但家长可以要求查阅。如果学生转校，学校会把这份记录转到新学校。

11. 学生总成绩表

学生总成绩表(Student Transcript)是一份正式记录高中成绩的文件。大学或大专院校会根据成绩表来决定学生是否达到录取资格。如果学生转校,学校会把成绩表送到新的学校,新学校的老师就知道学生原来读过什么科目,将来有什么进步也可以记录进去。

12. 学校常用词

- 教学大纲(Curriculum):一份正式文件,描述每门课程和学生必须掌握的内容。
- 特殊教育(Special Education):为有特殊需要学生而设的独特课程。
- 学分(Credits):学生每读完一门课程(110 小时)会得到一个学分。大部分课程都是一个学分,学生至少需要三十个学分才可以毕业。有些学分是必修的,有些则可以选择。
- 毕业条件(Graduation Requirements):取得高中文凭必须具备哪些条件。
- 录取条件(Admission Requirements):申请大学、大专、职业培训必须具备哪些条件。
- 留校(Detention):放学后被留在学校,这是对行为不当的学生的轻微处罚。
- 平等(Equity):公平对待所有学生的政策,确保每个学生都能完成学业。
- 开除(Expulsion):把学生永久赶出学校,不准回学校上课。这项惩罚由省政府制定的法律严格监督,学生必须答应遵守某些条件才能返校上学。
- 强制性处罚(Mandatory Consequences):根据法律必须采取的行动——通常指学校对行为不良的学生所采取的措施。
- 非学期制(Non-Semestered):学生从每学年开始到结束,一次读八个科目。
- 行为守则(Code of Conduct):学生举止应当如何,守则里有解释。
- 宗教宽容(Religious Accommodation):学校采取适当措施,允许学生奉行自己家庭的宗教习俗。
- 学期制(Semestered):学生在上半年读四科,下半年再读另外四科的学校。
- 成绩单(Report Card):反映学生学业概况的正式报告。报告是由每科老师写给学生和家长参阅的。
- 成绩单的意见回条(Report Card Response Form):附在成绩单上,寄给家长的一份回条。家长应在回条上签名并交回学校。
- 学生记录(Student Record):学生在校期间的成绩单。
- 停学(Suspension):勒令学生不准到学校上课数天或数星期(最多二十一天)。有些行为,学校必须让该生停学。这是对行为不当的学生的严重处罚。
- 学术类课程(Academic Courses):九、十年级修读的课程,修读之后给学生的选择面最广,可以升读大学、大专、学徒课程、职业培训或直接就业。
- 录取条件(Admission Requirements):申请大学、大专、培训课程必须具备条件。
- 应用类课程(Applied Courses):九、十年级修读的课程,这类课程给学生的选择面包括升读大专、学徒课程、职业培训或直接就业。

- 学徒课程(Apprenticeship)：想成为技术工人(a skilled trade)的学生，可以在学徒课程里培养动手技能、实地学习。学徒课程为学生在上学时甚至毕业后都提供实践经验和训练。
- 职业途径(Career Path)：要进入某种职业、某一职位之前，需要通过的一系列步骤和程序。
- 半工半读课程(Co-op)：由学校安排、学生利用部分上课时间到一些雇主那里实习学到的技能和知识。
- 基本类课程(Essential Courses)：为了帮助学习有困难的学生，九、十年级的数学、自然科学、英语经过调整修改，就称为基本类课程。
- 毕业条件(Graduation Requirements)学生想取得安省高中毕业文凭必须具备哪些条件。
- 任选类课程(Open Courses)：这些课程教授基本、普遍的技能和知识，有学分，例如美术、音乐、体育。
- 预备课程(Prerequisite)：学生必须先修一定的课程，下一年级才能升读某一课程。例如要读十一年级的"物理大学预科"，就必须先读十年级的学术类自然科学。
- 学生的总成绩档案(Transcript)：一份正式记录，包括学生的学习进度、所读课程、所在年级。学校会在学生申请大学、大专、培训课程的时候把它寄到申请的学校。
- 家长老师面谈会(Parent-Teacher Interviews)：家长和老师见面，讨论学生的成绩。面谈通常在秋季和春季举行，但家长随时都可以预约老师面谈。如果事先要求，许多学校都可以提供翻译。
- 欺负和骚扰(Bullying and Harassment)：一个人或者一群人试图要操纵、伤害其他人。
- 保密(Confidentiality)：老师不会将学生的学业情况、家庭状况泄露给其他家长和其他人士。
- 校监(School Superintendent)：负责监督学区内多间学校的人员。

二、家长注意事项

1. 家长担心的问题

假如家长认为子女受到不公平的对待，和学校教职工沟通是非常重要的。通常第一步是向有关的老师反映，然后再找校长。如果问题仍然未能解决，你可以向校监(the School Superintendent)反映。

2. 举报

当老师发觉十六岁以下的学生有遭到虐待、凌辱、遗弃的迹象，或者学生告诉老师他们家里人对他们不好，法律规定老师必须要通知儿童保护机构(这个机构称为儿童援助会——Children's Aid Society，或者是家庭与儿童服务中心——Family and Children's Services)。如果上述事情发生在满十六岁的学生的身上，学校也可能会报警。如果家长或学生怀疑有人遭到虐待、遗弃,也应该报告老师或通知儿童保护机构。

3. 宗教节日和信仰

如果学生和家长要求,学校会尽量提供方便,让学生奉行他们的宗教习俗,包括宗教节日、服饰和祈祷仪式。家长最好事先与老师、副校长或校长讨论学生的需要。这样可以帮助学校了解每个家庭的独特需要,学校和家长也可以讨论如何因地制宜。如果学生因宗教节日而不能上学,家长应该提前通知学校。

4. 家长委员会

每一所学校都有一个由家长、本社区居民和学校教职员组成的顾问委员会,简称为家长委员会(School Council)。委员会经常和校长一起讨论学校的政策和计划。学校鼓励所有家长都出席家长委员会的会议、参与讨论。任何家长都有资格成为委员。

5. 纠正学生不良行为

如果老师认为学生的行为不良或者与同学的关系有问题,他们会通知家长。老师会向家长解释学校会怎样帮助学生改善,家长在家可以做些什么。在双方努力合作之下,学生就会明确地知道上学时应该有什么样的态度。如果家长对上述问题有任何疑问,请向老师或辅导员询问。全体学生通常到了十年级都会修读《职业研究》(the Career Studies course)这门课。课上老师会引导学生学习如何规划自己的未来。老师不会为学生选定任何课程,也不会告诉他们毕业后应该干什么,但是老师会帮助每个学生达到自己的目标。

6. 对读写能力的要求

学生要毕业,在九年级结束之前,就必须具备一定的读写能力。衡量的标准就是通过《高中读写测验》(the Secondary School Literacy Test)。学生可以在十年级参加第一次读写测验。不及格的学生可以补考,在十二年级结束之前有至少三次考试机会。测验分为两部分(阅读、写作),如果二者有一及格的话,只需要补考不及格的那一部分。所有高中都在十月同时举行这个测验。每名学生都会收到一份个人成绩单(Individual Student Report,简称ISR)。成绩单注明了学生高中读写测验是否及格。不及格的学生会收到一份详细资料,帮助学生了解还需要学什么、如何才可以及格。

7. 学术类课程和应用类课程

学生在9、10年级可以选读英语、数学、自然科学、历史、地理和法语,这些课程可以是学术类(academic courses),也可以是应用类(applied courses)。9、10年级的学生可以只选学术类或应用类,或者学术和应用两类同时选。学术类课程:打算毕业后读大学、大专的学生,在11、12年级就要修"大学预科类"的课(University Preparation Courses),那么十年级的课就需要先选学术类的,作为基础。11、12年级的部分"大学—大专预科类"的课程(University/College Preparation courses)也需要同样的基础。应用类课程:

选了应用类课程,到 11、12 年级能选读的课程就只有一部分"大学—大专预科类"的课程(University/College Preparation courses),外加所有的"大专预科类"(College Preparation Courses)、所有的"就业预科类"(Workplace Preparation)。选应用课程的学生是打算进入大专、读学徒课程或直接就业。基本类/地方自编类:学校可能为有困难的 9、10 年级学生提供特殊的英语、数学和自然科学课。学生每读完一科会得到一个学分。

8. 工作经验课程

半工半读教育课程(Co-op):学校安排学生利用部分上学时间到校外工作。半工半读课程让学生有机会在实际的环境中运用学到的技能和知识。例如有意当律师的学生,就每星期数次到律师行去实习半天。

9. 大专院校

大专(Community College)又称为"应用文科和科技学院"(Colleges of Applied Arts and Technology),提供的课程有一年取得证书的(证书称为 certificate),也有二至三年取得文凭(文凭称为 diploma)的。现在有些大专院校开始提供四年的本科学位课程,称为"应用学位"(Applied Degree)。这些本科学位,部分大学的研究生院(university graduate schools)是承认的。大部分大专的院系录取的时候,要求必须有高中毕业文凭。大专院校的有些专业,竞争很激烈。如果名额有限,就只录取成绩更高的学生。

10. 学徒课程

有些学生喜欢动手、擅于实干,学徒课程就可以为他们提供全职工作训练。这些训练课程所培训的行业,对技术水平、判断力和创造力的要求都相当高,而且薪金不菲。学生在积累经验的同时可以领取工资,技术越提高,工资就越多。学徒课程中大约 90% 的时间都是由雇主在工作地点直接提供训练。其余 10% 在课堂学理论,上课通常是在大专院校里,或者其他核准的培训机构。

11. 大学

所有大学都提供四年的本科学位(undergraduate degree),个别大学也提供三年的课程。许多大学还有硕士、博士学位课程。虽然申请大学的最低要求是十二年级的"大学预科类"和"大学—大专预科类"加起来达到 6 个学分(就是六门),然而,其实大部分大学课程都有自己附加的录取条件。如果申请的学生太多,选修过"大学预科类"课程的学生会被大学优先录取,并且成绩优异、有其他优势。有些大学和大专院校联合提供一些课程(例如护理,就是 nursing),学生念两年大专之后,再转到大学念两年。

12. 私立职业学院

获得注册的私立职业学院(Private Career College),提供的培训注重实践。通常培训的时间比大专院校的课程短。由于学院是私人所有,没有政府拨款,所以学费通常比大专院校昂贵。

13. 成绩单(The Report Card)

成绩级别	说明	标准	分数：百分制
第4级	优	超过标准：有学分	80%～100%
第3级	良	达到标准：有学分	70%～79%
第2级	中	接近标准：有学分	60%～69%
第1级	及格	低于标准：有学分	50%～59%
不及格		没有学分	50%以下

达到第3、4级的学生就已准备充分，可以升到高一年级或选修下一门课程。大多数学生都应该达到第3级。50%以下意味着该学生不及格，得不到学分。学生需要重读、转科或接受额外帮助。即使学生的第一次成绩单中有课程不及格，如果在学期或学年结束之前有明显进步，最终成绩仍然有可能及格。

14. 家长老师面谈会

面谈的时候，家长可以与每一位老师交谈子女的在校表现。面谈时间为五至十分钟，通常是在教室、体育馆或食堂。如果家长提前要求，许多学校都可以提供翻译(an interpreter)。老师在面谈时会与家长讨论学生的成绩单、如何评分。有时也会谈到老师如何帮助该生，家长可以如何在家帮助子女。面谈时，老师和家长可能会约定再次见面、彼此通电话。即使子女的成绩不错，也应与老师保持联络。告诉老师无论他们有任何担心，或者子女表现优异，都希望能够通知你。

老师和辅导员都随时欢迎家长致电查询。

致电校务处，留言给老师或辅导员。留下你的姓名、电话、子女姓名、最佳的回电时间。

如果需要，询问学校是否可以提供翻译(an interpreter)，协助你与老师或辅导员沟通。

请一位懂英语的亲友(最好不要叫子女)陪同你到学校做翻译，或代你打电话到学校。会面几方都一定要把会面的时间弄清楚。

如果可以的话，使用电话上的三人会谈功能，这样你、老师或辅导员、翻译(或懂英语的亲友)可以同时在电话上交谈。电话公司会收取小额的服务费。

15. 保密原则

家长和学校之间所有的谈话都会得到保密。除非家长同意，否则学校不会将学生的资料或家庭状况泄露给非学校职员、其他家长或其他人。

16. 学校发来的信件

学校经常让学生把信息带回家，包括学校动态、校外旅行的许可书和其他通知。家长一定要留心，每份必看。

提醒子女，有关学校的各种信息你都需要了解。

在家里专门找一个地方,存放学校的所有信息。

把重要的学校通知贴在家里。

需要交回学校的表格尽快交回去。

如有疑问,向校务处职员、老师或辅导员查询。

询问子女他们做的是什么作业,做完之后拿来一起讨论。

如果功课很难,多鼓励他们,要时常称赞他们付出的努力。家长的表扬是很大的鼓励。

如果发觉子女的家庭作业太难,时间太长或太短,应该找老师查询。

如果学校或社区里有家庭作业小组,鼓励子女参加。

17. 解决问题

如果子女觉得某科太难,或者家长有疑虑和建议,立刻联系老师。如果家长想知道子女的多门成绩,可以要求辅导员代你向每位老师查询。如果子女与同学之间出现问题,请告诉辅导员或副校长(the vice-principal)。学校一般都鼓励学生自己解决问题,但有些情况下需要家长和老师干涉。下面是一些解决问题的方法。

先提问,问清楚,了解发生了什么事情。

向老师、辅导员解释,子女是如何告诉你的。

听听老师、辅导员的看法。例如,问老师在学校里会怎样处理,看看是否可以在家里用同样的办法处理。

与老师一起制定方案,统一口径,这样学校和家长给学生的意见就是一致的。

提出将再次会面,看看解决方法是否有效。

如果问题仍然不能解决,与副校长或校长讨论。如果仍然不满意,应向校监(the school superintendent)反映。校务处有校监的联系电话。

18. 欺负和骚扰

如果家长怀疑子女被同学欺负、骚扰(Bullying and Harassment),先问清楚他们在学校究竟发生了什么事情。有些学生害怕报告老师之后,会遭到对方报复。与学校讨论如何保障子女的安全。所有学校的政策都严禁恐吓和骚扰行为,如果有学生被欺负或骚扰,学校想及时了解到,哪怕这些事情是发生在校外。

附录 4

留学费用参考

一、美国留学

美国留学费用一览表					
不同性质学校　收费不一(根据2017年留学网站的信息)				
学校性质	平均学费	法学院、医学院、商学院和理工学院	社会科学院	文科学院
私立大学	$25 000~45 000/年	$28 000 ~ 45 000/年	$25 000 ~ 30 000/年	$25 000 ~ 32 000/年
公立大学	$10 000~20 000/年	$13 000 ~ 20 000/年	$11 000 ~ 17 000/年	$9 000 ~ 14 000/年
等级	典型代表	生　活　费		
美国特大城市	旧金山、纽约、费城、洛杉矶、波士顿、迈阿密、夏威夷、芝加哥、华盛顿首府	$1 000~2 000/月 (合计人民币 6 800~13 6000 元)		
美国大城市	匹兹堡、西雅图、拉达斯、亚特兰大、奥斯汀、底特律	$800~1 000/月 (合计人民币 5 440~6 800 元)		
美国南部、中西部、东南部州	德州、威斯康星州，伊利诺伊州、密歇根州、犹他州、科罗拉多州、乔治亚州、弗吉尼亚州、北卡罗来纳州	$600~800/月 (合计人民币 4 080~5 440 元)		
其他地区	俄克拉荷马州、密苏里州、路易斯安纳州、南卡罗来纳州	$450~600/月 (合计人民币 3 060~4 080 元)		
其他费用	综合医疗保险费一般为 $500~$800,学生活动费 $500~$1 000			
因每个人消费方式不同,地区消费水平不一,以上费用仅供参考!				

二、英国留学

根据最近的数据显示,国际留学生在英国进行本科阶段留学的每年平均学费为11 987英镑(大约为17 860美元),而进行研究生阶段留学的平均学费上升至12 390英镑。不管你就读什么等级,实验室学位课程和临床学位课程会收取更高的学费,海外留学生就读临床本科学位需要花费平均24 206英镑(约合36 070美元)的学费,在伦敦的顶尖大学甚至收取高达34 800英镑(约合51 850美元)的学费。

英国留学学费(根据2017年留学网站信息)					
学历	平均学费	法、医、商、理工学院平均学费	社会科学院平均学费	文科学院平均学费	
中学	£8 000.00/学期	无	无	无	
本科	£12 000.00	£13 000.00	£12 000.00	£12 000.00	
硕士	£13 000.00	£15 000.00	£13 000.00	£13 000.00	
博士	£13 000.00	£15 000.00	£14 000.00	£14 000.00	
生活费			杂项费用		
地区	平均生活费	其他费用	考雅思	1 550元	
^	^	^	飞机票	5 000~8 000元(因航空公司调整,变化幅度比较大)	
伦敦地区	£9 000.00	^	体检	300~400元	
非伦敦地区	£7 200.00	^	签证	£255	
因个人消费方式不同,地区消费水平不一,以上费用数据仅供参考。				

三、澳洲留学

澳洲留学费用(根据2017年留学网站信息)	
学费	本科:$605~$72 768　　研究生:$2 618~$302 848
房租	$120~$385
水电费	$35~$55
食物	$80~$170

续　表

澳洲留学费用(根据2017年留学网站信息)	
交通费	$15～$20
话费、邮费	$15～$40
健康保险	$7.20～$15
其他 (衣服、娱乐)	$50+
2015年澳洲八大名校学费概况	

悉尼大学	本科：$6 133～$29 300（每年）	研究生：$6 725～$53 700（每年）
墨尔本大学	本科：$17 696～$72 768（每年）	研究生：$2 816～$302 848（每年）
莫纳什大学	本科：$12 350（每学期）	研究生：$11 915～$18 350（每学期）
昆士兰大学	本科：$5 470～$33 160（每年）	研究生：$2 680～$26 160（每年）
澳洲国立大学	本科：$5 018.5～$30 111（每年）	研究生：$5 646～$33 181（每年）
阿德莱德大学	本科：$605～$72 768（每年）	研究生：$2 618～$302 848（每年）
新南威尔士大学	本科：$605～$1 235（每年）	研究生：$12 840～$37 200（每年）
西澳大学	本科：$26 230～$37 200（每年）	研究生：$43 730～$104 640（每年）

1. 本科

(1) 高中

澳洲高中：澳洲高中分为私立和公立。

私立初高中学费相对较高，同时教学硬件以及设施也相对较好。一年学费在25 000～35 000澳币。

公立初高中由教育局统一招生，有保障且国际生比例少，语言环境好，一年学费在12 000～15 000澳币。

(2) 预科

澳洲预科基本分为密集、标准以及延长课程。课程时长越短，入学要求越高，课程长度越长，费用也会稍微贵一些。

密集课程长度一般在 4~6 个月，学费 20 000~24 000 澳币每年；

标准课程长度一般在 8 个月~1 年，学费 25 000~27 000 澳币每年；

延长课程长度一般在 1.5 年左右，学费总共 30 000~35 000 澳币。

(3) 本科

公立学校的中学每年学费约为 6 000~8 500 澳元，私立学校的中学每年学费约为 8 000~1.5 万澳元。全日制学位课程每年的学费在 1 万~2 万澳元之间；医科课程每年学费约为 3 万多澳元，人文学科、经济学、教育学等每年学费约为 1 万~1.3 万澳元，商科每年学费约为 1 万~1.4 万澳元，法律每年学费约为 2 万澳元。

(4) 硕士

澳洲大学大体分为"八大"和"非八大"。

"八大"名校硕士，一般在 30 000~36 000 澳币每年；

"非八大"学费相对低一些，一般在 22 000~28 000 澳币每年。

(5) 博士

博士一般学制三年，费用一年 25 000~34 000 澳币。

2. 生活费用

澳洲的生活费地区差异也很大，不同地区的生活水平有很大差异，据了解，澳洲留学生平均生活费一个月 1 000 澳币，房租、车费基本消费一星期大概 180 元，房租便宜一点的 150 元左右。

生活费用上，住宿花费较大，根据住宿方式的不同，一年大致花费在 3.5 万到 6 万元人民币，至于食物、服装、交通等费用，一年也约需 5 000 澳元(折合人民币 32 500 元)。

东南沿海的城市，生活水平相对较高，房租是生活费的"大头"，占了学生海外生活费用的大部分。悉尼地区房租由于近几年房价涨幅较大，会超过其他地区 30%~50%，房租每周 200~350 澳币不等。如加上饮食、交通、旅行、电话费、衣服、娱乐、课本费等，平时开销总额每周约为 400~500 澳币。

能够找到一份工作的话，基本上澳洲留学一年费用的生活开销是可以自给的了，澳洲打工一般情况下薪水在 10~15 澳元每小时。

四、加拿大留学

去加拿大高中留学有私立高中和公立高中两种选择，学费会有所不同，一般来说，公立学校的学费会相对便宜一些。另外，生活费用也会因为学校所在地的居民消费水平产生差别。

1. 公立高中

加拿大高中留学的公立学校开支一般稍低于私立学校。按多伦多教育局的现行标准：

— 学费和健康保险费一年为12 000加元；

— 食宿费每月约850加元；

— 监护费每年1 000加元；

加上文具和交通费，每年大约在23 000加元左右。

初中毕业、高中在读的学生可选择加拿大的优质公立高中学习和深造。公立高中享有政府的资金支持以及完备的师资，高中毕业文凭得到所有加拿大和美国大学承认，以本地学生居多。所有的寄宿家庭都经过教育严格筛选，保证为学生提供一个纯英语的生活环境。

2. 私立高中

私立高中的学费是从1年的2万加币到7万加币不等。

寄宿家庭费用：约1 000加币/月；

健康医疗保险费：约700加币/年。

加拿大每个城市都有若干经省教育局审批注册的私立中学，由独立的学校董事会直接经营与管理，在教育领域内接受省教育部门的监管，同样拥有可授与学分和颁发中学毕业证的资质。

私立学校收费昂贵，相应的在设施投资方面非常庞大，可以为学生提供舒适的学习生活环境，详尽细致的照顾，丰富的教学、运动、娱乐设施，使学生充分全面发展，远远超过了社区公立中学所能提供的极限，为学生的全面发展和将来的成功奠定了坚实基础。

3. 生活费用

到加拿大留学读高中，不同省份的学费和生活费都是不一样的。如果学校在安大略省或哥伦比亚省，费用会略高，每年的学费和生活费差不多要15～18万元人民币，而其他省份10～15万元。

在加拿大留学，比较常见的住宿类型主要有三种：校内宿舍、校外租房、寄宿家庭。

校内宿舍为学生提供两餐，一年的住宿费用在6 000加币左右；寄宿家庭为学生提供一日三餐，每年的费用在8 000加币左右，相对来说，与同学在校外合租是比较便宜的一种方式，可以在此基础上节省出2 000加元左右。留学加拿大，最好是入学时办理医疗保险，部分学校还会要求留学生直接将医疗保险费与注册费一起交纳。医疗保险一年在800加元左右。在加拿大留学，每年需要交纳书本费大约200到400加元。

* 以上数据仅供参考

附件 5

房屋买卖和租赁合同

在北美某些省份，政府对业主与住客之间的租务问题，是由《租务法》(Residential Tenancy Act)所管制。这法例规定是业主及住客双方的权利与责任。以下是一些租务法例的内容：

租约

当住客向业主租赁房屋时，他们之间所定下的协议就是租约(Tenancy Agreement)。从1996年7月1日起，所有新订的租约必须用书面达成，并清楚说明双方的权利与责任。租约的内容，应包括：

(1) 业主及住客的姓名
(2) 所出租的单位地址及电话
(3) 业主或其托管人的地址电话
(4) 租约的有效期
(5) 租金，交租日期，租金所包括的什费及设施
(6) 按金数目
(7) 其他特别的协议，例如哪一方需要负责支付什费，如暖气及电费，租金是否包括泊车位，可否养宠物，谁人负责维修等。然后双方都要在租约上签名，并各自拥有一份作记录。

卑诗省住宅租务审裁处提供租约表格，供市民使用或参考。业主也可自立租约，但所订下的协议必须符合租务法例。

按金

当业主与住客签下租约后，可向住客收取按金(Security Deposit)。而按金的数目是不能超过第一个月的租金的一半。如日后租金增加，业主是不能向住客收取额外的按金。业主有权保留这按金直到住客搬走为止。按金的用途是预备赔偿给业主，假如住客对其租住的房屋造成损毁或破坏，业主可用这笔按金作维修的用途，又或者住客不交

租,搬迁后还未支付所有账单的话,业主可扣除这笔按金作补偿。假如住客没有造成任何损坏或欠租,当他搬出时,业主必须将全部按金于租约终止后 15 日内连本带利归还给租客,并以书面列明归还按金及利息的数目。假如需要扣除部分或全部按金的话,业主必须以书面列明所扣除的款项及用途。至于利率多少,可向省政府住宅租务审裁处查询。如租客不同意业主所扣除的按金,业主可向住宅租务审裁处申请仲裁,排解纠纷。

交租

住客必须准时交租。如住客于到期日还未交租,业主可向住宅租务审裁处申请终止租赁通知书,要求住客于十日内搬出,但如果租客收到通知书后五日内付清租金,则无需搬走。如有需要,住客可要求仲裁,延长这五日限期。另外,业主不能拿走或没收租客的财物作为抵押或赔偿拖欠的租金。

作为住客是有权享受其租住的地方不受骚扰,但在以下情况,业主有权进入其居所:

(1) 紧急事故,如火警、屋内水管破裂或水浸
(2) 租客在场及准许业主进入其居所
(3) 租客于不超过一个月之前,同意及准许业主就某种原因进入其居所
(4) 业主取得仲裁令或法院令准许其进入住客居所
(5) 业主至少已给予住客 24 小时书面通知将会进入其居所,这通知不可早过 72 小时,并要列明入内的原因及将会停留的时间。这原因必须要合理,而时间必须在早上八时至晚上九时之间。

访客

业主是不可禁止租客的朋友进入其居所,但租客必须负责其探访者所造成的噪音、破坏及其他问题。

分租

住客必须先获得业主同意,才可将其楼宇分租。但在一般情况下,业主是有权及合法地拒绝住客将其物业分租。

维修

业主与住客双方都有责任保养及维修出租的居所。在一般情况下,住客与业主的责任包括:

住客的责任
- 维修其本人及访客所造成的所有破坏
- 保持出租居所符合卫生及清洁的标准
- 如遇到任何严重的问题,应尽快通知业主

业主的责任
- 保持出租物业卫生、安全及符合居住的标准
- 确保出租物业能提供舒适的居所
- 监察重大维修工程
- 张贴紧急联络通信表于出租楼宇的显眼处

加租

- 租务法例规定业主每年只可加租一次,而且必须在实行加租前三个月以书面通知租客。业主必须采用法例所指定的加租通知书,你可到居住附近的住宅租务审裁处索取表格。填妥后亲自或以挂号信邮寄给租客。若果租客收到通知书后觉得加租的幅度不合理的话,可于30天内向租务审裁处申请仲裁。
- 租务法例并没有说明业主可加租的幅度,只要租客同意便可,但若租客认为加租幅度不合理而申请仲裁的话,住宅租务审裁处便会根据"保障租金制"指引(A Guide to the Rent Protection System)来计算加租幅度是否合理。而计算方法是基于三方面:
  (1) 出租楼宇经营费用的增加,如地税、保险、一般的维修、什费及管理费等
  (2) 主要资本支出的增加,如主要的维修或改良,以保持楼宇结构的稳固性
  (3) 计算内容也包括业主从出租物业的投资上可获得一个合理的回报率,而这回报率定期修改,以配合市场情况。

如欲索取这保障租金制指引,你可向居住附近的租务审裁处索取。仲裁员会根据计算的结果来决定业主是否可以加租及加租的幅度。

终止租赁

- 任何时间,业主与租客可在双方同意下,达成协议于何时终止租约,但必须要书面写明终止租赁的日期。
- 当租客想搬出时,必须要给予业主至少足一个月的书面通知,在通知书上,必须要清楚列明租赁房屋的地址及搬迁的日期。足一个月的计算方法是例如你将会于10月31日搬出,而你交租的日期是每个月的一号,你必须于最迟9月30日以书面通知业主。如你发出的通知不足一个月的话,你有责任赔偿业主的损失,

业主有可能会扣除你部分或全部按金。
- ✓ 假若业主想要求租客搬出的话，必须向租客发出终止住宅租赁通知书（Notice to End a Residential Tenancy），这通知书的表格可向你居住附近的住宅租务审裁处索取。业主必须将这通知书张贴在租客的大门或亲自或以挂号信形式邮寄给租客。通知书上要清楚列明租赁的地址、搬出的日期及终止租赁的原因，业主必须在这通知书上签名才有效用。
- ✓ 一般情况下，业主必须给予租客一至两个月的通知期，才可终止租赁。例如住客或其访客不合理地影响他人的宁静生活或损坏出租居所而不负责维修的话，业主可给予租客一个月的通知期，要求他搬出。又例如业主想出售房屋、重建或取回自住的话，就要给予两个月的通知期。如欲更详细知道在什么情况下给予一个月或两个月的通知期，可向住宅租务审裁处查询，或致电询问。在某些情况下，业主是不需要给予租客一至两个月的通知期，也可要求他搬出。例如租客严重破坏楼宇主要结构，危害其他住客或业主的安全等，业主可立即向租务审裁处申请仲裁，要求租客搬走。另外，如租客欠租，业主可于到期交租日之后向租客发出终止租赁通知书，要求他十日内搬出。假如住客收到通知书五日内付清租金，则此通知书便作无效。
- ✓ 如租客于到期日还不搬出，业主可向住宅租务审裁处申请收楼令（Order of Possession）。
- ✓ 假若租客已搬出，但仍然留下其财物而不知所踪，业主应将其财物储存在一个安全地方至少三个月，假若租客在这段期间并未取回物品，而又拖欠业主金钱的话，业主可将这些物品变卖，扣除拖欠款项及储物费用，余下交给公众监管及信托（Public Guardian and Trustee of British Columbia）保管。

纠纷

任何住宅与业主之间的纠纷都应向住宅租务审裁处（Residential Tenancy Branch）要求协助及调解，审裁处有咨询职员首先向你解释有关的租务法例、住客与业主的权利与责任，如有需要时为你联络对方，解释法例，以协助你排解纠纷。但如果问题还未能解决的话，业主或租客可申请仲裁（arbitration），申请人必须要填写申请仲裁的表格及缴费，如你胜诉的话，费用可向对方讨回。你应将这申请仲裁表格及聆讯通知书的副本于三天内交给对方，如这仲裁与金钱有关，这些文件必须直接或以挂号信邮寄给对方，如仲裁不牵涉金钱的话，而对方又失去联络，这些文件可张贴在其居所的显眼处，如正门等。于仲裁期间，仲裁员将会审核整件事情的经过，聆听双方的证供，然后作出裁判。

无论如何，当你遇到租务的问题时，你可到居住附近的住宅租务审裁处寻求帮助。

附录 6

有效的心理自评表

1. 强迫完美倾向自测表(请根据以下情况给自己评分,0 为最低,10 为最高,最高分 120 分)

1. 我有一些非常固定不易改变的想法。	
2. 对于自己是否能够把事情做好有比较高的焦虑感。	
3. 认识我的人都认为我是个完美主义者。	
4. 我意识到自己一些经常考虑的想法是不理智的。	
5. 我在不同的场合会驱使自己做不同的行为模式。	
6. 我根据形状、颜色与大小来分类排序。	
7. 我做一些事情会有仪式性,好像被人监视一样。	
8. 我需要事情都处理地"正确"。	
9. 我发现自己的一些行为妨碍了事情的完成与进展。	
10. 我不能忍受一团糟的情况或者景象。	
11. 我喜欢所有的事都是按部就班进行。	
12. 我发现会重复自己的观点,以确保他人能搞懂。	
总分	
平均分	

2. 社交焦虑自测表(请根据以下情况给自己评分,0 为最低,10 为最高,最高分 120 分)

1. 当我遇到新朋友的时候会感到紧张。	
2. 我在每天与他人的交往中感到焦虑。	
3. 我感到自己被他人所评判。	
4. 我相信别人在我的背后批评我。	

续　表

5. 我对自我意识和外在形象表现非常在意。	
6. 我很害羞。	
7. 当我在台上的时候,我出汗厉害。	
8. 当我需要在公开场合发言时,我感到恶心想吐。	
9. 当我必须在台上向公众发言时,我感到我的手在颤抖,肌肉僵硬。	
10. 当我需要去社交场合时,我必须喝一杯酒或者药物来放松。	
11. 我很容易感到窘迫。	
12. 当我去一个都是陌生人的地方时,我感到非常恐惧害怕。	
总分	
平均分	

3. 情绪双向性自测表(请根据以下情况给自己评分,0 为最低,10 为最高,最高分 120 分)

1. 我的情绪总是时高时低。	
2. 我认为自己很怪。	
3. 我总是不能集中注意力。	
4. 我的精力总是用不完。	
5. 我的失眠情况严重。	
6. 我不需要很多睡眠。	
7. 我经常制定许多计划,但总是不能完成。	
8. 我经常会做一些后来感到后悔的事情。	
9. 我总不能集中注意力太长时间在某一件事情上。	
10. 我脑中的想法像赛车一样快。	
11. 别人总是惹我很生气。	
12. 大部分时间,我都感到坐立不安不耐烦。	
总分	
平均分	

4. 自恋倾向自测表(请根据以下情况给自己评分,0 为最低,10 为最高,最高分 120 分)

1. 我很享受告诉他人我取得的成就。	
2. 由于我的才能,我很确定我比其他人都优秀。	
3. 我比同龄人都要成功。	
4. 我只与那些"值得匹配的人"去交往。	
5. 我很自信我在未来会比大多数人都要更加成功。	
6. 我几乎从来不犯错。	
7. 我知道大多数人都妒忌我。	
8. 无论我到哪里,都应该受到最好的待遇。	
9. 我没有时间与蠢人纠缠。	
10. 我是特别的,独一无二的。	
11. 我会排除一切困难来达到我的目标,即使会把一些阻碍我的他人给铲除掉。	
12. 我比大多数人都更有吸引力。	
总分	
平均分	

5. 多动倾向自测表(请根据以下情况给自己评分,0 为最低,10 为最高,最高分 120 分)

1. 我不能决定自己要做什么	
2. 我总是不能集中注意力完成任务。	
3. 我总是非常活跃。	
4. 我的精力充沛,坐立不住。	
5. 我总是对许多事情很快失去兴趣。	
6. 我很冲动。	
7. 我总是试图在同一时间做许多事情。	
8. 我觉得我的大脑在思考几百件事情。	
9. 我总是感到很无聊。	
10. 我不喜欢等候。	
11. 有时候我会不经过大脑认真思考就鲁莽行事。	
12. 我非常没有条理性。	
总分	
平均分	

6. 抑郁倾向自评表(请根据以下情况给自己评分,0 为最低,10 为最高,最高分 120 分)

1. 我感到每天无精打采,很疲劳。	
2. 我对平时的每日活动都失去了兴趣。	
3. 我对自己没有信心,感觉是个失败者或者让家里人失望。	
4. 我感到自己的精力与体力不支。	
5. 我有很强的内疚感。	
6. 我感到生活没有意义。	
7. 我感到难以集中注意力,例如阅读报纸或者看电视。	
8. 我非常焦躁不安。	
9. 我的睡眠不好,入睡困难、惊醒或者嗜睡。	
10. 我没有胃口吃饭或者胃口大增。	
11. 我总感到闷闷不乐。	
12. 我感到很悲伤,很难过,没有希望。	
总分	
平均分	

后　记

终于完成了。

从最初萌生写留学心理的想法到最后完稿,已经过去五年了。其中断断续续,几经周折。当打完键盘上最后一个句号,我长长舒了口气靠在转椅中,却突然之间产生一种焦虑感。写全了吗？这就是留学心理覆盖的全部？我突然发现,这原来是一本写不完的书,仿佛我们人生的所有难题,都可以积聚在他乡,纠结浮沉放大。咨询诊室里的一个个留学生们的真实故事,犹如幻灯片在眼前跳跃:以前的问题,还在;以前的痛苦,还在;以前的关系,虽然远离,却始终在心里打下死结。只是,在异国他乡,所有的记忆会扭曲变形。然后,在措手不及中,遇到新的问题、新的困难、新的挑战。背负着过去的伤痛,还要迎战未来的焦虑。也许,我们迷失的永远是,现在。似乎问题总是没有标准答案。

我无奈地发现,所有章节概括总结的只是留学生活中很小的一部分问题,仿佛只揭开了庞大冰山的小小一角无法穷尽。或者说,像马可·波罗描写东方的奇迹,看书的人无法真正体会此时此地的真实感受。还是像爱丽丝漫游仙境,你要如何描写那神奇的一刻？或者,就如同小王子一般,游历到奇怪的星球国度,遇到奇怪的人与事。在写书的日子里,我的脑海里却时时浮现出自己当年的事情:大人让我熟背一个故事在客人面前进行表演。每次精彩的表演会赢得大人们的鼓励与赞赏。但在我童年的记忆中,却不是个非常令人愉快的经历。因为背诵这个老套的故事是个烦心又不得不完成的任务。现在回想起来似乎意义重大。这是一个简单的故事:小马要把粮食送到河对岸去,可河上没有桥,但又不知道河水有多深。小马问牛伯伯,牛伯伯说:"不深,不深。才到我的小腿。"而小松鼠说:"别下去,这河可深啦！"。小马该怎么办？妈妈鼓励小马自己去试探一下河水有多深。小马小心地试探着，一步一步地淌过了河。他终于明白了，河水既没有牛伯伯说的那么浅，也没有小松鼠说的那么深。

我们的人生经历何尝不是每个独立的"小马过河"故事呢？但是，我们总想打听询问他人的体验，看看别人是如何做的。总是自己想去试试，看看是否适合自己。所有的事，只有自己亲自试过才知道。不同的国家与城市，会有不同的体验。就算在相同的学校里，一百个孩子就会有一百种完全不同的学习体验。每一种体验，都是有苦有甜。每一种体验，都是当事人最真实的感受。也许，你是那匹小马，也许，你才是牛伯伯，但更有可能，你就是那只小松鼠。因为你的属性不同，所以对待每一件事情的方法与行动也是不同的。

那么，能否成功过河呢？你是否得到了自己想要的东西呢？是否会因感到难以突破的文化瓶颈而沮丧？你决定留在国外生活还是毕业后回国？你的海外经历是一种优势还是重新融入本土文化的障碍？

如果你追问："外面的世界到底好不好？""外面的世界，到底什么样？"

我只能微微一笑，轻轻告诉你那句宫崎骏漫画里的名言：

"带上信仰，去寻找属于你自己的国吧！哪怕倾其一生。"

作者简介

林家羽,加拿大籍华裔,青少年与家庭关系心理专家。现任上海高端诊所临床心理治疗师,上海私立学校心理咨询室负责人。美国心理协会认证资深会员,中国国家二级心理咨询师(注册外籍),加拿大专业人士发展中心执行董事。

林女士拥有二十多年中国与加拿大心理咨询和学生职业督导从业经验。临床个案咨询超过 10 000 小时,团体心理辅导和督导超 1 200 小时。临床经验丰富,包括三万多幅投射测试分析和沙盘治疗。擅长多动症,阿斯伯格症和行为情绪障碍;成人焦虑抑郁和失眠;亲子、婚姻关系以及第三类文化类心理适应问题等咨询。中加教育学和心理学专业经验,深谙东西方文化的差异与融合,是口碑最佳的双语心理专家之一。

邮箱:1248721640@qq.com

图书在版编目(CIP)数据

留学本无忧 / (加) 林家羽著. —上海:上海社会科学院出版社, 2019

ISBN 978-7-5520-2610-8

Ⅰ. ①留… Ⅱ. ①林… Ⅲ. ①留学生-心理卫生-健康教育-研究-中国 Ⅳ. ①G444

中国版本图书馆 CIP 数据核字(2019)第 002745 号

留学本无忧

著　　者：(加) 林家羽
责任编辑：杜颖颖
封面设计：夏艺堂
出版发行：上海社会科学院出版社
　　　　　上海顺昌路 622 号　邮编 200025
　　　　　电话总机 021-63315900　销售热线 021-53063735
　　　　　http://www.sassp.org.cn　E-mail: sassp@sass.org.cn
排　　版：南京展望文化发展有限公司
印　　刷：上海新文印刷厂
开　　本：710×1010 毫米　1/16 开
印　　张：16.5
插　　页：2
字　　数：260 千字
版　　次：2019 年 6 月第 1 版　2019 年 6 月第 1 次印刷

ISBN 978-7-5520-2610-8/G·822　　　　定价：68.00 元

版权所有　翻印必究